ELBIG BANG

La guía del nuevo universo sexual

The Big Bang
Em & Lo (Emma Taylor and Lorelei Sharkey)
© Nerve.com, Inc., 2003
Obra publicada por Plume (Penguin Group),
en su versión original

© Editorial Océano, S.L., 2004
Milanesat, 21-23 • 08017 Barcelona
Tel.: 932 802 020 • Fax: 932 031 791
www.oceano.com

DIRECCIÓN DEL PROYECTO (NERVE BOOKS): Rufus Griscom
TRADUCCIÓN: Gloria Roset Arissó
FOTOGRAFÍA: Matthew Gunther
EDICIÓN FOTOGRÁFICA: Debbie Grossman
ILUSTRACIÓN: Lorelei Sharkey
DISEÑO: Joey Cavella, Erin Benach
INVESTIGACIÓN: Jenny Lim
ASESORÍA: Doctores Kenneth F. Trofatter, Jr. M.D., Ph.D.;
Bita Motesharrei, M.D.; John Mulhall, M.D.

ISBN: 84-494-1830-5
DEPÓSITO LEGAL: B-17097-XLVII
Impreso en España/*printed in Spain*

Emma Taylor & Lorelei Sharkey

EL BIG BANG

OCEANO

La guía del nuevo
universo sexual

Em y Lo (Emma Taylor y Lorelei Sharkey) son las autoras del "consultorio sexual" de *Nerve.com*. Podréis también encontrarlas en *www.emandlo.com*. Colaboran habitualmente en *The Guardian* y *Men's Journal*. Em y Lo viven en Nueva York, y (ellas dicen que) pasan demasiado tiempo juntas. Éste es su primer libro.

Queremos dar las gracias a Isabella Robertson, editora de Nerve Books, quien hizo que el proyecto de El Big Bang despegara (y que luego se mantuviera a flote); a Debbie Grossman, quien con sus fotos contribuyó a convertir un manual de sexo en una obra de arte; a Jenny Lim, por su investigación sobre el tema, desde la A de ataduras hasta la Z de zigoto; y a Joey Cavella, director creativo de Nerve y responsable de que todo sea cool.

No podemos olvidar la colaboración de los doctores Kenneth F. Trofatter, Jr., M.D., Ph.D., director de la sección maternoinfantil del Center for Women's Medicine, Greenville Hospital System, Carolina del Sur; John P. Mulhall, M.D., urólogo y director de los programas de sexualidad de los departamentos de urología del Weill Medical College, de la Cornell University, del New York Presbyterian Hospital y del Memorial Sloan-Kettering Cancer Center en Nueva York; y Bita Motesharrei, M.D., especialista en ginecología y obstetricia. Rana Lee Adawi, doctora del Beth Israel Hospital en Nueva York, nos ayudó con sus correcciones.

También queremos dar las gracias al equipo de la editorial Plume: Trena Keating, Kelly Notaras, Brant Janeway, Norina Frabotta, y Erin Benach. Gracias igualmente a las siguientes personas, animales y cosas: Hikma Abdulghani, Babes in Toyland, Brian Battjer, Ben Bloom, Rebecca Chalker, Sean Conrad, Kevin Cooley, Stuart Delves & Smithfield Bar, Liza Featherstone, Adam Glickman & Condomania, Good Vibrations, Nathan Jude & Center of Operations, Louis Kanganis, Claudia Lake, Donna Lichaw, Jay Mandel, Michael Martin, Jenny Morse, Jack Murnighan, Emily Nussbaum, Krisana Palma, Alison Perelman, Chris Pisacane, Keith Price, Dr. Carol Queen, Allyson Sharkey, Spring Street Networks, Grant Stoddard, Andra Stoll, Becky y Hannah Taylor, Marc Weinhouse, y Jack Wright.

Un gracias enorme a los modelos de El Big Bang: Loan Chabonal, Marcos Cougleton, Elissa Gennello, Jan Hilmer, Chris Kramer, Avril Lang, Cayleb Long, Jose Mariscal, Scott McBride, Benjamin Monnie, Joanna Mostor, Eli Rarey, Mika Saa, Theresa Schmidt, Michael Shedwell, Jenny Strahl, Lian Tal, y Danielle Top.

Y un gracias muy especial a los lectores de Nerve.com, por ser los más inteligentes, los más divertidos, los más guapos y los mejores.

El equipo de Nerve

¿QUÉ parte del cuerpo es la cenicienta del baile sexual? ¿Qué quiere decir realmente tener una mentalidad abierta? ¿No tenéis claro cómo elegir el condón adecuado para vuestro chico, el lubricante más eficiente para vuestra chica o el mejor modo de pasar una apacible velada en solitario?

De *Nerve.com*, el sitio web de sexo más inteligente y más *cool* de la red, llega el único manual de sexo que necesitáis. *Nerve.com* es la revista inteligente *online* para hombres y mujeres sobre sexo y cultura. Desde 1997, publica artículos provocativos, reportajes estimulantes y fotografías que son mucho más que cuerpos desnudos.

Escrito por Em (Emma Taylor) y Lo (Lorelei Sharkey), *El Big Bang* proporciona una visión descarada y carcajeante –y muy *ilustrada*– del pecado original. *El Big Bang* está lleno de instrucciones paso a paso y de consejos prácticos y rigurosos que cubren todos los frentes: del sexo seguro y los métodos anticonceptivos a la eyaculación femenina y el *bondage* para principiantes. Da lo mismo si acabáis de entrar en el juego u os consideráis verdaderos campeones, si vivís en la soltería más desinhibida o en el matrimonio con hijos, si sois hetero, gay o algo entre medio: nunca más lo haréis igual que antes.

"Si estáis buscando un lugar con clase en el que albergar vuestra líbido, no encontraréis otro con más garra que *Nerve.com*" - *Vanity Fair*

"El cuerpo de *Playboy* con el cerebro del *The New Yorker*" - *Entertainment Weekly*

índice

introducción

LAS grandes eras sexuales son como las épocas más felices de la vida: sólo se valoran cuando ya han pasado. El secreto está en valorar el momento cuando uno lo vive (de hecho, este es un truco que se puede aplicar a todo en esta vida). Así que vamos a empezar ya: estamos inmersos en una gran era sexual. Burbujeante, para chuparse los dedos. Apenas nos quedó tiempo para escribir este libro.

No pretendo restar méritos a la depravación de nuestros ancestros –los griegos no paraban; los indígenas de Papúa Nueva Guinea eran de lo más juguetón; los parisinos del siglo XIX llegaron bastante lejos a cuenta de la absenta; y los vestidos de los locos años veinte tenían un aspecto bastante "funcional"–. Y no hablemos de los revolucionarios sesentas y setentas, porque resulta difícil no envidiar el "dos por uno" de la época: amor libre y lucha política. Tampoco digo que la sombra del sida y de otras enfermedades de transmisión sexual se haya desvanecido del todo, pues aún hay que cubrirse bien para el mal tiempo. Pero el caso es que ahora todo es mucho mejor: la gente está mejor informada, los cuerpos huelen mejor, las pilas duran más, y los roles de género ya no son sagrados como las Escrituras –lo que quiere decir que hay el doble de gente metiendo mano al vecino–. El sexo oral ha dejado de ser escandaloso y se ha convertido en una diversión sana y limpia, o sana y sucia, como prefiráis. Cada vez más gente se decide a entrar por detrás (¿y por qué no?). Pero aún coletean demasiados tabúes que nos hacen sonrojar. (aunque una pizca de culpa sin aquella sobredosis de "arderás eternamente en el infierno" no viene nada mal, porque siempre ayuda a mantener el intríngulis del asunto (si queréis que os suban los colores, leed los capítulos "Hasta el fondo", p. 95, y "El vicio no es lo que parece", p. 119).

En los inicios de *Nerve.com*, yo mismo solía decir que no teníamos que "arreglar" el tema del sexo, sino aprender a disfrutarlo. Los occidentales habíamos llevado la mentalidad del "arreglo" un poco demasiado lejos; después de todo, nos pasamos bastante tiempo arreglando cosas que no exigen reparación alguna (como las pechugas y los pitos, para poner dos ejemplos obvios). Y aunque este libro pretende que terminéis siendo mejores amantes que cuando lo empezasteis, su principal filosofía es menos "arréglalo" y más "hazle unos ajustes hasta que vaya como una seda". Así que cuando hayáis destilado la sabiduría popular de las páginas siguientes (y la hayáis concentrado en un mar a una botella) veréis que la esencia de nuestros consejos no es más que comunicarse, decir "por favor" y "gracias" (como os enseñó vuestra mamá), disfrutar al máximo de la experiencia y, fun-da-men-tal, echarle un poco de humor al asunto.

Porque aunque en el sexo es bueno ser bueno, también se puede ser *demasiado* bueno, o terminar obsesionad@s con serlo. El sexo es un deporte social y recreativo, igual que el minigolf o los juegos de mesa. El quid de la cuestión, dejando a un lado el tema reproductivo, es conectar con los compañeros de juego. Si os obsesionáis con el nivel de ejecución, puede que no sólo terminéis perdiendo, sino que además hagáis que otras personas se sientan incómodas. No hay nada más patético que un minijugador de minigolf con un *caddy* y un anemómetro hipersónicos. Y al igual que con el solitario, aunque sólo se necesita un minuto para aprender de sexo, se tarda toda una vida en dominarlo. Por eso comprasteis este libro. Así que haremos todo lo posible para convertiros auténticos profesionales sin perder de vista el sentido común.

Seguro que algunos habéis comprado el libro porque creíais que trataba sobre el origen del universo. Pues la verdad: la física sí es bastante pertinente. No sólo entran en el lote los principios básicos, como por ejemplo el de que cualquier cuerpo ejerce una fuerza igual y contraria a otro, o bien el de que si tiras a la vez un consolador anal y un pene de silicona desde el techo impactarán contra el estómago de tu amante exactamente en el mismo momento, sino que además, como mi padre suele recordarme a menudo, el sexo tiene mucho que ver con el origen de las cosas. Porque al igual que hubo la gran explosión, el gran Big Bang que le dio la primera patada en el trasero al universo para que pusiera en marcha, también existió una pequeña explosión que nos hizo a vosotros y a mí y que quizá despertó en su día a los vecinos.

La cuestión es que el sexo es mucho más vasto que nosotros mismos, es una poderosa fuerza que nos recuerda que somos animales en ambos sentidos del término: no sólo somos seres apasionados sino que, lo queramos o no, también somos mamíferos carnales, "hueletraseros" a los que les encanta revolcarse en el estiércol. Queremos sexo porque formamos parte de una especie que desea sobrevivir. Pensad en el ímpetu de los grandes ríos, o en la presión del océano en su lecho, o en el avance de los glaciares, o en el choque de las placas tectónicas... ésta es la fuerza primigenia que se ha ido forjando durante millones de años, la misma que late en todos los pantalones (y a la que le importa un comino si os pone en evidencia en público). Es sexo nos da poder y nos humilla.

El sexo no sólo *no* es la expresión culminante de la gracilidad y estilo del ser humano, sino que a menudo es un acto baboso, repetitivo e instintivo que nos acerca mucho más a los perros de las praderas o a los rinocerontes que al baile peliculero de Tom Cruise y Nicole Kidman en *Eyes Wide Shut*. Cuando no hay ni directores, ni técnicos de iluminación, ni maquilladores profesionales, contraemos la cara, jadeamos y nos enseñamos nuestras respectivas y más profundas cavidades. El sexo es un ejercicio que requiere una gran humildad, por eso es una experiencia capaz de crear vínculos tan fuertes. Y aunque tengamos una pinta grotesca y ridícula, lo hacemos porque no podemos resistirnos a poner en práctica nuestras instrucciones genéticas.

El sexo nos conviene. Ya sea como personas que se dedican a conocerse mutuamente o como especie, necesitamos algo más de humildad. Por eso, si acabáis aceptando lo absurdo que puede llegar a ser y os dedicáis a disfrutarlo, seréis los mejores amantes. Pero si luego decidís seguir los consejos de este libro, ya os puedes ir preparando, porque vuestro amante os seguirá como un perrito faldero para el resto de su vida. La fuerza está con vosotros. Utilizadla bien.

Rufus Griscom
Director General y Editor Jefe de *Nerve.com*

nivel elemental

para empezar

ah... ah... ¡achuum!

acerca del orgasmo

capítulo 1

¿Qué es un orgasmo?
Un delicioso alivio de la tortura.
¿Pero por qué tortura?
Porque lo que realmente es una
tortura es *no* llegar al orgasmo.
¿Pues entonces por qué te torturas?
¿Por qué simplemente no lo tienes
y ya está?
Pues porque te sientes tan bien cuando
casi llegas...
¿Mejor que teniéndolo?
Bueno, por un lado sí.
¿En serio?
Bueno, por otro lado no.
Diálogo de la película
Siete Minutos en el Cielo (1985)

¿QUIÉN habría podido imaginarse que una oscura peli de los ochenta llegaría a captar la esencia del éxtasis sexual de un modo tan ingenioso y preciso? La excitación intensa es una verdadera tortura: sudas y te congestionas; el corazón te late más rápido, la adrenalina inunda todo tu sistema nervioso, te aumenta la tensión arterial, se te acelera la respiración, todo el cuerpo se te pone rígido... hasta que ya no puedes soportar más la tensión sexual y tu cuerpo chilla: "¡Basta!". Entonces alcanzas el orgasmo y por fin logras aliviarte: unos pocos segundos de frenéticas contracciones musculares liberan en el universo toda la energía sexual almacenada, como el silbido de una tetera en el País de las Maravillas. ¡Qué gusto!

En los hombres, el orgasmo se inicia cuando el semen se abre paso a través de la uretra en lo que se conoce como "sensación de inevitabilidad eyaculatoria", es decir, el punto en que ya no hay vuelta atrás. Entonces los testículos se pegan al cuerpo y la entrada de la vejiga se contrae para inhibir la micción. Mientras tanto, las contracciones de la uretra, la próstata, el perineo y el pene impulsan el líquido seminal hacia arriba y hacia fuera a intervalos de 0,8 segundos. El acontecimiento consiste en tres o cuatro contracciones intensas seguidas de otras más débiles y luego... zzzz. Para el segundo asalto habrá que disfrutar primero de un merecido descanso.

Las mujeres, benditas sean, no necesitan dormir para recargar las baterías. Cuando las damas se excitan, se les agolpa la sangre en los genitales y el área pélvica, lo que hace que las terminaciones nerviosas se expandan y la red formada por el clítoris, la vagina y el ano se dilate. Entonces la abertura vaginal se contrae, los dos tercios inferiores de la vagina se ensanchan, el clítoris se pone alerta, los labios menores se vuelven turgentes y oscuros, las areolas se fruncen, los pezones se yerguen, los pechos se hinchan, y algunas mujeres (y en menor proporción también algunos hombres) experimentan el "rubor sexual", un enrojecimiento que aparece en la parte superior del torso o en el cuello como consecuencia del aumento de flujo sanguíneo. Entonces, cuando ya no puede más, la pared uterina palpita y la vagina, el clítoris y el ano se contraen a intervalos de 0,8 segundos, hasta que la sangre vuelve a su cauce. Algunas chicas incluso también eyaculan (p. 87). Una mujer puede experimentar entre tres y quince contracciones de intensidad parecida a un terremoto y luego una serie de temblores más suaves que se extienden por toda la zona pélvica durante nada menos que 28 segundos de puro placer paradisíaco. (Según los sexólogos William H. Masters y Virginia Johnson, el orgasmo femenino más largo del que se tiene constancia alcanzó los 43 segundos ¡Vaya suerte!) Para una descripción más técnica sobre la excitación y el orgasmo femenino y masculino, podéis consultar el anexo de anatomía (p. 231).

Así pues, las mujeres pueden experimentar orgasmos más seguidos, duraderos e intensos en una sola "sesión" que los hombres (en términos generales, claro). Y sus posibilidades de emitir "La Gran O" aún son mayores antes o durante la menstruación o estando embarazadas, pues el aumento del flujo sanguíneo aumenta la presión en la zona pélvica y agudiza la sensibilidad. Las mujeres, además, pueden alcanzar el orgasmo con distintas técnicas estimulatorias, por lo general del clítoris o del punto G, aunque en ocasiones basta sólo con unos mimos en los pezones, un buen apretón en los músculos pélvicos (p. 219) o incluso una ardiente fantasía erótica para lograr el objetivo. Y, al contrario de lo que Freud quiso hacernos creer, ninguno de estos orgasmos es "de segunda". Porque *todos* los orgasmos, sea cual sea el modo en que se alcancen, son buenos, y fisiológicamente pertenecen a la misma categoría, aunque algunos sean más intensos que otros. ¿Seguimos? Según la mayoría de sexólogos, todas las mujeres son físicamente capaces de ser multiorgásmicas, es decir, de tener más de un orgasmo después del primero sin experimentar un descenso en su nivel de excitación sexual. Masters y Johnson también describen otro fenómeno femenino conocido como "orgasmo continuo" o *status orgasmus*, una serie de orgasmos que se suceden cual bailarines en una fila de conga. Y luego tenemos el "orgasmo masivo prolongado", un monstruo mítico que puede mantener erguida su rugiente cabeza entre el "corto" lapso de diez minutos y la eternidad de hasta una hora entera. Los más escépticos, que no creen en la existencia de esta bestia feroz, argumentan que las mujeres no pueden experimentar un orgasmo tan duradero y que lo que hacen es prolongar el momento anterior al orgasmo. "Cuando tú vas, yo vengoOOOH".

Pero antes de que se desate una epidemia de envidia conejil, los chicos debéis saber que, en términos muy generales, a la mujer le es más difícil y le requiere mucho más tiempo alcanzar el orgasmo que al hombre. Algunas mujeres no se corren en su vida (dudamos que se pueda decir lo mismo de los hombres) y no porque sean incapaces de hacerlo, sino porque no han descubierto el modo de hacerlo (todavía). Y algunos entusiastas fálicos sostienen que el orgasmo múltiple no es exclusivo de la mujer. ¿Aún queréis más? Pues bueno, el orgasmo múltiple masculino no es una idea tan descabellada si tenemos en cuenta que el orgasmo y la eyaculación masculinos *no son* la misma cosa, incluso aunque sucedan simultáneamente. La eyaculación, que en términos estrictos es la expulsión de semen, puede producirse sin orgasmo, y en ocasiones un orgasmo, que es la contracción muscular y la oleada de bienestar que invade al hombre, puede darse sin eyaculación (muy raramente). La mayoría de hombres no pueden experimentar orgasmos múltiples simplemente porque justo después de la eyaculación entran en una fase refractaria en la cual el Sr. Pene se pone mustio. Pero parece que algunos hombres logran experimentar orgasmos múltiples si contienen la eyaculación; otros afirman tener varios orgasmos sin eyaculación después del primer orgasmo, *tras* eyacular y *antes* de caer en la fase refractaria. (De hecho, el momento en que algunos hombres devuelven el pajarito al nido oscila entre unos minutos y varias horas.) La filosofía tántrica posee varios métodos sobre cómo lograr el orgasmo masculino múltiple (lo sentimos, pero esta es otra historia y requiere otro libro).

Y aunque hablemos del orgasmo más común y corriente, puede variar enormemente entre una persona y otra, y entre un orgasmo y otro de la misma persona, ya sea hombre o mujer. Porque el orgasmo es una especie de barómetro: el número de contracciones, la intensidad y la duración dependen de muchos factores: la dieta, el cansancio, el tiempo transcurrido desde el último orgasmo, el estado anímico, el estrés, el estado de la relación de pareja, el método de estimulación, la autoestima, el nivel de ansiedad, la calidad de la peli porno... El orgasmo es genial si lo persigues, y ya se sabe: quien la sigue la consigue (normalmente). Así que si queréis algunas ideas nuevas sobre cómo meteros a ello, no tenéis más que leer el resto del libro. Pero no os desaniméis si no lo conseguís a la primera. En esta asignatura, lo importante son las prácticas.

mi turno

manifiesto en defensa
de la masturbación

capítulo 2

15 razones por las que todo el mundo debería masturbarse

1. Aferrarse a la naturaleza más íntima enseña cuál es el patrón de respuesta sexual de cada uno: qué es lo que le gusta y lo que no, y qué es lo que más odia en este mundo.
2. Darle alegría a tu cuerpo, macarena, ayuda a controlar cuándo y con qué rapidez os corréis; cuando hayáis dado con el punto *justo antes* del punto en que no hay vuelta atrás, podréis apretar el freno y evitar una colisión prematura.
3. Sacarle brillo a la plata ayuda a dormir, ya sea antes de una buena siesta o como parte integrante del ritual nocturno.
4. Jugar con uno mismo es el mejor juego recreativo, antídoto para el aburrimiento o método de escaqueo. Mil veces mejor que fumar o mirar la tele.
5. El sexo de autoservicio libera las endorfinas, y dibuja una bonita sonrisa en la cara. Así que servíos un saludable auto-polvo después de (o mejor, *durante*) un mal día en el trabajo.
6. Un buen meneo contribuye a darle una buena sacudida a cualquier apático y abúlico apetito sexual.
7. Cuando uno se masturba, el objeto de su deseo es él mismo, para variar (suponiendo que no sea uno egoísta). Haced una buena acción (con vosotros mismos).
8. Una paja de cosecha propia contribuye a mantener equilibrado el terreno de juego cuando un miembro de la pareja tiene más ganas que el otro. Con un toquecito basta: ¡adiós a las frustraciones!
9. El juego de manos es un ejercicio que engancha: cuanto más se practica (y cuanto antes se empieza) más posibilidades se tienen de seguir practicándolo hasta la vejez. Puede que esta imagen os dé algo de asco ahora, pero esperad a cumplir 70 años.
10. Tocar la flauta o la guitarra es barato, y además, seguro que no sois muy exigentes (a diferencia de la mayoría de vuestros ligues).

11. Según los sexólogos, no pelársela nunca puede dar lugar a muchos más trastornos psicológicos que pelársela sin cesar. Sin duda se trata de una postura radicalmente opuesta a la tan extendida creencia puritana de que el toqueteo puede provocar la locura. Así que ¡digamos "no" a la locura!

12. El combate mano a miembro deja un buen sabor de boca. Siempre que os lavéis los dientes cuando hayáis terminado, claro.

13. Verificar el estado del aparato antes de una cita os ayudará a concentraros en la cita (y no en vuestras partes bajas).

14. La práctica universal de manolas contribuye a crear un mundo más sensual, aumenta las reservas mundiales de *karma* y nos acerca un poco más a la paz mundial.

15. La masturbación es la distancia más corta entre vosotros y el orgasmo.
¿Aún necesitáis más razones?

Érase una vez la mano

La Biblia no se pronuncia explícitamente en contra de la masturbación. Es más bien la *interpretación* cristiana del Antiguo Testamento la que tiene la culpa de todo. Esto es lo que cuenta el Génesis: el hermano casado de Onán falleció sin descendencia. Según la ley religiosa, Onán tenía la obligación de dejar embarazada a la viuda de su hermano para que éste pudiera alcanzar la inmortalidad. Y como a Onán no le apetecía nada hacer de padre de los hijos de otro, cuando estaba en plena faena con su cuñada "derramó su semilla en el suelo" (¡vaya listillo!). Así que Dios le soltó la de dios. Pero hete aquí cómo lo interpretó la Iglesia católica: *siempre* que "la semillita" no termine su largo viaje dentro de una vagina, es pecado. Y de ahí el inexacto uso de "onanismo" para designar la masturbación y no el *coitus interruptus*. Resulta gracioso que la Iglesia arme tanto follón con las pajas pero en cambio no obligue a los hombres a ayudar a sus cuñadas viudas poniéndoles las hogazas en el horno.

Desde entonces, y durante siglos, nadie creyó que el sexo estuviera hecho para divertirse. En el siglo XVIII, un médico suizo llamado Tissot resolvió el problema intentando darle un "toque científico" al tema y sosteniendo que el sexo no sólo no estaba hecho para divertirse sino que las alteraciones en la tensión arterial que provocaba podían dañar el sistema nervioso e incluso llevar a la locura. Y si el sexo era arriesgado, es de imaginar que la masturbación debía ser una sentencia de muerte segura. Al otro lado del charco, el médico estadounidense Benjamin Rush se tragó la teoría-porquería de Tissot y escribió una serie de artículos incendiarios sobre la masturbación que metieron el miedo en los pantalones de sus compatriotas. Así que durante el siglo XIX los hombres cubrieron sus calzones con tubos cubiertos de pinchos y los niños tuvieron que dormir con las manos atadas al cabecera de la cama. ¿Y las mujeres? Bueno, es que las mujeres no se masturbaban, evidentemente. (Aunque algunos médicos sostenían que jugar con el conejito podía causar –o por lo menos potenciar– todo tipo de afecciones, desde el cáncer a "una apariencia demacrada".) Y ahora viene lo mejor del asunto: algunos fervientes antimasturbacionistas como Will Keith Kellogg y Sylvester Graham sostenían que seguir una dieta fácil de digerir contribuía a favorecer la contención sexual, y así fue como nacieron los cereales Kellogg's y las *crackers* Graham. En serio.

Tuvimos que esperar hasta los años cincuenta a que apareciera el supersexólogo Alfred Kinsley para alegrarnos la vida. Le sacó la lengua a Freud por haber calificado la masturbación de acto inmaduro y demostró que la mayoría de estadounidenses disfrutaban con un buen auto-polvo de vez en cuando. También demostró que, en cuanto a la mayoría de mujeres maduras, la masturbación era el *único* modo en que podían ver las estrellas. A lo largo de las siguientes décadas, gurús de la masturbación como Betty Dodson, *Sexo para uno*; Lonnie Barbach, *Intimidad sexual*; y Shere Hite, *El informe Hite*, se unieron al coro de la alabanza masturbatoria, y en 1972 el Colegio de Médicos de Estados Unidos declaró la masturbación como una práctica sexual "normal". Pero no os emocionéis demasiado, porque en 1994 apartaron de su cargo a Joycelyn Elders, responsable del Servicio Federal de Sanidad de los Estados Unidos, por haber alzado su mano (ejem...) a favor de la autosatisfacción.

Sólo para mujeres

Aunque las mujeres no siempre alcanzan el orgasmo durante el coito, casi siempre lo hacen cuando se masturban. Por lo menos si están dispuestas a dedicarle un poco de práctica al asunto. Ésta es la razón por la que la psicóloga Lonnie Barbach calificó a las mujeres que nunca se han corrido de "preorgásmicas" en lugar de "anorgásmicas". (La esperanza es lo último que se pierde...)

Normalmente el primer orgasmo es el más difícil de conseguir. Muchas veces incluso es débil y efímero, pero con el tiempo mejora. ¡Y cómo! Porque una vez han llegado al orgasmo ellas solitas, las mujeres tienen muchas más posibilidades de volver a experimentarlo acompañadas. Además, al aumentar el flujo de sangre en la zona pélvica, *cualquier* tipo de orgasmo ayuda a aliviar tanto el dolor menstrual como el síndrome premenstrual y a combatir la candidiasis vaginal. Razones de sobra para que aprendáis a jugar con vuestra habichuela mágica.

La guía que ofrecemos a continuación sobre cómo pulir la perla está pensada para ayudaros, tanto si nunca os habéis corrido, como si deseáis ser multiorgásmicas o sólo necesitáis ideas nuevas para animar vuestras prácticas. Y recordad: en la variedad está el gusto. Cuantos más caminos os lleven a la "O", menos os costará llegar (a vosotras y a vuestros amantes).

Me va, me va, me va...

En imágenes obtenidas por ultrasonidos se ha observado que, ya en el seno materno, algunos fetos se tocan los genitales con los dedos. También los críos lo hacen porque les da placer. (¿Por qué creéis que tantas niñas de primaria son un portento subiendo a la cuerda en la clase de gimnasia?). Y es que a los niños no les parece mal hasta que alguien les *dice* que está mal. Porque lo hacen todos los animales: los perros, los gatos, los monos, los elefantes. Hasta Julio Iglesias. Es NA-TU-RAL.

Preparativos

Estudiaos a fondo con la ayuda de un espejo. Puede que os suene algo raro, pero veréis que cuanto más os familiaricéis con lo que tenéis, mejor sabréis manejarlo. Los hombres han librado verdaderas batallas por lograr acceder a esta panorámica, y si vuestros compañeros lo encuentran *sexy*, vosotras también deberíais.

Reservad tiempo para vosotras. Pasad una tarde de sábado solas en casa. Decid que estáis enfermas o que os acostasteis tarde. Y descolgad el teléfono. Si nunca os habéis corrido, dedicad por lo menos una hora de cada equis días para practicar, pero sin esperar grandes resultados. Así no os decepcionaréis.

Seducíos. Encended unas velas, tomaos un baño, bebed una copita de vino, escuchad el típico compact ese cursi que, aunque no lo admitáis, os pone a cien, leed la parte picante de alguna novela, mirad una peli porno. De lo que se trata es de lograr alcanzar (y permanecer en) un estado mental lo más apropiado posible.

Calentad los motores. Si siempre les reclamáis a vuestras parejas los preámbulos de rigor, ¿por qué negároslo a vosotras mismas? Untaos aceite de baño en los pechos y en los muslos, jugad con los pezones, recoged la vulva con el cuenco de la mano y acariciadla suavemente. Como si fuera la primera vez...

Principios básicos de la manipulación digital

Tomaos todo el tiempo del mundo. Seguid hasta que sintáis ganas de parar, tanto si os habéis corrido una sola vez como veinte o ninguna. Deteneos y empezar de nuevo. Picad algo entre tanto.

Escuchad a vuestro cuerpo. Si lo hacéis, os prometemos que nunca más volveremos a repetir este tópico tan gastado. Preguntaos "¿Te gusta así? ¿Te excita?" (voz porno a gusto de la consumidora). Escuchad vuestras respuestas con mucha atención, y no os distraigáis, porque es vuestro tiempo el que estáis perdiendo, en realidad.

No os concentréis *demasiado* **en el tema.** No persigáis obsesivamente el orgasmo u os pondréis de los nervios. Disfrutad de la situación. Intentad olvidar que "La Gran O" existe (en serio…). Y si sentís que os acercáis y luego lo perdéis, retroceded un poco y volved a empezar, pero esta vez más lentamente.

Juegos de manos

La estimulación digital, o cómo dorar la píldora. Utilizad la palma de la mano y los nudillos. Con una mano sujetad firmemente el monte púbico, dejad el clítoris al descubierto y con el dedo corazón dibujad un círculo alrededor de él. Luego cerrad las dos manos en un puño y sentaos encima. Mantened una mano en los genitales mientras la otra se pasea por la zona del clítoris. Para más ideas, "Manualidades para ella" (p. 35).

Corre, corre, caballito. Cabalgad en la cama y montad los objetos inanimados que tengáis más a mano: almohadas, ropa, peluches (de paso, podéis vengaros de ellos). O dad un paseo por vuestra casa y restregaos contra todo lo que os apetezca: el lavamanos, la lavadora en pleno centrifugado, el brazo de la butaca o el borde del escritorio.

Al centro... y a dentro. Intentad algún tipo penetración vaginal o anal durante la masturbación o justo cuando os estéis corriendo. Puede que no lo necesitéis para llegar al orgasmo, pero puede que sí. De todos modos, seguro que os sienta bien.

Uno, dos, arriba, abajo... Contraed los músculos de los muslos o frotadlos entre sí. Cruzad los pies a la altura de los tobillos o de las rodillas... en fin, cruzadlos como sea para mantenerlo todo bien atado mientras contraéis y relajáis sucesivamente los músculos pélvicos (p. 219). Las más afortunadas despegan con sólo hacer esto. Imaginad las posibilidades que se despliegan ante vosotras: autobús, tren, junta directiva... Incluso aunque no hayáis perfeccionado la maniobra sin manos, siempre que crucéis las piernas se os abrirá un mundo nuevo.

El baúl de los juguetes. Los expertos dicen que no deberíais utilizar ningún juguete hasta que no hayáis aprendido a jugar con la mano. Pero nosotras os aconsejamos que le pongáis las pilas al conejito. Quizá todo lo que necesitáis para pasar de "preorgásmica" a "multiorgásmica" sea un vibrador. Pero si *nunca* os habéis conseguido correr sin ayuda de la tecnología, imaginad que un día os quedáis sin pilas justo antes de llegar..., así que por lo menos dadle una oportunidad a las instrucciones artesanales que os proponemos en el apartado "Manualidades para ella" (p. 35). Sea como sea, antes de hacer la lista de la compra, leed el capítulo "Juegos de cama" (p. 103).

Experimentad con...

La tensión muscular. La mayoría de sexólogos recomiendan hacer todo lo que haga falta para que los músculos estén relajados y flexibles (Ya veréis: daos un buen meneo después de una clase de yoga o una sesión de fisioterapia.) Aunque también están los que dicen que ponerse tenso ayuda a ir al grano.

La postura. Poneos de pie, arrodillaos en el suelo, sentaos en una silla, poneos de cuclillas contra una pared, echaos boca abajo, haced la vertical...

El vestuario. Con ropa interior, con "ropa exterior", en cueros, con los zapatos puestos, con unos pantalones que tengan una costura gruesa en la entrepierna contra la que os podáis restregar (los tejanos son perfectos). Jugad con la ropa interior para que os roce donde más gusto da.

Polvos instantáneos. No siempre hay que ser tan hedonista/perfeccionista. Algunas veces sólo se trata de rascarse donde más pica: dejad un momento el suplemento dominical, cascaos una, retomad el crucigrama y... ¡listas en sólo cuatro minutos!

La situación. Podéis hacerlo en un espacio semipúblico (el baño de un bar —mejor si está cerrado con pestillo— o la última fila de una sala de cine) o directamente en público (en una fiesta, de rodillas y con el talón clavado en la entrepierna o en un vuelo transoceánico cruzando las piernas, apretando los muslos y contrayendo la zona pélvica).

El agua. Tumbaos en la bañera y, con el mango de la ducha en el lugar indicado, cabalgad las aguas de vuestra piscina olímpica, o bien invertid en un vibrador sumergible. Aseguraos de que el agua no está hirviendo y no dirijáis el chorro directamente contra la vagina con demasiada presión, pues podría provocaros una embolia (que es lo que sucede cuando una burbuja de agua entra en el flujo sanguíneo; en caso de llegar al corazón o los pulmones, podéis morir.)

Hortalizas. Dieta vegetariana. Después de limpiarlos y enfundarles un condón para evitar infecciones, probad con un pepino, un calabacín o una zanahoria. No utilicéis nada que pueda partirse en dos.

Clases de repaso. Apuntaos a un cursillo (consultad con una experta de confianza en vuestro *sex shop* más cercano). Si vivís en Ciudad del Vaticano (o la idea de cascárosla delante de diez desconocidas no os seduce) alquilad un vídeo didáctico o leed un libro sobre el tema (p. ej.: *Sexo para uno*, de Betty Dodson) y practicad en casa.

Sólo para hombres

Aunque sabemos perfectamente que estamos predicando para conversos, ahí van cuatro buenas razones *más* para tocar periódicamente unos solos. Primera: la eyaculación pone a tono la próstata, por lo que además de evitar su obstrucción podréis prevenir la aparición de posibles infecciones. Segunda: muchos médicos creen que, para la minga, las erecciones son como las abdominales: cuanto más se practican, más en forma está "la señorita". Tercera: la masturbación es un método ideal para prevenir la eyaculación precoz, porque permite ejercitar la resistencia durante la sequía y evita el "síndrome de la manguera loca" cuando por fin aparece una flor para regar. Y para terminar, vaciar la cisterna ayuda a mantener el semen fresco, sano y fuerte para que cuando se encuentren con una vagina, los pequeñines estén más preparados para enfrentarse a la carrera hacia el óvulo. Aunque a las parejas que desean concebir se les aconseja hacer dos o tres días de abstinencia antes de la ovulación, la falta de eyaculación durante, digamos, siete días puede reducir seriamente la movilidad de los espermios.

Sólo cabe hacer una –vale, pues *dos*– pequeñas aclaraciones: aunque uno no puede quedarse sin esperma, la hipermasturbación (p. ej. tres o más veces al día) puede reducir el recuento de esperma debido a que los renacuajos no han tenido tiempo de regenerarse (por no hablar del escozor en las partes). Además, la masturbación crónica también puede desembocar en una "eyaculación retardada", un término infantil y ridículo que se utiliza para designar la incapacidad de eyacular. ¿Moraleja? Dadle a la manivela a menudo pero con moderación.

Técnicas para la pija

Pulgarcito y sus cuatro hermanos. Existen cantidad de técnicas sencillas, eficaces y con una sola mano que seguro que ya dominás. Pero vamos a repasar la lección para los corredores novatos (*corredores*, ¿lo pilláis?): agarraos el mango como si fuera un micrófono (o una lata de cerveza de medio litro, si os parece mejor) con los cuatro dedos encima del pulgar y manteniendo la mano tan en contacto con el nabo como podáis. Entonces dadle a la zambomba arriba y abajo. Repetid el proceso. Si queréis una mayor libertad de movimientos (aunque con menos contacto) utilizad cuatro dedos o menos en la verga y el pulgar por debajo, sin palma. Podéis invertir la forma de agarrar la minga torciendo la muñeca (*antes* de agarrar el aparato) de modo que el pulgar mire hacia abajo, y luego entrar a matar. O si no, también podéis mantener el pulgar extendido hacia afuera y utilizar sólo los otros dedos y la palma para frotar el glande y mover la base de la mano contra el bajo vientre. Y si además tenéis una buena coordinación y una imaginación desenfrenada, podéis utilizar la mano menos hábil (para los diestros, la izquierda; para los zurdos, la derecha) para estimular la sensación de que alguien os la está pelando y no sois unos obsesos desesperados.

Mira mamá, ¡con las dos manos! Mientras estéis practicando cualquiera de las anteriores técnicas monomanuales podéis aprovechar para sacarle brillo al pomo de la puerta con la otra mano, o utilizar los dedos para acariciar la puntita trazando círculos a su alrededor, como cuando con una mano te das palmadas en la cabeza y con la otra te acaricias el estómago, pero sin esa pinta de idiota y con algo más de placer. También podéis agarrar el pene como si fuera un bate de béisbol empuñándolo con las dos manos (y no os preocupéis si el glande no asoma sobre la mano de arriba, porque esto sólo les pasa a los individuos cuyo carné de identidad coincide con la fecha de su nacimiento (es decir: a nadie). Y luego, o bien movéis las manos arriba y abajo, o las mantenéis mientras metéis y sacáis la cobra; y si todavía queréis más acrobacias, moved suavemente las muñecas mientras o ahue-

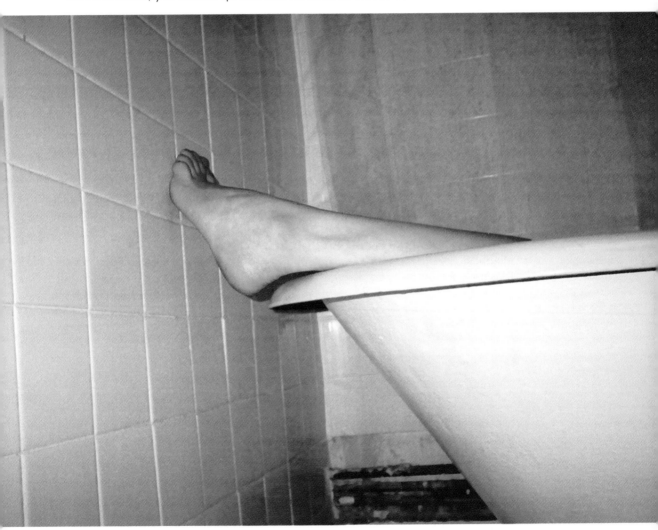

cad las manos y envolved delicadamente vuestro aparato como si hubieseis cazado una mariposa, y proseguid con el movimiento arriba-abajo. También podéis poner las manos como si dijerais "OK" y rodear con ellas la minga como en el juego del lanzamiento de aros. Y si el truco de "la mano tonta" de antes (ya sabéis: los zurdos con la derecha y los diestros con la izquierda) no funciona, colocad esa mano sobre el abdomen y tocaos los testículos y los muslos mientras con la otra mano vais dándole al manubrio.

Morded el polvo. Tumbaos boca abajo para recrear mejor la sensación del revolcón, pero recordad: deberéis echaros sobre una toalla o enfundaros un condón para que luego podáis limpiarlo todo en un plis-plas. (Además, usando un condón en los solos sexuales entenaréis a vuestro amiguito para que disfrute cuando lo lleve en sesiones de sexo a dos.) Podéis utilizar cualquier objeto, como el colchón, las almohadas, las sábanas apelotonadas, la ropa sucia, etc., o bien algunos de los anteriores métodos de sujeción con un movimiento de vaivén. En el último caso no creemos que podáis mover los brazos o las manos porque, por si alguno se ha olvidado, os recordamos que estáis tumbados encima de ellas.

Dadle caña al mono. Los cachetes no sólo los dan los actores porno, así que tanto si os la meneáis con las dos manos, contra el estómago, contra una almohada o contra una pechuga de pollo descongelada, seguro que toda esta historia de los cachetes os pone cachondos.

Masturbación ascética. Las siguientes técnicas están orientadas a la contención, a sacarle el máximo partido a la fase de excitación y a resistir el impulso de tomar el camino más corto entre dos puntos. Es decir, éstas son técnicas que seguramente nunca pondréis en práctica. Pero igual os las contamos. Agarrad firmemente el aparato con una mano pero sin moveros, sólo acariciando el prepucio con el pulgar en círculos. Id con paso lento y firme. No ganaréis ninguna carrera, pero la tensión que sentiréis os compensará con creces (creemos… vaya, esperamos).

Y otro truquillo más referente a este tipo de masturbación: excitaos hasta que estéis a punto de eyacular, y cuando empecéis a sentir que llega el orgasmo deteneos en seco y relajad todos los músculos. No, no estamos locas, sabemos lo que queremos. Quizá resulte un orgasmo algo soso, pero no eyacularéis, mantendréis la erección y estaréis listos para otro asalto. O varios. (De hecho, puede que os tropezarais por casualidad con una sensación parecida con vuestra pareja un día que de repente dejasteis de moveros y pensasteis en vuestra abuela para no correros demasiado rápido, y aún así sentisteis un gustoso hormigueo.) Y luego, bueno, también existen métodos de "manos libres" que exigen un gran control mental y corporal y algo de brujería y que sólo alguien como Sting domina (pero no respondió a nuestras llamadas). Para más información sobre el tema podéis consultar el apartado "Manualidades para él" (p. 31).

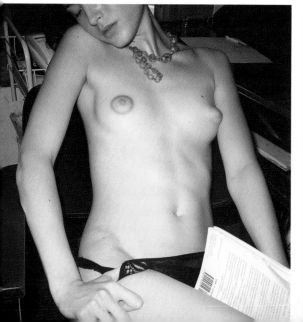

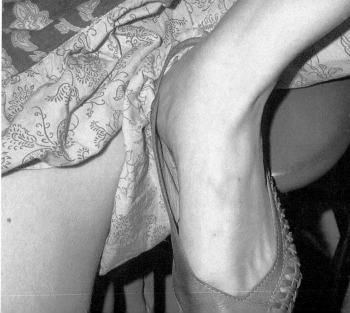

Juegos de manos

Utilizad accesorios. Un calcetín de algodón bien gastado, un condón XXL relleno de lubricante, un guante de esquí con forro de satén, un collar de perlas o cuentas redondas, agua del grifo, una colcha de terciopelo... juguetes de *sex shop* como fundas de masturbación, aros para el pene, el vibrador de vuestra chica ("Juegos de cama", p. 103)... moldes de genitales de actrices porno, muñecas hinchables, y para los más osados y/o un poco idos de la olla, las muñecas RealDolls... y evidentemente el más clásico y socorrido recurso: una peli porno.

Jugad con vuestras pelotitas. Pellizcaos los testículos, restregadlos, esponjadles la piel, masajead todos los recovecos entre ellos y vuestros muslos. Ejerced presión encima del perineo, la piel entre el ano y los testículos (conocida también como piso pélvico). Indirectamente os estimularéis la próstata (el punto G masculino). O id directamente a los orígenes introduciendo unos cinco o seis centímetros del dedo corazón por el ano ("La puerta trasera", p. 69).

Soltad un géiser. Absteneos de cualquier final feliz durante algunos días para almacenar una buena cantidad de semen. Bebed agua a litros. Y cuando empecéis la faena, haced que dure tanto como podáis para redoblar la tensión y la excitación. Pero recordad: un orgasmo es un orgasmo. Y producir un chorro eyaculatorio capaz de saltar por encima de un rascacielos de un solo manguerazo no es condición imprescindible para la gran masturbación (o para el sexo en pareja). Algunos hombres no experimentan nunca emisiones explosivas porque su orificio uretral no es suficientemente estrecho para crear la presión necesaria para un manguerazo de largo alcance. E incluso los que tienen un orificio *superestrecho* pueden experimentar con la edad un descenso de la velocidad de eyección. Pero así es la vida, chicos.

Usad la piel. Estirad el prepucio para que cubra el glande y utilizadlo como una funda de masturbación. Retraedlo y concentraos en el glande (probablemente necesitaréis lubricación para aguantar esta estimulación tan sensibilizante durante mucho rato). O centraos sólo en el prepucio, en lugar de en la verga.

Consejos aplastantes sobre el pene

No introduzcáis la minga en ningún lugar en el que se pueda quedar atrancada (excepto en vuestra oreja). Nos referimos a botellas, pequeños accesorios de automóvil o ranuras de buzones. Porque

Técnicas adolescentes

Las técnicas masturbatorias del protagonista de la novela de Philip Roth *El lamento de Portnoy* (un adolescente que emplea accesorios tan sorprendentes como un filete de hígado) se quedan en nada al lado de las siguientes, utilizadas a menudo por chicos vírgenes para emular la sensación de un orificio humano real (y que pocas veces resultan satisfactorias). Aun así, está claro que el principal encanto de estas "vaginas" caseras es su incomparable valor artesanal. Así que si tenéis tiempo, paciencia, y alguna noción de economía doméstica, comunicaos con el adolescente lleno de acné que fuisteis un día. (Pero no os dejéis llevar por él, porque muchos masturbadores adolescentes con una mente incendiaria acabaron en el quirófano con el pene roto y una intervención de urgencia.)

* Recubrid el interior de una bolsa de plástico, tamaño bocadillo, con lubricante, introducid la minga, arrodillaos frente a la cama y meted el paquete entre el colchón y el somier. Y luego, evidentemente, empujad.

* Llenad una bolsa de plástico cuadrada y *grande* con algo esponjoso —como un bizcocho, cereales con leche o macarrones cocidos—, eliminad el aire, cerradla, calentadla en el microondas hasta que esté tibia (...)

cuando se quedan atrancadas, las mingas se hinchan, y cuando se hinchan, duelen, y cuando duelen, empieza a cundir el pánico, y cuando cunde el pánico acabáis en urgencias tanto vosotros como la accidentada. Esta advertencia vale también para las aspiradoras (si es que *lográis* meterla en el tubo). Porque en cuanto el interruptor esté en posición *on* os daréis cuenta —por muy soñadores que seáis— de que los electrodomésticos no la saben chupar.

No intentéis agrandar el pepinillo. Recomendamos que no utilicéis bombas ni pesas ni plantas medicinales. Sencillamente porque *no* funcionan. ("Salud para ellos", p. 209).

No sometáis vuestra ardiente y erecta biela a una fuente de calor intenso. Antes de aplicar cualquier tipo de compresa caliente en la zona en cuestión, comprobad la temperatura en la muñeca; deberíais poder sostener la bolsa de arroz tres delicias recién salida del microondas (recuadro "Técnicas adolescentes") en las manos durante 30 segundos sin sentir molestias.

No metáis el ojo en el caño de la fuente. Eyacular puede ser doloroso si le da a uno en todo el ojo (algo a tener en cuenta cuando estéis marcándole el territorio a vuestra pareja).

No alarguéis lo inalargable. Estirar un pene erecto puede provocar su rotura, y los intentos crónicos en hombres maduros pueden desembocar en la enfermedad de Peyronie (pene torcido). El mismísimo Buffalo Bill fue víctima de un pene fláccido durante sus gloriosas embestidas.

¡La imaginación al poder! o cómo hacer que siempre parezca la primera vez

Lo malo de dominar una técnica de masturbación es que luego nos da pereza ensayar nuevos trucos. "Menos da una piedra", pensaréis. Sabemos muy bien lo difícil que resulta renunciar a los orgasmos seguros en ese largo y frustrante periplo hacia la versatilidad sexual. Pero tenéis que ser personas disciplinadas y decididas. Así que deshaceos ahora mismo de vuestros métodos habituales (esconded la almohada, desenchufad vuestro viejo vibrador y sentaos encima de las manos). Invertid en nuevos juguetes de calidad. Haceos con una ducha de teléfono con varias posiciones de masaje. Compraos un refresco. Dedicad días enteros a experimentar. Poned a prueba vuestra resistencia. Descubrid lo rápido que podéis hacerlo, en sólo un abrir y cerrar de ojos. Quizá hayáis acostumbrado a vuestro cuerpo a correrse sólo de una manera, así que necesitaréis tiempo y paciencia para enseñarle a disfrutar de algo nuevo. Es como si no os gustara el sabor de los pepinillos en vinagre, pero os encantara *la idea* de los pepinillos: tendríais que forzaros a comerlos en cenas de amigos y a degustarlos en los supermercados, soportando todo tipo de variedades y marcas que os revolverían el estómago, hasta que al fin acabarían gustándoos con locura.

Pensad en todas las posturas, utensilios y métodos de masturbación posibles como si fueran pepinillos que no podéis evitar probar, degustándolos poco a poco y sin escupirlos, incluso aunque al principio no os guste su sabor. Puede que al final no podáis parar de comerlos y os volváis locos por esas pequeñas delicias picantes y sabrosas con su carne firme y dura…

A continuación os presentamos algunos de nuestros pepinillos favoritos. Saboreadlos. Y cuando hayáis llegado al orgasmo, recordad que estáis en vuestro derecho de continuar siendo unos aburridos masturbadores. Así que no os dejéis influenciar demasiado, no sea que os acabéis convirtiendo en unos viciosillos de las pajas.

Experimentad con la respiración. Lenta, rápida, superficial o profunda. Probad a retenerla durante unos segundos en el momento crucial.

Exhibíos. Si tenéis una media naranja, masturbaos en el asiento del copiloto mientras vuestro ligue conduce, y no dejéis que pare el coche. O hacedlo mientras esté enganchado al teléfono hablando con sus padres. O atado a la cama.

Hacedlo mirándoos en el espejo. Poned de fondo una canción que os estimule (desde *You Are So Vain*, de Carly Simon, al *No me mires, no me mires* de Mecano; para gustos, colores…). Todo el mundo debería hacer esto por lo menos una vez en la vida.

Haced un poco de ruido. Está bien, quizá no podáis decir guarradas delante de vuestra pareja (todavía), pero ¿qué pasa si sólo estáis vosotros y vuestros genitales? No haréis el ridículo: si nadie os oye, es como un árbol desplomándose en un bosque desierto.

Usad un consolador o un dilatador anal. Disfrutaréis de estimulación anal "manos libres" y, además, estaréis preparando el trasero para visitas de mayor importancia. Puede que os guste. En caso contrario, insistid, porque si Pavlov no erró en sus teorías, terminará gustándoos.

¡Moveos, pandilla de haraganes! Si se habla de ser sexualmente *activo* es por algo. Así que menead las caderas, contraed los músculos pélvicos y arquead el cuello y la espalda para engañar a vuestro cuerpo con la ilusión de que se trata de una historia real.

(…) (tibia, ¡no hirviendo!), recubrid una cara con lubricante y envolved vuestra salchicha con ella.

* Excavad una madriguera para penes en todas las frutas que se os ocurran: melones, sandías, pomelos. La piel de plátano también resulta un condón casero bastante decente. O, simplemente, cortad un extremo de plátano sin pelar, vaciadlo y luego meted el nabo dentro (quizá tendréis que reforzar la piel con cinta adhesiva, pero no apretéis mucho).

* Conseguid un trozo de espuma de colchón (más gruesa que vuestro pene en erección) y un jirón de tela suave. Luego practicad una incisión con la forma que deseéis justo en el centro, meted la tela en el orificio para que el resto cubra la espuma por completo, colocad el artefacto resultante sobre la cama, y a cabalgar.

Cómo quisiera poder vivir sin aire: la asfixia erótica

La asfixia erótica, también conocida como estrangulación erótica, consiste en detener el flujo de oxígeno que llega al cerebro para aumentar el placer en la masturbación. Un poco como tirarse desde una azotea para llegar a la planta baja antes que el ascensor. No hay que confundirlo con el "subidón" psicológico que experimentan muchas personas (especialmente mujeres) cuando su amante las agarra cuidadosamente pero con firmeza por el cuello en la refriega de la pasión. La asfixia erótica —que experimentan sobre todo los hombres— produce un "subidón" físico parecido a beberse diez latas de Red Bull. Esta asfixia se puede provocar mediante estrangulación, ahorcamiento o asfixia durante la masturbación, y la razón por la que resulta placentera es que el cuerpo —¿me estáis escuchando?— bueno, pues el cuerpo necesita oxígeno y *lo flipa* cuando se queda sin. Usted, el de la última fila, qué dice, ¿que hay maneras seguras de disfrutar de la asfixia erótica? Pues lo sentimos, pero eso no se lo cree ni su progenitora. No existe ningún modo de practicar la asfixia erótica sin arriesgarse a ser víctima de un paro cardíaco o de algo peor. Incluso si no termináis estrangulados al desmayaros o caer accidentalmente de la silla, corréis el riesgo de padecer un ataque epiléptico, una crisis cardíaca, o de sufrir daños irreversibles en la laringe o en la tráquea y en la médula espinal. Si lo hacéis con demasiada frecuencia, podéis acabar siendo víctimas de graves lesiones cerebrales. E incluso si lo hacéis acompañados seguís corriendo un grave riesgo, porque no existe ningún modo de saber cuándo podéis sufrir cualquiera de estos episodios clínicos porque no hay tiempo suficiente para mandar una señal de alarma. Y por si fuera poco, la reanimación cardiopulmonar sólo es eficaz en un 10 % de los casos (en el 90 % restante te quedas fiambre). Así que si aún estáis convencidos de que sólo practicando la asfixia erótica podréis alcanzar el orgasmo, necesitáis ayuda médica.

Sobrecargad vuestros sentidos. Utilizad plumas, sábanas de seda, aceite corporal, cubitos de hielo, pinceles o uno de esos cachivaches de varillas de cobre que se utilizan para dar masajes en la cabeza. Lubricaos. Chicas: utilizad vuestra marca de lubricante habitual –o mejor aún, comprad uno con base de agua, que es más persistente, especialmente si el chichi se os queda entumecido o hipersensible (p. 225). Chicos: utilizad lubricante, y punto. En vuestro caso no se trata de necesidad, sino de ganas. Porque ¿a quién no le apetecería una paja de lo más suave y relajante? No se puede utilizar lubricante en todas las situaciones, de acuerdo (p. ej., si habéis quedado para cenar con un nuevo ligue justo después del trabajo, no es muy indicado asearse los huevos en el lavabo de la oficina). Pero cuando no tienes saldo en el móvil, es lo mejor que hay.

Montaos la película. La fantasía juega un importante papel a la hora de romper la rutina y mantener la emoción. Imaginad una película guarra en la que vosotros seáis los protagonistas. Inventaos vuestra propia atracción fatal y a vuestro fatal cómplice (eso no es ser infiel). Intentad la típica posición imposible. Hacedlo a tres bandas. O a cuatro. Organizad una orgía. Tiraos al cartero o cartera de turno. Fantasead con que os fuerzan. Y si os quedáis en blanco, utilizad novelas eróticas, revistas, cómics o videos como detonante. O entrad en un *chat* de sexo (si vuestra líbido es capaz de sobrevivir a emoticones, calentorros de secundaria o a frses q no kiren dcir nda).

Veo, veo...: la masturbación recíproca

La masturbación no es solamente un premio de consolación para corazones solitarios. Tampoco es engañar a vuestra pareja o estafarle un orgasmo. No quiere decir que no recibáis lo bastante de ella o que seáis unos/as obsesos/as sexuales. O que tengáis un lío con quien os enrolláis cuando vuestra pareja vuelve tarde del trabajo. Si coméis juntos, compráis juntos, elegís juntos el estampado del papel de pared... ¿por qué no os calentáis juntos? A eso se le llama masturbación recíproca, y pone cantidad: vosotros os dedicáis a vuestros bajos, vuestra pareja a los suyos, y así podéis jugar y mirara a la vez: *voyeurismo* y exhibicionismo simultáneos. Podéis hacerlo como preámbulo, o pasar la noche entera dándole a la mano. Adelantaos a vuestra pareja cuando ella ande ocupada en otra cosa y luego dejad que se una al club. Compartid con ella un juguete sexual. Y mientras vuestras respectivas manos andan a sus anchas, iniciad una charla bien guarra. O enfrascaos en una sesión de morreo: sólo está permitido tocarse por encima de los hombros. La atención a las partes bajas corre por cuenta propia. Hacedlo en la cama, sentaos el uno frente al otro, sentaos delante de un espejo, mirad una peli... Tomadlo como un entrenamiento para el sexo telefónico. Y no olvidéis tomar notas mentalmente: es la mejor manera de saber qué le va a vuestro compinche.

Algunos mitos sobre la masturbación

Nosotras tenemos muy superadas todas las falsas ideas y leyendas urbanas sobre los peligros de darle a la manivela. Pero queremos que vosotros también las tengáis. Así que, una vez más, con todo nuestro amor:

¿Me masturbo demasiado?

No. Estamos bastante seguras de ello. Mientras paguéis el alquiler, llaméis a vuestros padres de vez en cuando y no hagáis daño a nadie, no pasa nada por ser adicto al autoamor. Pero si tenéis la minga o el conejo irritados y las manos llenas de callos, probablemente necesitéis más lubricante.

¿Me masturbo mal?

En principio no, a menos que os duela. (Es decir, cuando no era vuestra intención que os doliera. ¡Vaya pervertidillos!)

¿Puede provocarme un bajón?

No, siempre que seáis personas de talante alegre. Pero tomad nota de lo siguiente: a pesar de que la mayoría de sensaciones físicas más evidentes relacionadas con el sexo (la excitación y el orgasmo) son provocadas por impulsos nerviosos, otras sensaciones más sutiles están causadas por la liberación de sustancias químicas en la sangre que provocan la llamada "beatitud postcoital" (una de las razones por las que algunos parapléjicos también pueden disfrutar del sexo). Este tipo de sustancias (como la oxitocina, una hormona) también son las responsables de que tengáis necesidad de abrazar a vuestra pareja o de que tras un buen polvo le soltéis el típico "te quiero" al rollo de una noche. Si estáis tocando en solitario, es posible que el desenlace os haga sentir algo tristes y de humor mustio. O quizá os moleste volver a la cruda realidad y daros cuenta de que no estáis tirándoos al bombón de la sección de dulces del súper. Así que superadlo. Siempre queda el recurso de volver a hacerlo al cabo de diez minutos y montarse un trío con el yogurcito de la caja.

Soy un chico y aún me corro cuando duermo. ¿Quiere decir que no me masturbo lo suficiente?

Para nada. Aunque, ahora que lo preguntáis, puede que no estéis prestando suficiente atención a vuestro rabanito. Es cierto que algunos chicos dejan de ensuciar las sábanas dormidos cuando aprenden a meneársela despiertos, pero también están los que siguen experimentando poluciones nocturnas hasta bien entrada la madurez. Otros sólo tienen sueños húmedos cuando están sexualmente activos.

Y algunos no se mojan ni en sueños. Según estudios recientes, los sueños húmedos no están tan vinculados a la producción de esperma como sugirieron en su día los "científicos". Y además las chicas también tienen sueños húmedos (orgasmos nocturnos), así que ya podéis pillar vuestra teoría de la producción espérmica y tirar de la cadena.

¿Puedo aprender la técnica de la autofelación?

Los macacos pueden chupársela ellos mismos. Puede que algunos de los miembros del Cirque du Soleil también lo logren. Vosotros, queridos lectores, no.

¿Soy la única persona en el mundo que nunca ha participado en una paja en grupo?

Sí.

calentar motores

la clave está
en los juegos previos

DEJEMOS clara una cosa: la cantidad de tiempo que dedicaremos a describir los preámbulos del sexo no es en absoluto indicativa de la cantidad de tiempo que deberías dedicarles. (Para los que no lo hayáis pillado: deberíais dedicarles *muchísimo* más tiempo.) Porque los juegos previos no son como una tabla de gimnasia, no son un minuto para besos, dos para toquetearse en seco y un pellizquito en el pezón antes de pasar a "la acción". No existe ningún orden prestablecido sobre los distintos tipos de caricias, ni un inicio, un nudo y un desenlace, porque el juego consiste precisamente en dedicarse a fondo a estimular el placer erótico de la pareja. (Sí, gracias, un poco de nata para el plátano.) Lo que quiere decir que lo que os presentamos a continuación debería escanciarse generosamente a lo largo de toda la sesión. Y algunas veces sólo consiste en esto, en juegos. Porque los preliminares no siempre deben utilizarse como un medio para un fin penetrante.

Dejemos clara otra cosa: no soltéis la carga de una sola vez, para decirlo metafóricamente. Se trata de una ZONA DE TRÁFICO LENTO. En una palabra: calentamiento, calentamiento y calentamiento. Siempre resulta más *sexy* que tu pareja te suplique más a que te pida menos. (¿Dijimos lento? Pues ignorad este consejo si estáis con vuestro amorcito echando un polvo rápido en el único baño de la casa durante una comida familiar y de repente al abuelo empieza a sentarle mal el cocido de garbanzos.)

Y en tercer lugar: cuando las personas hablan de resistencia en la cama, no están refiriéndose precisamente al mete-saca. La mayoría de mujeres no denominarían "éxtasis absoluto" a ser objeto de un implacable martilleo neumático de tres cuartos de hora en el cuello uterino. Pero si les dais cuarenta minutos de calentamiento lento, encendido y sabrosón para prepararlas para un *poquito* de martilleo uterino, entonces estamos totalmente de acuerdo con vosotros. De hecho, el sexólogo Alfred Kinsey descubrió que un impresionante 92 % de las mujeres que recibían veinte minutos o más de estimulación previa tocaban el cielo con las manos.

Basta ya de filosofar. Vayamos al grano:

Plantad la semilla. Minad la concentración de vuestra pareja en el trabajo haciendo que no pueda hacer otra cosa que pensar en vosotros. Mándadle correos electrónicos y mensajes de móvil obscenos, dejadle mensajes de voz haciéndole proposiciones deshonestas para la noche. ¡Son preliminares sin esfuerzo! (Pero aseguraos de que el jefe/la jefa no os lee el correo electrónico).

Poned un poco de *feng shui* en vuestra vida sexual. Decorad el interior de vuestro espacio mental y físico para que se llene de buenas vibraciones. Elegid unas cuantas canciones para crear y mantener un ambiente cálido (recuadro "Top 10 del beso", p. 25). Deshaceos de todas las lámparas de techo (o instalad un regulador de intensidad que podéis comprar en la ferretería). Tomad un baño o una ducha relajantes, en solitario o en compañía (juntos os sentiréis más cómodos para explorar vuestros recovecos y escondrijos secretos). Y si, como creemos, es cierto lo que dicen las mujeres casadas de que el 50 % de los masajes en la espalda terminan con algún tipo de achuchón sexual, tened el aceite a mano. Dejad de hablar del trabajo (o de cualquier otro "problema") por lo menos una hora antes de proceder al contacto directo. Apagad la tele y dedicaos a hablar, porque estamos seguras de que el 90 % de cualquier conversación realmente interesante suele acabar en un revolcón al rojo vivo.

Arreglaos. Salid de lo habitual y poneos algo sexy, siempre despierta interés. Y no estamos hablando sólo de chicas y minifaldas. Sed creativos. A los chicos os aconsejamos que os olvidéis de los *slips* apretados y os compréis un par de calzoncillos tipo *boxer*.

Jugad con la ropa. Aunque puede resultar *sexy* empezar arrancándoos la ropa, no hace falta hacerlo siempre. Se puede comenzar excitando a la pareja (y también a uno mismo) acariciándola encima de la ropa, desabrochando un botón tras otro, metiéndole la mano dentro de la camisa o de los pantalones. Y cuando al fin os hayáis quedado desnudos, aseguraos (siempre) de que no lleváis los calcetines puestos.

Sed imprevisibles. Los frentes que creéis que debéis (o deseáis) atacar en primer lugar son los que deberíais hacer esperar. Concentraos en las partes del cuerpo de vuestra pareja que normalmente no se suelen tocar en público como, por ejemplo, el interior de los muslos, las caderas, el empeine del pie, las costillas, el ombligo, el hueso púbico, el piso pélvico, el envés de la rodilla, la base de las nalgas, las axilas, etc.

Tomaos un respiro. Si realmente deseáis hacer durar el juego, calentaos un ratito y luego salid a comer, a ver una película o al supermercado, a hacer la compra del día. Luego, regresad a casa para terminar la partida.

Boca a boca

El beso es el acto sexual más intenso, poderoso, variado, complejo y casi perfecto que existe. No nos sorprendería que existiera una correlación directa ente la "compatibilidad besuquera" y la duración de una relación. Y ya que hablamos de eso: si tenéis una relación estable no penséis ni por un segundo que podéis renunciar al boca a boca porque tenéis el sexo asegurado. Besadle, besadle mucho. Mucho más de lo que lo hacéis. Tenemos la teoría de a que las amigas platónicas les gusta besarse mucho más que los amigos platónicos. Y es que las chicas besan mejor, porque no sólo son receptivas, pacientes y delicadas, sino que no lo hacen como si quisieran clavar una pica en Flandes. Y también saben hasta qué punto es importante sostener la cabeza y juguetear con el pelo, gracias a todas esas películas ñoñas que vieron cuando eran adolescentes.

Una pequeña observación sobre las lenguas y la saliva: ante todo, mucha calma. Intentad no embestir, arremeter ni succionar como una aspiradora. No se trata de hacer esgrima. Porque aunque no se llevan las lenguas solitarias, peor se lleva la ausencia de lengua. No hay nada peor que un círculo de babas alrededor de la boca que se enfría al secarse. Mejor ser un calientabocas y hacer esperar el beso. Así que acercad las bocas todo lo que podáis sin besaros. Frotaos los labios. A ver quién se rinde antes.

Y si no queréis preocuparos por la sensación de frescor de vuestra boca, cepillaos tanto la lengua como los dientes, olvidad el tabaco y el café, no salgáis de casa sin pastillas de menta para los retoques de última hora. Y guardad un tubo de pasta de dientes en el cajón de la mesita de noche para las sesiones de morreo matinal.

Top 10 del beso

Ocho de cada diez lectores de *Nerve.com* recomiendan los siguientes temas (no garantizamos el resultado):
* My Bloody Valentine, *Loveless*
* Miles Davis, *Kind of Blue*
* Massive Attack, *Mezzanine*
* Jeff Buckley, *Grace*
* Rolling Stones, *Sticky Fingers*
* Billie Holliday, *Singing the Blues*
* Al Green, *I'm still in love with you*
* Dead Can Dance, *A Passage in Time*
* Tool, *Aenima*
* Cocteau Twins, *Treasure*

Boca a... ¿boca?

Enseñadle a vuestra boca un poco de mundo. Lamed y chupad todo lo que esté al alcance de vuestros labios: dedos, hombros, ombligo y cuello. *Especialmente* el cuello, porque no hay nada como un buen lametón en la nuca para alimentar fantasías a lo Buffy Cazavampiros. Y las orejas también. Recordad, sin embargo, que debéis guardar cierta compostura, porque si termináis con una eyaculación entre las piernas habréis arruinado media hora de aplicados preliminares antes de lo que se tarda en decir "¿Dije algo que te molestó?". Y aunque somos fervientes defensoras de un chupetón discreto, ni se os ocurra hacerlo sin permiso, porque no todo el mundo recuerda con nostalgia sus años de adolescente cuando tiene que ponerse un jersey de cuello alto en pleno mes de agosto.

Pechos y tetas

Los pezones –tanto los femeninos como los masculinos– son criaturas de lo más sensible, de ahí su encanto. Pero un movimiento inapropiado (sea lo que sea lo que entendáis por "inapropiado") y pueden declararse en huelga de placeres caídos. ¿Qué cómico dijo que cuando se trata de pezones, existe una línea muy delgada entre el éxtasis y la náusea? Todo el mundo es diferente, así que preguntadle a vuestra pareja cuál es el lado correcto de *su* línea. Puede que ello requiera recorrer delicadamente el campo de juego con un dedo o con la punta de la lengua, pellizcarlo suavemente con una sonrisa picarona, succionarlo como si se tratara de un Chupa Chups o simplemente dejarlo en paz. La cuestión es que los pezones no son diales de radio, así que no intentéis sintonizar Radio Caracol (a menos que tengáis la seguridad total y absoluta de que a su propietario/a le gusta).

Si en vuestra vida existe un par de pechos que no son los vuestros, tomad nota de lo siguiente: no a todas las mujeres les fascinan tanto como a vosotros. Resulta bastante fácil de entender si tenemos en cuenta el bombardeo de imágenes de apetecibles melones que lo venden todo, desde ropa interior a arroz instantáneo, aunque no sean más que pura fantasía a base de silicona, aerógrafo y cinta adhesiva. La realidad es que los pechos no suelen ser simétricos, muchas veces tienen las areolas ribeteadas con pelitos, y no suelen mirar al cielo a menos que un caritativo *wonderbra* les eche una mano. Va en serio. Tratad a las vecinitas con amor y cariño y veréis cómo salen a jugar más a menudo. Lo cual no quiere decir que debáis abalan-

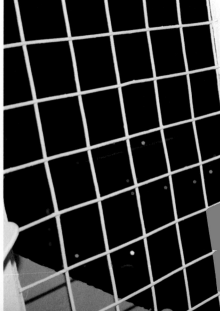

zaros sobre los pechos unos segundos después del primer beso, como suelen hacer los chicos en las películas. Y en cuanto a estrujarlos como si fueran pelotas antiestrés, es tan de colegial que más vale dejarlo para un masaje terapéutico o la visita ginecológica de rigor (p. 205). No arranquéis el sujetador de cuajo a la primera: no sólo suelen ser caros, sino que puede que la chica hubiera comprado esta fantasía de encaje sólo para vuestros ojos. Y tampoco intentéis desabrocharlo con una sola mano a menos que dominéis bien el tema. Y recordad: si no tenéis un buen par (de pechos), no estáis autorizados a llamarlos "tetas".

Pero si tenéis vuestro propio par, deberíais saber algunas cosas: no odiéis a vuestras tetas, porque son hermosas. Amadlas tal como otros las han amado. Y utilizadlas como un par de manos extra, pues las pongáis donde las pongáis, siempre recibirán una cálida bienvenida. Podéis posarlas en la cara de vuestra pareja como una máscara, encima de sus genitales como una compresa caliente, en su boca como dos dulces bolas de helado o recorrer con ellas todo su cuerpo a modo de rodillo de masaje. Y claro, siempre podéis recurrir a la tropical "cubana". Aunque sólo la idea echa para atrás a muchas mujeres, parece que a los hombres les encanta ver su preciada virilidad arropada entre dos pechos bien apretados. (Para más sobre tetas, p. 204.)

Cómo hacer piececitos

No hay que olvidar los pies. ¿Por qué sólo deberían divertirse con ellos los fetichistas? Así que sobad y chupad los deditos, especialmente si vuestra chica o a vuestro chico son de los que se hacen la pedicura. Pero recordad que, al igual que algunas personas son muy protectoras con su ojo ciego (vete tú a saber porqué), también hay otras muy tímidas con sus pies (desde luego, hacerle una mamada al dedo gordo no forma parte del repertorio de todo el mundo). Así que aseguraos de que a vuestra pareja le va lo de que toméis rumbo al verdadero sur, que también existe. *Voilà* algunos consejos para no perder pie:

- Si a vuestra pareja le incomoda el tema, empezad lavándole los pies (a esto se le llama pediluvio) para ahuyentar su temor a que le huelan a queso. Rectificamos: lavádselos tanto si es quisquillosa con el olor o no. Es por *vuestro* propio bien (a menos os ponga cachondos la repugnante escena del camión cárnico de la película *El cocinero, el ladrón, su mujer y su amante*).
- Un buen masaje podal es el preámbulo perfecto para una mamada digital, y podéis aderezarlo con un toque de aceite de masaje comestible. Pero aseguraos de que no tenéis las manos heladas.

- Mantened el contacto visual, porque potencia el toque picante, y además podréis evitar, según las reacciones que observéis en vuestra pareja, hacerle cosquillas (que arruinarían la atmósfera y garantizarían un puntapié en plena jeta).
- Es como un mamada: empezad lentamente, jugueteard un poco, sin succionar, y luego seguid todas las curvas con la lengua (incluyendo los intersticios entre los dedos y la planta del pie). Tomaos tiempo, disfrutad, etc.
- Cosquillas no, gracias.
- Probad distintas posiciones que os permitan estimular también las zonas erógenas más tradicionales de vuestra pareja sin dejar de chuparle los pies. Lograréis un bonito reflejo condicionado a la Pavlov.
- Aún mejor: colocaos de modo que vuestra pareja pueda saborear tus deditos mientras tú saboreas los suyos. ¡Doble ración!
- Si sois el tipo de chico o chica que se hace la pedicura, utilizad los pies para *dar* amor. Mejor pensado: utilizad la parte del cuerpo que os dé la gana: muslos, caderas, la raja del culo... para gustos, colores (otra vez).

¿puedo echarte una mano?

técnicas de estimulación manual

BUENO, vamos a saltarnos la típica cháchara sentimentaloide sobre lo poco valoradas que están las manualidades en el sexo para ir directas a las cuestiones prácticas: lavaos siempre las manos *antes* de introducirlas en cualquier orificio corporal. Imaginad todas las manos asquerosas que han sobado la barra del metro antes que vosotras. ¿Queréis que estos extraños y antihigiénicos dedos toquen lo más sacrosanto de vuestro amorcito cada vez que vosotras lo hacéis? Mantened las uñas limpias y recortadas, porque mamá tenía razón: son un nido de gérmenes. Y además, no hay nada que se cargue mejor un bonito ambiente que una uñalada trapera en carne. Cuidadlas e hidratadlas regularmente para que estén suaves y sin callos. Y si tenéis las manos frías (y vuestra pareja sentido del humor) haced unas *katas* a lo Karate Kid frotándolas rápido y con decisión. Y recordad: no es el momento para accesorios. Así que anillos fuera.

Un modo de abordar la animación digital es descubrir cómo se masturba vuestra costilla (asumiendo que lo haga con las manos) e intentar imitarla luego. En muchas empresas motivan (o eso creen) a los empleados con un letrero que reza: "Dime, y olvidaré; muéstrame, y recordaré; hazlo conmigo, y entenderé". Obviamente, se trata de aprender a meter mano... Así que ahí va la traducción para el vulgo: haced que vuestra pareja os entrene verbalmente; miradla y aprended de ella mientras se masturba; poned vuestra mano encima de la suya como si fuera un guante y luego tomadle el relevo. Y si a vuestro *partenaire* no le gusta ser el centro de atención, arrastradle a una sesión de masturbación a dúo y mantened los ojos pegados a su ingle. Pero no os limitéis únicamente a imitar el estilo de vuestra pareja: existen cientos de combinaciones que podéis probar y que quizá no formen parte de su repertorio, ya sea porque le falta agilidad, porque no lo ha intentado nunca, porque es un animal de costumbres, o simplemente porque no ha visto la peli porno *ésa*.

Manualidades para él

Existe una corriente filosófica que sostiene que nadie puede hacerle una paja a un chico mejor de lo que se la hace él mismo. Claro que el chico probablemente lleva practicando la técnica de la zambomba desde la escuela primaria. Bueno, pues este principio no sólo es derrotista sino que es totalmente erróneo. Según nuestra encuesta informal de sobremesa, el 90 % de los hombres *siempre* agradecen que se les eche una mano. Así que los siguientes trucos y consejos os permitirán conquistar al restante 10 %.

En primer lugar, vigilad cómo se la cascáis, porque el hecho de que se hable de cascarla no quiere decir que debáis hacerlo como un cascanueces. La clave, pues, es lograr un movimiento suave y sostenido. En Texas se organiza un concurso llamado "Las manos sobre el 4 x 4" en el que los participantes deben permanecer con las manos en contacto con un vehículo 4 x 4 tanto tiempo como puedan resistir. El premio es un 4 x 4 con todos los extras imaginables. Pues cuando estéis haciendo una paja a vuestro chico, imaginad que estáis en ese concurso. Al principio podéis ir soltando, poco a poco, pero una vez hayáis establecido un contacto constante, no lo interrumpáis. Y cuando estéis en la recta final, un buen ritmo no sólo será bienvenido, sino que resultará crucial. Recordad las tres reglas de oro: concentración, rapidez y firmeza.

Hablando de firmeza: una de las quejas más frecuentes de la que son víctimas los trabajos manuales es que la sujeción es demasiado delicada o demasiado brusca. No hace falta sostener la cosa como si fuera una porcelana china, pero tampoco como si estuviera a punto de echar a correr. Claro que para cada uno es distinto, así que si queréis una respuesta más concreta tendréis que preguntar. Un modo de garantizar una buena (e indolora) sujeción es utilizar lubricante. Después de todo, una paja sin lubricante es como una hamburguesa sin *ketchup*: se puede probar, pero ¿por qué? Puede que no os guste ensuciaros las manos, puede que prefiráis que el pellejito supla la función del lubricante (opción que no está al alcance de nabos operados/circuncidados), puede que vuestro cariñito prefiera que nada interfiera entre vosotros y su pene, ni siquiera una capa de gel, o puede que estéis en una isla desierta con la boca seca.

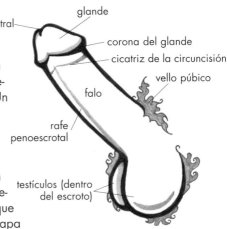

Pene circunciso erecto

orificio uretral
glande
corona del glande
cicatriz de la circuncisión
vello púbico
falo
rafe penoescrotal
testículos (dentro del escroto)

En todos estos casos lo más recomendable es el método "sujeción firme": mover un trozo de piel arriba y abajo con la mano por encima del tejido interno del pene en vez de deslizarla por toda la verga (el alcance del movimiento dependerá de la elasticidad del tejido genital de vuestra pareja). Si vais con cuidado, también podéis desplazar la mano a lo largo del mástil. La mano debe estar totalmente seca, ya que un poco de sudor puede convertir la experiencia en algo bastante desagradable. Y cuando utilicéis cualquiera de éstos, tened presente que algunos hombres prefieren que su

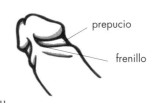

Pene no circunciso erecto

prepucio
frenillo

verga sea el centro de atención porque el glande (o capullo) suele ser más propenso a irritaciones. Sobre todo, sed pacientes, porque una manola sin lubricante requiere mucho arte: no sólo hay que practicarla más para dominarla, sino que puede que su beneficiario tarde más en llegar al orgasmo.

Si tenéis lubricante a mano, usadlo. La lubricación permite una mayor libertad de movimientos, emula mejor la sensación del coito, y ayuda a alcanzar y mantener un ritmo firme y constante (para más información sobre distintos tipos y marcas comerciales de lubricantes, además algunas recetas caseras en caso de urgencia, p. 225).

La posición estándar para un trabajo manual es con el cuerpo recostado al lado del mozo y agarrando el tema tal como lo hace él cuando se masturba. Pero si no tenéis la práctica suficiente, os puede dar un calambre. Y además puede que prefiráis una habitación con vistas. Así que mezclad un poco: él boca arriba, con las piernas abiertas, y vosotros de cara a él, a horcajadas encima de sus piernas o de rodillas entre ellas; o él sentado en el borde de una cama o de una silla mientras vosotros estáis en el suelo de rodillas frente a él; o bien vosotros en el borde de la cama o de la silla y él de pie frente a vosotros; o bien él sentado y vosotros de rodillas o en el suelo con las piernas abiertas, pasándole el brazo por el lado o por encima para agarrarle bien "eso".

Manual de instrucciones

Los distintos modos de echar una mano que se consignan en el siguiente manual de instrucciones funcionan en una posición cómoda y con buena lubricación. No dudéis en cambiar de postura o en añadirle aceite a la máquina mientras realizáis el trabajo, pero intentad no quitarle la mano de encima. Y recordad que debéis prestar especial atención al glande, y en concreto al frenillo (ilustración), pues es la zona con mayor concentración de nervios de todo el pene. Él os lo agradecerá, sin duda.

Mira, mamá, con una mano. Este movimiento clásico es como la "sujeción firme" anteriormente mencionada, sólo que la mano está más suelta mientras se desliza a lo largo del mástil y el glande. Con una mano, envolved delicadamente la base del pene de modo que el pulgar y el índice rocen el glande; luego desplazadla lentamente hacia arriba cerrando un poco más el puño a medida que se desliza hacia la punta, hasta que prácticamente se os escurra de la mano. Sin detener el movimiento, dad marcha atrás y deslizad la mano hacia abajo por el mismo camino por el que vino. Repetid con gracia y salero el mismo movimiento aumentando la velocidad progresivamente. Podéis realizar también un ligero giro en un sentido del movimiento ascendente y otro pequeño giro en el descendente. Con la mano libre podéis formar un bonito y práctico posanabos si la abrís y la apoyáis en la ingle, de modo que el pene se asiente en el hueco formado por el pulgar y el índice (ilustración), o si rodeáis la base con el pulgar y el índice formando un anillo. Así evitaréis que el pene vaya dando cabezazos mientras os aplicáis a la labor. También podéis acariciar, recoger o sostener *con delicadeza* los hermanitos (los pobrecitos también necesitan su dosis de diversión), o masajear suavemente el perineo y el ano, si es que al chico le va.

La zambomba. Rodead con una mano la base del falo colocando el pulgar y el índice contra la base (es decir, como en la posición de antes, pero invertida). Empezad a desplazar la mano lentamente hacia arriba, y cuando lleguéis al glande, pasadle la palma y los dedos por encima manteniendo la máxima área de contacto posible. Cuando la mano haya salvado el cabo del glande, el movimiento debería convertirse en el de "Mira, mamá, con una sola mano", es decir, haciendo descender la mano

¿Qué pasa con la capucha?

Preguntadle a vuestro chico si prefiere que mantengáis la piel del prepucio retraída o extendida mientras se la estáis meneando. Quizá quiera que la utilicéis como si fuera un lubricante natural en lugar de bajársela. La mayoría de hombres no circuncidados con los que hablamos nos soltaron un incrédulo: "¡qué dices! ¿un chico, lubricante?".

por el otro lado del pene empezando por el capullito de alhelí. Si vuestra mano izquierda sigue ocupada con los hermanitos, volved a colocar la mano derecha en la posición inicial (sin dejar de mantener las puntas de los dedos en contacto con el pene). Sugerimos, sin embargo, que para la segunda pasada utilicéis las dos manos: cuando la mano derecha esté desplazándose hacia la base del pene, apoyad la izquierda sobre ella para que cuando la derecha haya llegado a la base, la izquierda la reemplace e inicie la trayectoria ascendente. Las dos manos deben ir turnándose, en un movimiento continuo y fluido.

La zambomba

1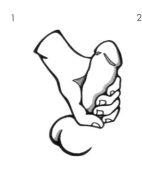

2

3

4

RICA

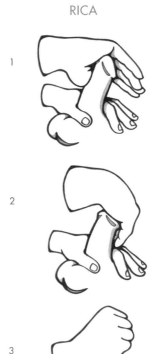

La Rotación Invertida de la Ciruela de Alex (RICA). Un amigo gay de otro amigo gay de otro amigo gay llamado Alex presume de saber hacer la mejor paja de toda la costa Este de los Estados Unidos. Se trata de una variante de "la zambomba" y, en efecto, es genial. Antes de ponerla en práctica, Alex recomienda practicar su método (patentado) haciendo rodar suavemente una ciruela sobre la palma de la mano. Cuando creáis que ya estáis preparados para la acción, iniciad el movimiento de "La zambomba", pero al llegar al glande deteneos e imaginad que es la ciruela con la que habéis estado practicando (con la palma hacia abajo y sin el problema de la gravedad). Como el glande es la parte más sensible del pene, especialmente para los que no están circuncidados, puede que no pase mucho tiempo antes de que vuestro chico os aparte la mano de un manotazo... Si observáis que vuestra pareja es presa de un tic involuntario de la cabeza o de un súbito espasmo, es señal de que debéis regresar a la base y dar por terminado el largo circuito de la costa RICA (ilustración).

La tienda de campaña. Entrelazad los dedos de ambas manos y juntad los pulgares dejando un espacio en medio como si quisierais formar una vagina o un ano virtuales. Sujetad firmemente el falo desplazando las manos arriba y abajo. Aderezad el recorrido con unos giros o con unos suaves y sabrosos apretones.

El remolcador. Si vuestro chico no está atendiendo al tema, empuñad suavemente con una mano el falo entero moviendo la mano hacia arriba. Cuando lleguéis a la cumbre, repetid el movimiento con la otra mano, como si estuvierais subiendo por una cuerda, pero *al revés*. Si queréis ganar puntos extra, empezad el movimiento ascendente por *debajo* de los cojinetes poniendo la mano en forma de V, y a medida que os vayáis abriendo camino en medio de las cerezas en dirección al tronco, abrazadlo con más fuerza.

La monja. Juntad las palmas de las manos como si rezarais e introducid el pene por el hueco que se abre en la base de las manos. A medida que vayáis subiendo y bajando, mantened las puntas de los dedos unidas entre sí. Después de unos cuantos pases mágicos, dejad una pequeña abertura entre dos de los dedos para que el pajarito pueda salir a tomar un poquito de aire, manteniendo ambos dedos extendidos a lo largo del miembro para que lo sigan acariciando mientras las manos se deslizan hacia abajo y regresan a la posición de plegaria inicial (ilustración).

La monja

La tuerca. Formad un cilindro con las manos colocándolas en forma de C y juntándolas. Introducid el pene. Mientras deslizáis las manos arriba y abajo, giradlas en sentido inverso separando las muñecas. Cuando no podáis girar más, cambiad el sentido del giro uniendo las muñecas. Al contrario de lo que indica el propio nombre de esta técnica, no deberías retorcer su "tuerca" como si estuvierais intentando atornillarla.

El aro. Es el mismo principio que el de la tuerca, pero en lugar de utilizar los cinco dedos de ambas manos debéis utilizar sólo el índice y el pulgar. Éste es un movimiento ideal si queréis conseguir un efecto suave y delicado (o en caso de que tengáis las manos demasiado grandes para practicar "la tuerca"... por decirlo de algún modo...).

Pulgar contra pulgar. Imaginad que estáis haciendo un pulso (¡no literal!) con los pulgares, enfrentándolos a lo largo del rafe (la línea que recorre el falo longitudinalmente), como en un masaje de cervicales, haciendo un movimiento circular con las yemas de los dedos. Utilizad el resto de dedos para mantener el pene erguido (ilustración).

Pulgar contra pulgar

"La Gran O"

Parar o no parar... cuando él se corre, ésta es la cuestión. A algunos chicos querrán que *sigáis* manteniendo el mismo ritmo sostenido durante todo el orgasmo, mientras que otros preferirán que sigáis en ello pero reduzcáis la velocidad cuando se corren; a otros les gustará que les ordeñéis hasta el final; algunos querrán que sintáis el latido de sus erupciones, y otros desearán que soltéis el caño cuando empiece a brotar; y conocemos a un chico que quiere que le suelten las riendas antes de correrse (se llama Esteban; tratadlo con cariño).

Manualidades para ella

El quid de la cuestión radica en el glande del clítoris, ese pícaro guisante de olor que saca la cabeza debajo de su corola. Pero –y ésta es la gracia del sexo– también radica en todo menos en el clítoris, pues si no se le dedica un poco de atención a sus alrededores (ilustración en la página siguiente) el botón mágico pierde toda su magia. Y entonces puede que vuestro numeroso público (vuestra chica) empiece a abuchear y a lanzar tomates podridos, lo que sólo es bien recibido cuando el abucheado también es *fan* de los jueguecitos guarros con comida...

Para llegar hasta el "clito" (recuadro "El mito del botón mágico"), tomad una carretera secundaria. Los muslos, las nalgas, el ombligo y el vello púbico son buenos puntos de partida. También podéis empezar directamente por los pies: cuanto más largo sea el viaje y mayor la tensión, mejor resultado dará, porque el caso es que el glande del clítoris suele ser demasiado sensible a la estimulación directa repentina, y cuanto más excitada está una mujer, mayor superficie tiene su pista de aterrizaje.

Aunque la lubricación no siempre es necesaria, nunca hace daño, siempre que se utilice un producto a base de agua y sin glicerina como Liquid Silk®, Eros Water® o Slippery Stuff® (p. 225 para más sugerencias). Atención: esta zona no admite la utilización de lubricantes caseros (salvo saliva y el propio fluido interno) o de aceites o productos que contengan azúcar (especialmente en el conducto interno) ya que puede provocar candidiasis.

Cuando se trata de ritmo y presión, la mujer es mucho menos previsible que el hombre: que le encante algo no quiere decir que aún le vaya a encantar más si lo hacéis más fuerte y más rápido. Por la misma regla de tres, el hecho de que hoy disfrute a rabiar con algo no quiere decir que mañana también disfrute si le hacéis exactamente lo mismo. Así que en caso de duda, preguntadle. E incluso si no tenéis ninguna duda, nunca está de más preguntar (que anda mucho listo suelto...).

Cambiad de perspectiva. Para simular que son sus dedos los que la acarician, recostaos a su lado y tocadla; sentadla, sentaos detrás de ella y aplicad las manos, hermanos; haced que se eche encima vuestro (ambos boca arriba), rodeadla con el brazo y proceded. Y si queréis darle algo que no puede darse a sí misma, haced que se tumbe boca abajo o que se apoye encima de algo (p. ej., el respaldo de un sillón) para juguetear con su perla desde detrás (en esta posición también dejaréis vuestras huellas dactilares en su punto G, p. 87).

Los truquitos que os ofrecemos a continuación no son infalibles, así que combinadlos, sazonadlos al gusto y observad cuáles son los que dan mejor resultado. Debéis recordar, sin embargo, las siguientes reglas: 1) si parece que vuestra chica está disfrutando realmente de lo lindo, no cambiéis nada, y 2) el

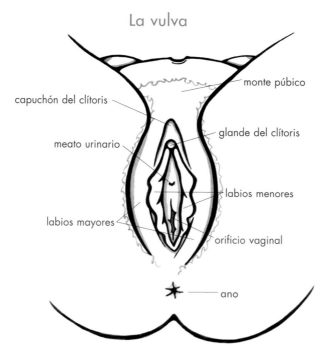

La vulva

monte púbico

capuchón del clítoris

glande del clítoris

meato urinario

labios menores

labios mayores

orificio vaginal

ano

coito o el sexo oral no equivalen al fin de la estimulación manual: ésta, como el *beige*, combina con todo.

Manual de instrucciones

La penetración no lo es todo (¿nos dan su aprobación las lesbianas?). Cambiad el chip:

- "Tonificadle" la vulva como lo haría una masajista: poned la mano encima de la zona y dejadla ahí unos segundos; luego acariciadla con un movimiento circular o de balanceo. También podéis recorrer el área que va del perineo al hueso púbico con una caricia larga y firme, frotando la mano y la muñeca contra toda la zona. Con las yemas de los dedos, masajeadle el pubis pasando los dedos entre su vello púbico (en caso de que no vaya depilada). Si vuestra chica tiene esa zona muy sensible, moved los dedos en el sentido en el que crece el vello; en caso contrario, dadle unas palmaditas suaves con las yemas de los dedos y preguntadle si quiere que se lo hagáis más fuerte. Si sí (si dice que sí), proceded a propinarle unos delicados y rítmicos cachetes desde delante hacia atrás. Podéis echar mano de estos movimientos cuando su clito esté sobreexcitado y necesite tomarse un respiro.

- Con una mano, tirad hacia arriba de la piel del pubis, y con la otra meteos en harina. Así podréis sacar a la luz hasta a los clítoris más tímidos, y puede que ella disfrute con la sensación tirante.
- Las chicas también tienen perineo, así que, cuando se haya calentado un poco, presionadlo suavemente y acariciadlo en un movimiento circular.
- Poneos un guante de látex para tocarla. Puede que le guste la sensación.
- Prestadle el brazo para que lo use como una silla de montar: la base de la muñeca debe presionar el clito, y la parte más mullida de la palma de la mano (justo debajo del dedo pulgar), los labios, mientras con los dedos le sostenéis la nalga. Puede que vuestra chica os atenace como una llave inglesa, o que empiece a balancearse hacia adelante y hacia atrás al estilo Rainman.

El mito del botón mágico

El clítoris es un órgano complejo que abarca toda la zona genital. La niña bajo la caperucita roja sólo es el glande del clítoris. Así, cuando nos referimos al glande (al que denominamos también "clito") hacemos referencia a la parte del clítoris con la que la gente está más familiarizada. Para más detalles sobre la anatomía del clito, p. 232.

Por fuera...

Sí, las chicas también tienen labios ahí, así que aprended a usarlos.

- Pellizcadle delicadamente los labios mayores y menores con el pulgar y el índice de ambas manos, recorriéndolos simultáneamente de arriba abajo.
- Poned el dedo índice en uno de los labios menores y el corazón en el otro, y luego haced la tijereta con ambos dedos en direcciones opuestas, de modo que los labios se toquen.
- Apartad los labios mayores con el índice y el anular mientras con el dedo corazón acariciáis a los labios pequeños.

Por dentro...

Nos revienta tener que utilizar en este apartado las expresiones "meter los dedos" y "follar con los dedos" (perdón, perdón...), y no sólo porque nos ponen los pelos de punta, igual que las palabras "braguitas" y "mojadas". No es eso. Es que dan una idea errónea del tema. De hecho, meterle los dedos a una chica sólo es una parte del trabajo (por eso utilizamos la expresión "trabajos manuales"), aunque es probable que, en algún momento, también quiera que lo hagáis. Antes de la inmersión, aseguraos de que lleváis las uñas limpias y bien cortadas, y recordad que la mayor parte de terminaciones nerviosas se hallan en el tercio exterior de la vagina, así que no hace falta que vayáis directos al útero (a menos que esto le ponga a vuestra chica). Y prestad mucha atención a lo que sucede ahí adentro, porque vuestros dedos son unos testigos mucho más fiables de lo que ocurre dentro de la vagina que un consolador o un pene (a menudo los penes andan algo distraídos).

- De acuerdo, lo diremos: "folladla con los dedos" como si fueran un pene o un consolador entrando y saliendo. Pero recordad la primera lección sobre cómo embestir: no se trata de empujar con un ariete (para más información sobre más dedos, manos y demás, "Hasta el fondo", p. 95).
- El punto G es un tejido esponjoso que se halla en la parte inferior de la vagina. Para alcanzarlo, lo mejor es hacer el típico gesto de "ven aquí" con el dedo (a ver quién es el valiente que hace eso con el pene...). Dada su longitud y su destreza, el dedo corazón es el mejor preparado, mientras que el índice y el anular os ayudan a mantener el equilibrio y a animar la zona exterior. Experimentad con distintos movimientos y niveles de presión, pues a medida que ella se excite, el punto en cuestión se irá ensanchando. Provocar al G, sin embargo, no garantiza la excitación: mientras que a algunas mujeres les encanta (a algunas incluso las hace eyacular) otras no sienten nada y unas pocas lo encuentran sencillamente doloroso. (Para más detalles sobre el punto G y la eyaculación femenina, p. 87).
- Imaginad que su vagina es un reloj y tocad cada hora, observando cuál es la que mejor suena. Si os centráis sólo en el punto G, nunca descubriréis si, de paso, a vuestra chica también le va un poco de estimulación anal indirecta, con un dedo empujando en la parte inferior del canal vaginal, hacia el ano.

Jugando con el clito

Estamos hablando de la *cabecita* de caperucita, no de caperucita *entera*. Se trata de una chiquilla muy sensible, así que debéis hablar con ella y tratarla con delicadeza. A algunas mujeres no les gusta el contacto directo con la cabecita y prefieren que utilicéis la caperuza (la mayoría de caricias que encontraréis a continuación también se pueden hacer por *encima* del capuchón del clítoris). Algunas mujeres tienen incluso un lado preferido (en este caso resulta de buena educación encontrárselo).

- Trazad pequeños círculos alrededor y encima del clito con el dedo índice.
- Acariciad suavemente el clítoris entre el pulgar y el índice.
- Tamborilead rápidamente encima, alternando entre el índice y el corazón, como un mecanógrafo tecleando "¡kjkjkjkjkjkjkjkj" a alta velocidad.
- Si tenéis un botón grande y duro entre los dedos, id girándolo lentamente con *mucho* cuidado (y no nos echéis la culpa si os abofetea).
- Colocad entre uno y cuatro dedos (o el pulgar) encima de la zona clitoridiana, apretándola y haciendo vibrar suave pero rápidamente la mano, arriba y abajo, trazando círculos o de un lado a otro, procurando no perder el contacto. Ya sabemos que no sois un vibrador automático de tres velocidades, pero en cambio tenéis una bonita sonrisa y se os puede usar bajo el agua...
- Mientras estéis trabajando "por dentro", mantened el pulgar erguido para estimular el clítoris.

"La Gran O"

Parar o no parar... cuando ella se corre, ésta es la cuestión. Algunas chicas querrán que *sigáis* manteniendo el mismo ritmo sostenido durante el orgasmo; otras preferirán que continuéis hasta *después* del orgasmo para un segundo o tercer asalto; a algunas les gustará que no paréis de golpe, sino que vayáis reduciendo la marcha gradualmente. Algunas necesitarán que les empujéis con cada contracción orgásmica, mientras que otras querrán que dejéis de moveros pero que mantengáis la mano inmóvil en el lugar; y conocemos a una chica que quiere que le suelten las riendas antes de correrse (se llama Estefanía; tratadla con cariño).

rumbo al sur

el arte del sexo oral

EL secreto del sexo oral es centrarse en el juego. Como diría un entrenador de fútbol "al campo se va con las botas puestas y a jugar". Hace falta puntería, dedicación y resistencia, pero sobre todo ganas de pasárselo bien. Recordad que es un privilegio, no un deber. Así que haced que vuestra pareja sienta que no hay mejor lugar en el mundo que *su* lugar. Jugad. Provocadla. Exploradla. Plantad un árbol. Echadle cara al asunto. Haced ruido. Dadle más y más. Adoradla. Cuando se trata de sexo oral, somos unas fervientes seguidoras de la filosofía del toma y daca: si quieres recibir, tienes que dar. Por eso deberíais poneros manos a la obra sin que os lo tengan que pedir. Dicho esto, se considera razonable realizar *ocasionalmente* una demanda de sexo oral después de un duro día de trabajo o del funeral del periquito (lo que no es razonable es empujar la cabeza de vuestra pareja rumbo a los bajos fondos y servirse de sus orejas como de un volante). Cuanto más impolutos mantengáis los bajos, mayores posibilidades tendréis de recibir visitas, así que limpiad todos los rincones y recovecos cada día (mejor aún justo antes del sagrado acontecimiento). Incluso podéis peinaros el felpudo para que quede bien aseadito y para libraros de –¿lo decimos o no?– ¡los churretones, marranos! Y no os olvidéis de cepillaros bien los dientes: vuestra pareja agradecerá el aliento fresco y a vosotros os sabrán mejor sus partes cuando estéis en plena degustación.

Chicos y chicas: a continuación os damos las cuatro reglas básicas del juego. Aprendedlas, vividlas, amadlas. Pero no pongáis el piloto automático: tomad nota de las pistas verbales y físicas que os da vuestra pareja. Porque aunque hayáis decidido el itinerario que vais a seguir, lo que hace que merezca la pena contar el viaje son los rodeos, los atajos y los desvíos inesperados.

La exploración del polo sur o la aventura de la felación

Las mamadas son un poco como las tortillas de patatas: existen muchas y muy variadas formas de hacerlas bien, pero no existen tantas de hacerlas mal (a menos que, literalmente, *maméis* del aparato). La clave está en la confianza, como en el cuento del soldadito de plomo: si creéis que podéis llegar a buen puerto, es que probablemente podéis. En primer lugar, no debe preocuparos la pinta que tengáis ahí abajo: con la boca en su polla, para él sois la criatura más bella del mundo (aunque tengáis la sensación de que parecéis una aspiradora con parkinson). En segundo lugar, para trabajar os debéis colocar en la postura que más cómoda os resulte, ya sea tomando las riendas, a lo "soy una todopoderosa divinidad sexual", o bajando la cerviz al estilo "ordéname, que yo obedezco". Cuando tengáis estas dos reglas bajo control, podéis pasar al meollo.

Chúpate esa

Empezad lentamente. No actuéis como si hubierais estado muriéndoos de hambre en una isla desierta y de repente os hubiera caído del cielo una enorme y sabrosa salchicha. (¿No recordáis esa escena de *Robinson Crusoe*, eh?) Lamed el glande (capullo), el frenillo (la piel hipersensible situada debajo el glande), los testículos (huevos) y el interior de los muslos (interior de los muslos). Sus genitales son como una tela en blanco, vuestra lengua un pincel, y vuestras pinceladas, los caracolillos de Van Gogh. Tomáoslo con calma. Respirad hondo. Excitadle. Por ejemplo, cuando se le haya puesto dura, ¡ábrete sésamo! para luego descender como un helicóptero, procurando que el pene no entre en contacto con el interior de la boca. Llenadle el pájaro de besos. Y antes de que la cosa empiece a arder, haced un viaje relámpago al norte para disfrutar de más besos, esta vez boca a boca.

No tiene que tenerla como una piedra para que os la metáis en la boca. En realidad, ni siquiera tiene que tenerla dura. Abrid la boca, introducid su pene fláccido, cerrad la boca... y ¡sentid cómo crece! Golpead suavemente la verga con la lengua, o tragáosla bien para que adquiera envergadura. Pero, sobre todo, no empecéis a mover la boca arriba y abajo (ved más adelante "La succión estándar") hasta que la polla (¡lo dijimos!) esté, al menos, semierecta.

Terreno resbaladizo

Con una palabra nos basta: saliva. Y en cantidad. No tengáis miedo de mojaros y pringaros: no sólo lo hace todo más divertido, sino bastante más fácil. Tened a mano un vaso de agua y/o unas pastillas

de menta para la boca seca. De hecho, las pastillas (o un poco de pasta de dientes diluida en agua, o de enjuague bucal, o incluso de champán) harán que él disfrute de una sensación tonificante y que a vosotros la cosa os resulte más sabrosa y escurridiza. Si queréis o necesitáis más lubricación de la que os proporcionan las glándulas salivales, o su nabo os parece un poco soso, podéis utilizar un lubricante sintético hidrosoluble comestible (como los de Wet® o Bioglide®). Los hay de distintos sabores: plátano, fresa, cereza, manzana, kiwi...

Existen otros condimentos, más caseros (y más pegajosos) como la miel, la jalea, la nata, los licores y la mayonesa (vale, mejor la suya). Id con cuidado con los productos mentolados, porque pueden escocer, sobre todo en el agujero del pipí. Y no paséis al coito o al sexo anal después de jugar con la comida sin haberos lavado bien de arriba abajo. Si queréis darle un toque fresco, limpio y sencillo, probad a usar un poco de hielo triturado aquí y allá o una copa de licor, solo o con hielo.

Bajo en calorías

El semen no engorda y sólo tiene entre cinco y siete calorías por ración (la media es de entre una y dos cucharaditas de café). El esperma se fabrica en los testículos junto a otras hormonas masculinas; éstas últimas son más tarde absorbidas por el torrente sanguíneo (el suyo), así que tragároslo todo no os hará más viriles, aunque algunas enfermedades de transmisión sexual *sí* pueden contagiarse mediante la ingestión de los fluidos corporales o el contacto oral o genital con éstos.

La succión estándar

Lo que hace que una mamada sea una mamada es lo siguiente: él está recostado boca arriba y vosotros estáis entre sus piernas con su pene entrando y saliendo de la boca. No nos referimos al típico movimiento "te lo voy a comer todo" tan famoso de las pelis porno, sino a un vaivén más artístico, más bamboleante, más fluido.

Para ofrecer una mayor seguridad, algunas personas estiran los labios para que les cubran los dientes como una abuela sin la dentadura postiza, pero un par de labios suaves y redondeados dibujando una "O" alrededor de su nabo deberían ser protección suficiente entre su morcilla y vuestras cuchillas.

Además, los labios (tanto los finos como los carnosos) producen una sensación *gustosa*. Con labios o sin ellos, lo importante es no parecer una aspiradora industrial. Vuestro interruptor tendría que estar en *off*, o en la mínima potencia, porque sólo con mover la boca arriba y abajo ya se proporciona una succión más que suficiente. Además, succionar demasiado fuerte no sólo os congestionará las anginas, sino que también hará que aumenten las posibilidades de que vuestros incisivos le echen el diente a su chorizo. Y no os olvidéis de sacarle el máximo partido a toda la lengua: el ápice, el dorso, los laterales y el envés. Debéis moverla constantemente para que funcione como una inagotable fuente de lubricación y estimulación. Es importantísimo.

Una nota sobre el abordaje: puede que a vosotros os resulte más cómodo (y a él más excitante) acercaros a su pene poco a poco, yendo cada vez un poco más lejos con cada bocado. Pero si lo que queréis es que (él también) se quede con la boca abierta, engullida entera en la primera embestida, ¡no lo dudéis!

Asistencia a mano

No hace falta que dominéis la técnica de la garganta profunda (p. 46) –y ni siquiera que lo intentéis– si os servís de ambas manos (o sólo del corazón y el pulgar) como prolongación de la boca. Vuestra boca seguramente mide, de los dientes a la campanilla, entre 5 y 8 centímetros, mientras que su pene rondará entre los 12 y los 15 centímetros. De modo que echar mano de la mano no es hacer trampas. De hecho, incluso diríamos que toda mamada en condiciones debería incluir las manos, por lo menos en algún momento. Para ello es clave proceder gradualmente, empezando sólo con la boca, añadiéndole luego el pulgar y el índice, y luego aún más dedos, y por fin incluso la otra mano. ¿Cómo? Pues así:

Formad un anillo con el índice y el pulgar, o un minimegáfono con la(s) mano(s). Acercadlo a los labios (que siguen dibujando una O, ¿no?), y mantenedlo pegados a ellos (o a una distancia de dos centímetros) mientras practicáis la succión estándar. Cuando ya dominéis la técnica, pasad al siguiente nivel: rodead el glande con el índice y luego deshaced el camino hecho (de modo que su nabo quede entre los dedos índice y corazón) acompañando el movimiento con la boca. Para un juego de mayor nivel, girad levemente las manos o la cabeza en direcciones iguales u opuestas mientras subís y bajáis. No nos estamos refiriendo a hacerle "la tuerca", sino a un suave giro de izquierda a derecha durante el descenso, y luego otra vez monte arriba.

También podéis utilizar las manos para tensar la piel del pene y aumentar la sensibilidad del glande: rodead el pene con el pulgar y el índice un centímetro por encima de la base y luego tirad ligeramente para abajo. Es un movimiento muy útil cuando se te traba la mandíbula (o cuando estás en los aseos de un bar de mala muerte con una cola de diez borrachos esperando fuera para descargar la vejiga) porque suele acelerar el orgasmo. Tanto si decidís tensar el mástil como si no, nunca es mala idea sujetarlo por la base: así podréis evitar que el pene se escape de la boca y termine propinándoos un guantazo. Claro que muchos de estos accidentes acaban abriendo las puertas a un nuevo y desconocido mundo de diversión a base de "falotazos".

Con buen sabor de boca

Los siguientes ingredientes pueden afectar —para bien o para mal— el sabor y olor de "las partes" tanto de hombres como de mujeres.

* Los buenos: el melón, el kiwi, la piña (y los respectivos zumos), el apio, la fresa, la canela y una dieta vegetariana os ayudarán a darles buen sabor a vuestros jugos amorosos. El jurado aún no se ha pronunciado acerca de una bebida soluble para hombres —del evocador nombre Semenex®— que promete endulzar el semen en 24 horas (garantizado).

* Los feos: el bróculi, los alimentos salados, los alimentos de base alcalina como la carne y el pescado y los productos lácteos pueden hacer que "la leche" sepa a rancio.

* Los malos: el café, los espárragos, el alcohol, el tabaco, y algunas drogas (p. ej., la coca) pueden provocar un sabor desagradable.

Hasta lo bueno cansa

Cuando se trata de sexo oral, la resistencia por parte del gratificado no es una virtud. Mamarla es divertido, pero también es cansado (después de treinta minutos de lameteo, es *muy* cansado). Dejad que el sujeto activo se tome un descanso y correos cuando os apetezca. No intentéis aguantar pensando en vuestra abuela, o en la tasa de inflación interanual. Además, cuanto más rápidamente alcancéis la gran O, más contenta de su actuación estará la parte activa.

Sólo de pensarlo me dan arcadas

Pues no penséis, porque las arcadas no son nunca una experiencia placentera. Pero cuando tienes una salchicha gigante martilleándote la campanilla, es un reflejo natural. Por suerte, podéis aprender a controlarlo. Meteos la salchicha en la boca hasta donde os sintáis a gusto, y luego quedaos quietos un momento para que vuestra boca tenga tiempo de acostumbrarse a la sensación.

Practicar con un calabacín (o una salchicha de frankfurt gigante, o un chico que no os guste demasiado) también puede ayudaros a entrenar la boca. Relajad los músculos de la garganta y utilizad la fuerza mental del Jedi para controlar las arcadas. (Resulta irónico, pero seguramente los típicos niñatos homofóbicos serían los mejores "gargantas profundas", si tenemos en cuenta su experiencia con las litronas y con el arriba, abajo, al centro y adentro). Cuando empecéis a chupar (*lentamente*) inhalad al subir y exhalad (por la nariz, si podéis) mientras bajáis. Id pillando el ritmo gradualmente y no olvidéis respirar.

Si vuestro cofrade del alma tiene tendencia a empujar, agarraos a su polla con las dos manos y apoyad los antebrazos en sus caderas para contrarrestar su empuje. O intentad recogerle las bolas con una mano libre para darles el típico apretujón o tirón a lo "¡Hombre, macho, qué tal!". Y si al final no podéis resistir las arcadas, sustituid la boca por las manos, salid a la superficie, y respirad.

Las gargantas profundas son *tan setenteras*...

Con una peli porno de título pegadizo ha bastado para que todos los inocentes mamadores del planeta caigan víctimas de expectativas irrealizables y una crisis de autoestima. Está claro que cualquiera que crea que con cada embestida hay que engullir los 15 centímetros nunca se ha chupado una. Dicho esto, tragarse de vez en cuando el sable entero es un numerito que nunca falla.

Aprended a transformaros en gargantas profundas, demostrad vuestra sabiduría durante la mamada, y os convertiréis en la estrella porno con la que siempre soñó vuestra pareja. Es bastante probable que muy pronto ambos os canséis de la novedad, pero en fin.

Para tragar a gusto, debéis lograr ensanchar el ángulo de 90° que tiene la garganta en estado natural, ayudándoos con los trucos antináusea que os hemos proporcionado. Además, estas dos posturas os permitirán alargar el conducto tragasalchichas para una perfecta conexión con la campanilla (aunque ninguna permite una acción óptima sobre el sensible envés de su pene).

- Sentaos encima de su pecho de cara a su pene (de modo que vuestro ojito trasero mire hacia él). O, si lo preferís, haced un 69 y sentaos en su cara, suponiendo que os resulte proporcionalmente posible y no estéis demasiado distraídos. Sujetad la base de su pene para guiarlo hacia adentro. En esta postura probablemente sentiréis que su pene ejerce presión sobre vuestra lengua (y no sobre el paladar, como sucede en la postura anterior).

- Tumbaos en la cama boca arriba con la cabeza colgando del borde. Dependiendo de la altura de la cama, el hombre debe ponerse al lado arrodillado o de pie, ajustando la altura con una almohada si hace falta, de modo que su pene se halle a la altura de vuestra boca. Apoyad las manos en sus muslos para controlar la profundidad y velocidad de su movimiento. Y disfrutad también del juego de pelotas.

A pedir de boca

Aunque no necesariamente propicias para el gargantismo, las siguientes posturas os permitirán, bajo todos los puntos de vista, realizar unas mamadas de película.

- Tumbaos de lado, con la cabeza apoyada en una almohada de cara a su minga; así, él tendrá más espacio para empujar y vosotros no tendréis que trabajar tanto.
- Con él de pie, arrodilláos o sentáos frente a él (a los hombres les va mucho esta historia de la "oración ante un altar").
- Practicad la irrumación (cultismo para la más universal expresión "follar con la boca"), recostándoos boca arriba con la cabeza encima de una almohada mientras él

se reclina encima sosteniéndose sobre los brazos y entra y sale de vuestra boca. Mientras tanto, podéis ocuparos de sus pelotas, perineo y ano (trucos en la siguiente sección) o de vuestros propios asuntos.

Donde quieras, cuando quieras

Una de las gracias de las mamadas es que pueden practicarse "al vuelo", como quien dice. ¡Taxis! ¡Probadores! ¡Cabinas telefónicas! Debido a las limitaciones temporales y a la posible presencia de testigos involuntarios, los sujetos pasivos deben prepararse para quedarse a medias con dolor de huevos, mientras que los sujetos activos, por su parte, tienen que estar dispuestos a tragar, si se da el caso.

Ganad puntos

Si notáis que vuestra mamada está algo apagada y decaída, aplicad los consejos y trucos siguientes y lograréis que se vuelva tersa y suave:

- Cuidad el contacto visual. Pero evitad la horterada de "a ver quién aguanta la mirada más tiempo".
- Si tenéis el pelo largo, recogéoslo para que él vea lo que estáis haciendo, o dejad que él mismo lo recoja con la mano en un puño en el típico gesto de porno duro.
- Si tenéis el pelo largo, dejadlo suelto para que acaricie sus palpitantes y viriles partes (¡un millón de novelas rosas no pueden estar equivocadas!).
- Sacaos el pene de la boca y restregadlo y atizadlo contra vuestra mejilla o vuestro cuello (¡un millón de pelis porno no pueden estar equivocadas!).
- No le dejéis fuera de juego: metedle un dedo o dos en la boca para que tenga algo que chupar (suponiendo que esos dedos no hayan estado antes masajeándole la próstata).
- Acariciadle la barriga. No preguntéis por qué, sólo hacedlo.
- Ocupaos también de sus rechonchas pelotitas.
- Masajeadle o presionadle el perineo.
- Introducidle un dedo bien lubricado (y sin uñas largas) por el ano para masajearle la próstata, es decir, el punto G masculino. Con este método infalible se convertirá en vuestro perrito faldero. (Para más trucos anales, p. 69).
- Pellizcadle los pezones, pero sólo si sabéis que le gusta, porque muchos chicos no lo soportan ni en sueños.
- Cuando ascendáis por el mástil y lleguéis al glande, deteneos y sacudid la cabeza hacia adelante y hacia atrás como los típicos perritos de coche, presionándole el frenillo con la lengua. Es como la RICA (p. 34) pero utilizando la boca en lugar de la mano.

- Sentaos en sus piernas, estrujadlas, cabalgad sobre ellas para que sepa que para vosotros no se trata sólo de un trabajo, sino de una verdadera aventura.
- Desnudaos y dejadle vestido, o al revés.
- Sólo para mujeres: en pleno coito, haced una escapada al sur para degustar su enorme falo.
- Uso exclusivo para profesionales: deslizad suavemente –repetimos: suavemente–, los incisivos por su verga mientras subís y bajáis. ¿Lo dijimos o no, lo de suavemente?

Dadle al gas

Cuando ya llevéis un rato jugando con el pajarito, empezad a acelerar progresivamente hasta que alcancéis un ritmo que os resulte cómodo a los dos. Llegados a este punto, ya podéis tratarle como a un helado en pleno desierto. Lo que no podéis hacer, sin embargo, es provocar y dejarle con las ganas. Aumentad un poco la potencia de succión, y cuando todas las señales verbales y físicas que os mande vuestro chico indiquen que la meta está cerca, no reduzcáis la velocidad ni cambiéis drásticamente de movimiento.

Una de las quejas más frecuentes de los hombres es que sus parejas no terminan con la suficiente intensidad o velocidad. Claro que también podrían *pedir* que se lo hicieran más rápido o fuerte al final. Pero el caso es que la mayoría de personas con síndrome de inseguridad feladora suelen (o solemos) tener miedo de hacer daño, de ensuciarse o de parecer tontos del culo (¡pobrecitos!). Que nadie tema: si le duele seguro que os lo dice, y además a vuestro chico no sólo no le importarán las babas, sino que creerá que estáis irresistibles. Pero si aún os quedan algunas dudas, sólo tenéis que chupársela, ir pidiendo indicaciones... y seguir chupándosela. No pares, sigue, sigue... lo estáis haciendo genial, pronto llegará...

"La Gran O"

Los rumores de orgasmos por mamada son considerablemente exagerados. Algunas veces el sujeto pasivo está bajo tanta presión para correrse como el sujeto activo para que se corra, en cuyo caso ninguno de los dos se lo pasa bien. Recordad: no tenéis la obligación de conseguir que se venga.

Pero si se corre, el desenlace depende totalmente de vosotros. Tanto si escupís, como si engullís o termináis la faena con la mano, eso sigue siendo una mamada. Y si lo que queréis es contemplar un auténtico geiser, pedidle que os avise antes de derramar la leche. De hecho, si habéis decidido serviros una ración de proteínas, también se agradece estar informado de cuándo os la van a servir.

Y por si a él se le olvida avisaros con una palmadita en el hombro, existen otros indicios reveladores: el pene se hincha, las pelotas se pegan al cuerpo, las caderas empujan *de verdad* (si no lo estaban haciendo ya antes), se tensa todo el cuerpo, el chico se pone colorado, se le acelera la respiración, y se pone a gritar a todo pulmón: "¡Me voy a correr!".

Muchos chicos gay no tragan la leche porque les van más los efectos visuales (lo que siempre es una buena excusa). Si a vosotros también os van los efectos visuales, cambiad rápidamente al modo "mamada con dos manos" o apoyad el pene en la mejilla mientras le dais golpecitos con la mano, o tumbaos a su lado para poder tocar la corona de su glande como si fuera una flauta travesera (centrándoos en el frenillo), o simplemente dejad que termine él. Claro que si lo que queréis es hacer el *cerdo* (tanto en sentido literal como figurado) lo mejor es una ducha de esperma. Además él probablemente disfrutará con el efecto visual de la escena (y el honor que le hacéis).

Si la mamada va viento en popa y no queréis interrumpirla, o la base ya ha disparado los misiles y no hay vuelta atrás, mantened el semen y su pene en la boca hasta la última gota y luego ladeaos discretamente y escupid en cualquier recipiente que tengáis cerca: la mano, una papelera, un vaso, el lavamanos del baño o su boca. Claro que también podéis tragaros la leche, porque además de ser una experiencia de lo más íntimo, eso os evitará mantenerla en la boca mientras buscáis el cubo de la basura y facilitará las labores de limpieza. De hecho, a algunas personas les gusta el sabor que tiene y siempre sueltan un sincero "Mmm, ¡qué rico!" para demostrarlo. Pero si no sois de esas personas, podéis proteger vuestras papilas gustativas metiéndoos la manguera hasta el fondo y tragando mientras mana.

Poned el freno

Cuando se haya corrido, debéis parar de juguetear con su (exhausto) miembro. Según nuestra experiencia, si no lo hacéis le dolerá, a menos que sepáis que le van las caricias postorgásmicas. Mantened el falo en la boca, inmóvil, durante algunos segundos o más (seguro que mientras tanto le vendrán a la mente imágenes de su profesora de parvulario acariciándole la cabeza).

¿Qué hago con la piel?

No tenéis que bajársela de un manotazo. Podéis acariciar con la lengua la piel más cercana al glande —con cuidado, es una zona muy sensible— y, sin parar de lamer, ir bajándola con la boca o con la ayuda de los dedos. Mientras se la chupáis, podéis jugar con la piel, deslizándola con la mano arriba y abajo del mástil, o podéis dejarla en paz. Eso sí, cuando vuestro chico se corra, aseguraos de que nada bloquea el orificio de salida.

Para mentes abiertas: el arte del cunnilingus

¿Cómo me la como? Pues depende. Puede que a vuestra vagina favorita le gusten unos roces y uns mordisquitos los lunes, y un buen lametón los jueves. Quizá prefiera el contacto directo de vuestra lengua con su guisante todos los días del año, o insista en que paseéis la lengua alrededor del clito sin llegar a tocarlo. Así que sed sensibles con vuestra joya, pero no al estilo de *Magnolias de acero*. Descubrid lo que le gusta y lo que no explorando delicadamente sus alrededores y retrocediendo si veis que ella también lo hace. Debéis tener paciencia: a las mujeres no les gustan las prisas. De hecho, a muchas de ellas las prisas les bloquean, porque para despegar necesitan una estimulación constante y prolongada. Así que haced como si tuvierais todo el día.

Cómo tomar posiciones

Para tomar posiciones no hace falta complicarse la vida: si ella está acostada boca arriba y os internáis entre sus piernas, el camino no tiene pérdida. Para aumentar el nivel de contacto piel a piel, controlar mejor la situación, y tener a vuestra chica más cerca, rodeadle los muslos o las nalgas con los brazos (ya sea por encima o por debajo, según si tiene las rodillas dobladas o no).

Pedidle a vuestra chica que se tumbe sobre dos almohadas (colocadas debajo de las partes en cuestión) para poder explorarla desde varios ángulos; también es un modo de indicarle que queréis que esté cómoda y que tenéis la intención de quedaros ahí abajo todo el tiempo que haga falta. Puede que ella también prefiera apoyar la cabeza sobre una almohada (a las chicas les gusta mucho mirar, por si no lo sabíais). En la página siguiente os presentamos algunas variaciones sobre el tema postural. Seguro que nos lo agradeceréis.

- Pedidle que se recoja las rodillas contra el pecho para una apertura total.
- Para que no se os retuerza el cuello, arrodillaos a su lado y acercaos a ella desde arriba (ilustración).
- Dejad que se coloque de cuatro patas encima de vuestra cabeza para que pueda controlar mejor la presión que ejercéis sobre sus labios y su clítoris (la clásica postura "siéntate sobre mi cabeza").
- Arrodillaos entre sus piernas mientras ella se sienta en una silla o en el borde de la cama.
- Mientras ella se mantiene de pie con las piernas abiertas, exploradla desde abajo (probablemente necesite algo a lo que asirse para mantener el equilibrio).
- Recostaos los dos de lado y apoyad la cabeza en el interior de su muslo mientras ella apoya las piernas encima de vuestros hombros con las pantorrillas encima de vuestra espalda (ilustración).
- Pedidle a vuestra chica que se coloque de cuatro patas; acercaos a ella por la espalda, como si fuerais un chucho olisqueando a otro.

Circuito panorámico

Seguro que sois la mar de aplicados, pero no vayáis directos al grano. A menos, claro está, que los dos estéis aún en el aseo del bar de mala muerte con una cola de *veinte* borrachos esperando fuera para descargar la vejiga. Excitadla sin piedad. Dad un largo rodeo. Ni siquiera hace falta que le saquéis las bragas, podéis lamerla por los lados o por encima. Y como vuestro objetivo no es que se quede dormida, id combinado técnicas: mordisqueadle los muslos y luego seguid la curva de la pelvis con la lengua. Acercaos a ella lo suficiente como para que vuestra lengua roce su vello púbico, pero no su carne tierna. Bastan unos minutos de masaje aderezados con una suave bocanada de aire fresco de vuestra boca a su vulva para que entre agradablemente en calor. Sólo una observación para los comensales: dijimos *suaves bocanadas* de aire. Nunca hay que soplar directamente dentro de la vagina, puede provocar una embolia mortal. *System error!*

Cómo entrar en materia

Aún no hemos llegado a la perla del clítoris, pero ya podéis empezar a relameros. Recordad: aún estáis en la fase de calentamiento, así que apuntad bien con la lengua y enroscadla entre sus muslos y sus labios mayores, dirigiéndola progresivamente hacia sus labios menores. Cuando hayáis llegado, meneadla arriba y abajo entre los intersticios de sus labios, empezando con suavidad y aumentando progresivamente la presión. Con la lengua bien plana, propinadle un lametazo lento e intenso desde el perineo hasta el hueso púbico. Chupadle los labios, primero un lado y luego el otro. Besadla como si le estuvierais besando en la boca. Morisquead delicadamente (repetimos: delicadamente). Empapad la zona de saliva y procurad que esté siempre bien mojada.

Rumbo al clito

Existen glandes del clítoris de formas y tamaños variados: algunos son más pequeños, otros sobresalen más, como pezones erectos, y a otros nunca se les ve la cara (éstos son muy difíciles de encontrar, los muy...). Si vuestra chica tiene un clito tímido, ponedle la mano sobre el pubis y tirad un poco hacia arriba para que salga de su madriguera. Una vez le hayáis echado el ojo, rozadlo suavemente con la punta de la lengua. Puede que ni siquiera os apetezca moverla. Mantenedla así durante un instante, y luego haced rodar la perla de un lado a otro, manteniendo siempre el contacto, pero rozándola apenas. Luego, con el clítoris ya en vuestra boca, recorredlo con la lengua: puede que sintáis cómo se va hinchando. Y aunque una pequeña succión nunca está de más, mejor no intentéis hacerle un chupetón justo ahí. Recorred el botón de arriba abajo y por los lados con la lengua y hacedle cosquillas por debajo.

A medida que os vayáis enfrascando en la tarea, id intercambiando opiniones con la jefa. Dejad que os guíe. Escuchad lo que os dice. Si al cabo de tres o cuatro minutos parece que no siente nada, quizá debáis cambiar el ángulo, la posición o la presión de la lengua. Y si tiene un "lado" preferido, os resultará más fácil acceder a él si dobla una pierna y mantiene la otra extendida. Evitad lametones a lo película porno, embistiendo como si vuestra lengua fuera una lanza y tuvierais que mantener la cara a un kilómetro de distancia para proporcionar a la cámara una visión panorámica de la escena. Suele resultar frío y distante. Zambullíos de cabeza. Besadle el clítoris a lo esquimal, con la nariz, y no sólo con la punta: si se lo apretáis con el puente puede que pierda el mundo de vista. ¿Qué tal un cariñoso fregoteo con la barbilla? (advertencia para los chicos: la barba de dos días puede pinchar un poco; aunque puede que esto no le moleste...). Haced como si le estuvierais espetando un categórico y no verbal "claro, claro", asintiendo con la cabeza con mucho énfasis (con la lengua dentro, o fuera y bien erguida). Probad a mantener la cabeza inmóvil sujetando su botón entre los dientes al tiempo que lo estimuláis con la lengua.

Con P de Placer

Los lingüistas no se ponen de acuerdo acerca de las ventajas de la "alfabetización". Os explicamos: dibujar las letras del alfabeto con la lengua sobre el clito o la zona vaginal (en el último caso, el clito entra en acción para "escribir" la T o el punto sobre la I). Los defensores de la técnica sostienen que los giros y volutas necesarios para describir cada letra dan mucho gustito, mientras que los detractores tildan la práctica de "hortera". Decidid vosotros mismos y, por favor, mandadnos un informe con los resultados.

Inmersión sin vigilancia

Las maniobras que indicamos a continuación son sólo para las personas más experimentadas y valientes. (Bueno, vale, no son *tan* arriesgadas...)

- Colocad el índice y el dedo corazón a ambos lados del clítoris masajeándolo y estrujándolo mientras lo estáis lamiendo.
- No temáis hacer ruido: un "Mmm" de vez en cuando no sólo sienta bien físicamente sino que además transmite la idea de que vosotros también os los estáis pasando bien. Podéis tararear algo (allá vosotros...).
- Quizá a *ella* también le apetezca un poco de té o de hielo. Acordaos, sin embargo, de mantener cualquier sustancia dulce alejada de su chochín: evitaréis posibles infecciones. Utilizad el hielo en los genitales exteriores para no dañar los tejidos internos.
- Intercambiad miradas de vez en cuando, pero no la obliguéis a que os mire fijamente. Dejadle espacio para que llegue tranquilamente a su paraíso particular.
- Manos a la obra: acariciadle el pubis o el vientre, pellizcadle los labios, masajead cariñosamente el perineo, jugad con sus pechos, y recorred con vuestros provocativos dedos todo lo que podáis.
- Utilizad la lengua como un sucedáneo del pene. No, no necesitáis un instrumento como el de Mick Jagger, porque la mayoría de terminaciones nerviosas se hallan en el tercio inferior de la vagina.
- Metedle, con cariño, un dedo (importante: lubricado y de uñas cuidadas) por el culo, o simplemente hacedle cosquillas (pero no introduzcáis en la vagina dedos que ya hayan entrado por la puerta trasera).
- Apreciad los consoladores y los vibradores como compañeros de juego: mientras vosotros trabajáis en cubierta, ellos se dedican al camarote.
- Consultad las ideas que ofrecemos en "Manualidades para ella" (p. 35) y mezcladlas con las de este capítulo. A ver qué sale.

Lento pero seguro

Si vuestra chica empieza a reaccionar como si lo estuvierais haciendo bien, no es forzosamente una señal para que aumentéis la velocidad o la presión. De hecho, cuando deis con algo que funcione, no lo soltéis. Muchas mujeres despegan con movimientos repetitivos, ritmo sostenido y presión constante, de modo que el hecho de detenerse de repente o cambiar de movimiento cuando ella esté a punto puede resultar en un "volver a la casilla de salida" del juego de la Oca. La mayoría de mujeres pueden tardar entre unos tres y unos treinta minutos en alcanzar el clímax. Pero no hay que tomárselo a mal: nacisteis para eso.

Claro que estar destinado al estrellato no quiere decir que uno no pueda cansarse, así que de vez en cuando cerrad la boca, relajad la mandíbula y frotad los labios el uno contra el otro hasta que estéis listos para volver al ataque. Los chicos podéis alternar la estimulación con la lengua y con el pene, pero no presupongáis que pisar el felpudo es el paso previo a entrar en la cueva. Y hablando de eso: cuando estéis enfrascados en pleno coito, no os olvidéis de hacer una pausa-cunnilingus para prolongar el juego.

"La Gran O"

Aunque sigáis todos los consejos anteriores (qué pelotas...) puede que vuestra chica no se corra. No desesperéis: lo habéis hecho muy bien, y seguro que ella se lo ha pasado de muerte. Y otras veces, resulta que ella sólo se correrá con un buen cunninlingus. Suponiendo que empieza a perder el mundo de vista y que os dais cuenta justo en el momento en que ocurre, lo mejor es que dejéis de juguetear con su perlita, pues en el momento del orgasmo ésta se vuelve aún más sensible y le puede doler si la frotáis con demasiado ímpetu. Al igual que sucede con los testículos antes de correrse, el clítoris a veces se esconde bajo su capucha. Pero pase lo que pase, ¡no dejéis de insistir! Seguid ejerciendo presión sobre su garbancito o sostenedlo dulcemente entre los labios hasta que cesen los espasmos. Y si ella os estruja la cabeza en un abrazo mortal, cual oso pardo, no os asustes. Seguid a lo vuestro y rezad.

hacerlo

en plena acción

NI el reino animal, ni las pelis porno, ni las –probablemente– mediocres clases de educación sexual que recibisteis en secundaria son los recursos más indicados para aprender algo acerca del coito, pues gracias a las tres referencias que acabamos de mencionar posiblemente acabasteis por pensar que el sexo es el coito y el coito un frenético mete-saca ¿Y el romanticismo? ¿Y la variedad? ¿Y los matices? ¿Y el clítoris?

Para los chicos, la fórmula del éxtasis sexual suele ser bastante sencilla: meterla, empujar, empujar un poco más, y correrse. Por desgracia, sólo las pocas afortunadas que disfrutan con la mera estimulación vaginal vivirán con éxito esta ecuación. Pero atención, muchachos hetero: es posible que no estéis saliendo con una de ellas.

Menos del 30 % de las mujeres alcanzan el orgasmo sólo con el coito, y nos atreveríamos a afirmar que la mitad de éstas lo fingen (¡debería darles vergüenza!). Esto no es tan sorprendente, considerando la enorme distancia que separa el glande clitoridiano de la entrada vaginal (¡debería darle vergüenza a la Madre Naturaleza!). Una polla o un consolador con la mejor de las intenciones se podrían pasar el día taladrando sin siquiera establecer contacto con el clítoris, y es precisamente ese contacto lo que la mayoría de mujeres necesitan para llegar al clímax. Pero si se cambia el ángulo de abordaje, se añade un dedo (de quien sea) o se suman esfuerzos con un consolador, seguro que uno tiene todas las de ganar. Y eso sin olvidar el punto G (p. 87), otra clave para que ciertas mujeres alcancen el orgasmo y que se halla *dentro* del cuello uterino. Claro que el simple hecho de introducir algo y taladrar no hará brotar el manantial, porque el caso es que aunque el punto G agradece la penetración, ésta debe realizarse a *poca* profundidad y en un ángulo muy concreto.

Antes de meternos en la cama con algunos consejos sobre el tema en cuestión, sólo algunas observaciones sobre "etiqueta coital": no privilegiéis el coito por encima de otros intercambios sexuales, como si fuera lo único que perseguís, y tampoco os olvidéis de abordarlo con respeto, pues a fin de cuentas estáis tratando con el círculo reproductivo de la vida. Y nunca deis por supuesto que tenéis el derecho –o el deber– de llegar al coito, sea cual sea el nivel de provocación o de desnudez que hayáis alcanzado. Si no lo tenéis claro, preguntad (eso también va por vosotras, chicas), porque cuando estás con alguien en la cama no existen preguntas estúpidas (excepto quizá la de "¿Cómo dijiste que te llamabas?"). Así que vamos a meternos a ello.

Las puertas del cielo

Para los que estéis haciendo vuestra primera inmersión en el tema, o mejor dicho, os encontréis ya *inmersos* en él, recordad que el hecho de que os hayan invitado a entrar no quiere decir que podáis hacerlo sin llamar. Así que esperad en el rellano un ratito y tocad el botón de *su* timbre un par de veces. Podéis utilizar vuestra polla o vuestro consolador a modo de dedo o de lengua para juguetear con los labios y el clítoris, y serviros de la mano para controlar los movimientos y manteneros tiesos. (No intentéis entrar antes por la puerta trasera porque los gérmenes que viven ahí no son bienvenidos en la antesala.)

Cuando haya llegado el momento de pasar al salón, podéis allanar el camino separando los labios con los dedos, o guiar el aparato –natural o artificial– hasta la entrada con la mano. Probad a entrar en picado (asegurándoos antes de que todo está bien lubricado, p. 225), o a remolonear un poco. Sea como sea, avanzad centímetro a centímetro. Entrad un poquito y luego volved a salir, y luego otro poquito más, volviendo a salir, y así sucesivamente.

Y un consejo para ambos: miraos a los ojos, ¿vale? Le da un bonito toque personal al tema.

Lo que se debe hacer

Hacerlo a cámara lenta. Las embestidas supersónicas suelen entumecer a las chicas y dejar un poco escocidos a los chicos, así que os recomendamos que optéis por movimientos rítmicos y gráciles dignos de Nacho Duato.

Practicar los quiquis. A las chicas también les gustan. Ya sea en un coche detenido en un callejón desierto, en un aparcamiento, en un ascensor, en un área de servicio, en la última fila de un cine prácticamente vacío, en el recibidor de casa justo antes de salir a cenar, en el hueco de la escalera de vuestro edificio volviendo a casa del trabajo, en el sofá cinco minutos antes de vuestro programa preferido... bueno, pensándolo bien, apuntad esto: la televisión *nunca* debe pasar ante el sexo.

Quedarse a medio desvestir. La desnudez no siempre es un requisito indispensable para el buen sexo. Y además, andar medio vestido siempre le da al tema un excitante toque de urgencia.

Entrenar los músculos. Los chicos pueden menear su morcilla contrayendo los músculos pélvicos, mientras que las chicas pueden estrujar la morcilla de su compañero con unos tonificados músculos pubococcígeos (para trabajar el tono muscular, p. 219).

Imitar a Elvis la Pelvis. Mucha gente piensa que sólo se empuja en una sola dirección: hacia adelante y hacia atrás. Imaginad que estáis bailando salsa y menead las caderas en todas direcciones, de un lado a otro o mareando la perdiz.

Nadar en aguas poco profundas. El coito no es una carrera para ver quién llega al *cervix* primero, porque debéis saber que la mayoría de las terminaciones nerviosas de la vagina se hallan en su tercio inferior, al igual que el punto G (p. 87). Así que, chicas, imaginad que el pene se termina justo después del capullo (no os preocupéis, es sólo una imagen) y empujad sólo hasta la puntita. Tampoco es un gran sacrificio, porque la mayoría de terminaciones nerviosas del nabo se hallan en el glande, y el lugar más acogedor de la vagina está situado justo en la entrada, así que todo el mundo queda satisfecho.

Jugar en equipo. Chicos: Estimuladle el clítoris con la mano, o guiad su mano y dejad que sea ella quien se estimule, utilizad un juguete... Haced algo. Estimuladle los huevos, el perineo y el ano con los dedos, utilizad un juguete... Haced algo.

Besar sin parar. Y punto.

Lo que no se debe hacer

Practicar el sexo en el vacío. No hay espacio suficiente... (ja, ja, ja). Y ahora en serio: follad como la situación lo dicte. Puede que os acabéis de enfrascar en una pelea a guantazo limpio y os dé por besarla con espíritu vengador, por lo que si de repente encendéis unas velitas y sacáis el aceite de masaje se os cortará el rollo. Así que agarraos por el pelo, arañaos la espalda, meneaos con ímpetu y soltad unas cuantas guarradas, ¡¡joder! Claro que si habéis decidido ir a por un bebé, tampoco está de más hacerlo a lo misionero, mirándoos tiernamente con los ojos brillantes y el corazón en la mano.

Llamarlo "hacer el amor" por obligación. Especialmente si la expresión os produce el mismo asco

Bandera roja, o cómo proceder cuando llega "la visita"

No supongáis que porque la mujer va de rojo no hay sexo. El caso es que muchas chicas mantienen relaciones sexuales cuando tienen la regla. Para muchas, es el período más caliente de todo el mes (y además, los orgasmos alivian los calambres). Incluso hay quien —chúpate esa— se amorran a los bajos en plena menstruación. Así que a menos que vuestra religión os lo impida o acabéis de estrenar unas inmaculadas sábanas de hilo, no hay razón alguna para *no* hacerlo. Debéis recordar, sin embargo, que la presencia de sangre aumenta ligeramente las posibilidades de contagio de algunas enfermedades e infecciones de transmisión sexual, especialmente las posibilidades de que las chicas contraigan la enfermedad pélvica inflamatoria o salpingitis, pues la sangre contribuye a extender el organismo dañino por el aparato reproductor (p. 168). Pero si esto os preocupa (y os tendría que preocupar *siempre*) debéis utilizar condones. E incluso si no soléis utilizar barreras dentales para el cunnilingus, siempre resulta útil tener una a mano para este período del mes, pues en el caso de que la mujer tenga alguna infección, ésta se hallará en mayor concentración en el flujo menstrual.

También deberíais olvidar esa creencia popular tan infundada según la cual las mujeres no se quedan embarazadas cuando tienen la regla, porque aunque es cierto que existen pocas probabilidades, el riesgo es aún suficientemente elevado para que valga la pena utilizar cualquier método anticonceptivo. Claro que quizá vuestras preocupaciones son más estéticas que pragmáticas. Quizá lo que os preocupe es que vuestro abrazo postcoital recuerde a una escena de *La matanza de Texas*. El flujo total de la mayoría de mujeres durante el período no supera las dos cucharadas soperas, así que basta con evitar los días de flujo más intenso para evitar una escena *gore*.

Un buen baño puede servir para limpiar la sangre, al menos la de la parte externa de los genitales, de modo que podéis saltar sobre vuestra chica cuando salga del baño, besarle apasionadamente sus esponjosos labios rubí, y volver a sumergiros en la bañera para limpiar el exceso de carmín. O hacerlo todo bajo la ducha.

También podría darse que fuerais víctimas de la tan consabida (y pueril) concepción de que la menstruación es sucia e innatural. Todos conocemos el chiste: "¿Cómo puedes fiarte de algo que sangra durante siete días seguidos y no se muere?" ¡Qué gracioso! ¡Nos tronchamos de risa! O quizá —Dios no lo quiera— vuestra mamá os convenció de que era algo de lo que había que avergonzarse. Pues nada. Creced un poco, poned una toalla oscura en la cama, disfrutad de esa ración extra de lubricante y ponedle un poco de color al asunto. O si preferís, hacedlo con la luz apagada: algo blando y mojado siempre es algo blando y mojado. Y no hay más.

que a nosotras. En nuestro caso preferimos: follar, joder, tirarse a alguien, echar un polvo, hacerlo, meterla, cepillarse a alguien, echar un quiqui, hacer foqui-foqui, ñaca-ñaca, triqui-triqui, echar un casquete, chingar, montar, saltar la tapia, beneficiarse a alguien, cubrir, mojar, echar un palo, echar una cana al aire...

Ser blandengues. Y no nos estamos refiriendo a vuestra polla, mozos (hay que ver lo susceptibles que sois…). La mayoría de chicos subestiman la capacidad de las mujeres de disfrutar de un poco de juego sucio. No hay que esperar a pelearse para disfrutar de un sexo de arañar y tirarse de los pelos. Y no os asustéis si vuestra pareja os pide que le echéis los guantes (suavemente) alrededor del cuello. No quiere decir que le vaya la asfixiofilia (p. 18). Probablemente sólo le guste la sensación psicológica que le produce.

Moverse. Intentad manteneros totalmente inmóviles, concentrándoos sólo en la respiración de vuestra pareja y en entender la magnitud de la unión. Es muy Zen (aunque no es lo mejor para los quiquis rápidos anteriormente mencionados).

Pensar en fútbol (o en patinaje artístico). Si no estáis por la labor, no os daréis cuenta de si la maratón está a punto de terminar en un molesto ardor de chocho o de polla.

Hacer caso de libros y revistas. Aunque sean de lo más inesperado, las preferencias de vuestra pareja siempre le ganarán la mano a los consejos sexuales "oficiales". Aunque salgan de este mismo libro.

Cómo conseguir siempre el orgasmo simultáneo durante la penetración

No tenemos ni idea.

Cómo adoptar la postura correcta

El *Kamasutra* describe sesenta y cuatro posturas distintas, y no tenemos ninguna intención de hacerle la competencia. ¿Y sabéis por qué? Pues porque el secretillo del coito es que cualquier configuración es una interpretación libre y creativa de las cinco posiciones básicas: el misionero, la mujer encima, de pie, penetración lateral y penetración posterior. Pero si nombrar cada una de las más de cien variaciones de estas cinco posiciones os hace sentir como Sting… pues allá vosotros. Lo que hemos hecho aquí es tan sólo dar nombres divertidos a algunas de nuestras variaciones preferidas, así que si os sentís estafados, podéis demandarnos (y también nos podéis demandar por recurrir al típico tópico de la pareja heterosexual en las descripciones siguientes).

El tridente (ilustración)
Posición: combinación de penetración posterior y lateral.
Cómo: paso n.° 1: el chico se sitúa detrás de la chica e inserta la moneda en la ranura; paso n.° 2: la chica aleja su torso del chico, formando con su cuerpo un ángulo de 90° mientras el chico se mantiene en su posición inicial; paso n.° 3: la chica pasa la pierna más cercana al cuerpo del chico por encima de éste, apoyando la planta del pie en la cama; deberá apoyar también los dos hombros sobre la cama para mantener un tierno contacto visual con su amante.

Ventajas: mientras que la postura de la cuchara (chico y chica tumbados de lado, bien pegaditos) no permite una penetración demasiado profunda, con esta versión a tres patas el resultado está totalmente garantizado.

Inconvenientes: lo que se gana en contacto visual, se pierde en corporal.

Variantes: ¿aún queréis *más* variedad?

Indicado: para convertir un despertar cariñoso en un tórrido aperitivo sexual.

Mujeres G

Posición: mujer encima.

Cómo: el chico se recuesta boca arriba mientras la chica se le sienta encima (sobre las rodillas o de cuclillas) mirándole, y se inclina hacia atrás, apoyándose sobre las manos. El chico pone su mano en un puño encima del bajo vientre para que la chica pueda restregarse el clítoris mientras se mueve. La chica puede también jugar con las canicas del chico (o con sus pelotas de ping-pong, que hay de todos los tamaños). Si el chico dobla las rodillas, la chica tendrá donde apoyarse.

Ventajas: se estimula el punto G; la chica puede controlar el ritmo y la profundidad de la penetración; permite la penetración aunque el chico esté semierecto; el chico disfruta de una hermosa vista.

Inconvenientes: el plátano puede salirse fácilmente; el plátano puede doblarse; el plátano puede romperse; las mujeres pueden sentirse abrumadas por la responsabilidad de ser ellas quienes marcan el ritmo (así que, chicos, dejad bien claro que ellas mandan).

Variantes: la chica efectúa (con *muchísimo* cuidado) un giro de 180° hasta quedar de espaldas al chico.

Indicado: para celebrar que a ella le han dado un ascenso.

Perdón, ¿nos conocemos?

Posición: penetración posterior.

Cómo: ambos de pie. La chica se inclina sobre el respaldo de un sofá, un escritorio o la mesa de la cocina (su torso y sus piernas deben formar un ángulo de 90°). El chico la penetra por detrás sin olvidar, claro está, meterle mano a la alcachofa con un dedo o un juguete.

Ventajas: carga menos las rodillas que la clásica postura del perro, y es igual de guarra; a ella le da en pleno punto G; permite una penetración profunda.

Inconvenientes: ninguno.

Variantes: en la cama, con la chica apoyada encima de unas almohadas apiladas.

Indicado: para celebrar el cumpleaños del chico.

¿Está libre esta silla?

Posición: mujer encima.

Cómo: el chico se sienta en una silla, sofá o cama (con las piernas cruzadas, arrodillado o con las piernas abiertas) mientras la chica se sienta (o se acuclilla) encima de él, de cara. Puede apoyar un pie en el suelo para hacer palanca (al lado de la cama o del sofá), o apoyarse sobre ambos pies si la silla es lo bastante estrecha.

Ventajas: para mayor contacto G, la chica puede inclinar el cuerpo hacia atrás sin dejar de mirar amorosamente a su chico.

Inconvenientes: no da para una gran variedad de movimientos.

Variantes: la chica se sienta encima del chico, pero de espaldas. Aunque garantiza un blanco más seguro en el punto G, no es tan íntimo.

Indicado: para estrenar el coche.

La ola

Posición: penetración lateral.

Cómo: los dos recostados sobre un lado, cara a cara y con las piernas entrelazadas.

Ventajas: permite al chico aguantar bastante; resulta útil cuando chico y chica son de distinta altura; favorece una penetración menos profunda (si el cuello uterino necesita un descanso); los muslos de la chica se restriegan placenteramente contra el mástil de él; cuando termina la función, la pareja ya se encuentra en una cómoda y cariñosa postura postcoital.

Inconvenientes. Resulta difícil realizar una embestida en condiciones.

Variantes: esto es prácticamente todo lo que la penetración lateral da de sí.

Indicado: para compartir un saco de dormir muy estrecho en una tienda muy pequeña.

Desde aquí se ve mi casa (ilustración)

Posición: de pie.

Cómo: la chica se apoya de espaldas contra una pared mirando al chico; suponiendo que sea más bajita, se encarama encima de algo con uno o dos pies (p. ej., un puff, una mesita, un escalón, un listín telefónico o un perro obediente). Para lograr un mejor acceso se aconseja que incline la pelvis hacia adelante.

Ventajas: sensación de "ya no puedo aguantarme más"; sensación de "lo estamos haciendo como en las películas".

Inconvenientes: para aguantar se requiere una buena forma física (por ambas partes); puede que la concentración para no caerse impida alcanzar la tan deseada "O".

Variantes: la chica se enrosca al chico con las piernas alrededor de la cintura del chico y los brazos alrededor del cuello para distribuir equitativamente su peso entre el chico y la pared (posición también conocida como: "¡Llegó papá!"). También puede sentarse sobre una encimera, el alféizar de la ventana o el lavamanos mientras él embiste.

Indicado: para celebrar que un miembro de la pareja acaba de regresar de un viaje de negocios/de la guerra/de hacer la compra en el súper.

La princesa y el guisante (ilustración en la página siguiente)

Posición: penetración posterior.

Cómo: el chico se tumba boca arriba con las piernas ligeramente abiertas y dobladas, mientras la chica se le recuesta encima, boca arriba, con los pies a ambos lados de las piernas de él.

Ventajas: ideal para evitar el mal aliento durante el sexo matinal.

Inconvenientes: las vistas no son de lo más. Penetración *muy poco* profunda (es decir, a lo "¿está dentro, cariño?"); él suele sentirse abrumado; poca capacidad de movimiento; nula estimulación del clítoris (las manos están ocupadas sosteniendo el esqueleto). ¿Seguimos?

Variantes: la chica se recuesta rígida como una plancha con las piernas estiradas, y el chico le pasa los brazos por debajo de las axilas y por encima de los hombros para ejecutar unos mini saltitos. (Premio para la primera persona que se corra en esta posición.)

Indicado: cuando la acción se desarrolla al aire libre, sobre un suelo (y un nabo) duro y el chico es un verdadero caballero.

Cara culo
Posición: misionero.
Cómo: el chico se sitúa encima, pero en un giro de 180° queda con la cabeza mirando a los pies de la chica.
Ventajas: la chica puede experimentar un nuevo ángulo de penetración; ella tiene libre acceso al trasero de su niño; él puede saborear los pies de su amada.
Inconvenientes: el chico no disfruta de un gran panorama; la pareja queda muy separada; no funciona con los chicos que tienen la tranca apuntalada contra el vientre.
Variantes: uno de los dos se recuesta de lado e intenta hacer las veces de tijera humana.
Indicado: cuando la chica quiere hacer un crucigrama y el chico mirar un partido de fútbol.

La cruz roja (ilustración)
Posición: combinación entre misionero y penetración lateral.

Cómo: la chica se recuesta boca arriba con la pierna izquierda recta y la derecha doblada. El chico se recuesta a su izquierda, mirándola, con su cuerpo en un ángulo de 90° de modo que los genitales de ambos se encuentren en el cruce. Mientras él mantiene la pierna izquierda estirada bajo la pierna izquierda de *ella*, la chica pasa su pierna derecha arqueada encima de la pierna derecha de *él*, que a su vez la pasa por encima de la pierna izquierda de la chica (¿quedó claro?).

Ventajas: el chico puede mantener el ritmo durante bastante rato; es la posición perfecta para estimularle el clítoris a la chica con un vibrador; tanto el chico como la chica disfrutan de una posición muy cómoda.

Inconvenientes: para entender el funcionamiento de esta posición, no queda más remedio que llevarla a la práctica (aunque quizá esto no sea *realmente* un inconveniente).

Variantes: si el chico se apoya sobre el codo izquierdo y la chica mueve la pierna izquierda para encajarla en el túnel que se abre bajo la axila izquierda de él, disfrutará de unas vistas inmejorables. Y para lograr una auténtica cruz roja, lo mejor es hacerlo cuando la chica tiene la regla (recuadro "Bandera roja", p. 58).

Indicado: en caso de que ninguno de los dos quiera estar encima.

La postura del bambú (gentileza del *Kamasutra*, ilustración)

Posición: mix misionero-mujer encima.

Cómo: sobre una manta bajo un cielo estrellado; paso n.° 1: la chica se reclina hacia atrás apoyándose en los codos o en unas almohadas; paso n.° 2: el chico se sienta o se acuclilla entre las piernas de la chica; paso n.° 3: la chica o el chico liberan una mano para pasar la pierna de ella por encima del hombro derecho de él; paso n.° 4: la chica deja la pierna tranquila (encima del hombro de él) y se reclina hacia atrás apoyándose en ambas manos mientras él tira de sus caderas con ambas manos hasta que se la mete; paso n.° 5: en un momento u otro, ella posa la pierna izquierda al lado del chico y vuelve a colocar la derecha donde supuestamente debía estar; paso n.° 6: ambos levantan la vista al cielo e intentan localizar la Osa Mayor.

Ventajas: la pareja experimentará la trascendencia y el poder infinitos a través de la connexión con la bóveda celeste.

Inconvenientes: puede que sea necesario un calentamiento previo de media hora y/o un curso de iniciación al yoga.

Variantes: en cualquier sitio cerrado, aunque en estos casos se pierde la parte de la trascendencia y del poder infinitos.

Indicado: para los que insisten en hacer el amor, dulce amor, esta es la posición ideal.

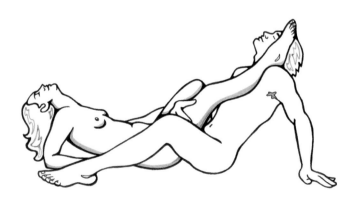

Premio Consolador de Oro a la mejor "postura nueva"

Lote doble (alias "Técnica de Alineación Coital")

Posición: misionero.

Cómo: leer las instrucciones detalladas. Volver a leerlas. Releer. Repetir el proceso hasta su total comprensión.

Ventajas: máxima estimulación clitoridiana durante el coito. Comprobado.

Inconvenientes: es necesario tener las instrucciones de montaje a mano.

Variantes: idéntico procedimiento, pero con la chica encima.

Indicado: para parejas enamoradas/hedonistas.

A principios de los años noventa, un sexólogo llamado Edward Eichel se atribuyó el descubrimiento de un modo totalmente nuevo de hacerlo que garantizaba el orgasmo simultáneo en la posición del misionero... ¡siempre! Evidentemente, Edward exageró un poco sus logros (si su técnica fuera *realmente* infalible, habría ganado un Nobel, o por lo menos le habrían dado su nombre a una calle), pero lo cierto es que la posición tiene muchísimo a su favor. Se trata, básicamente, de estimular el clítoris durante el coito genital, algo que nunca falla. De hecho, el "invento" de Eichel ha estado en circulación desde los tiempos del *Kamasutra*, lo único que él hizo fue escribir un manual de instrucciones. Aun así, es una técnia difícil de dominar, pues sólo su nombre (Técnica de Alineación Coital, TAC) suena más a álgebra que a cópula cuando uno desea penetrar en sus entresijos. Pero en fin, sólo por haber escrito un libro sobre ella Edward se merece el Consolador de Oro. (Pero oye, Eddie: si vuelves a repetir que la TAC te llegó por "inspiración divina" o que es "el único y verdadero camino", te retiramos el premio, ¿entendido?)

Ahí va el reto. ¿Lo aceptás?:

1. El chico empieza en la posición del misionero y luego desplaza su cuerpo unos centímetros hacia arriba (es decir, dirigiendo su viril cuerpo hacia la cabecera de la cama) para alinear y encajar su pelvis con la de su chica. En esta posición, sólo debería quedar dentro la puntita, de modo que la verga presione en el monte púbico. Es imposible garantizar una penetración directa y completa, pero se trata precisamente de eso, de buscar una fricción constante y sostenida. No resulta natural ni fácil hasta que se ha pillado el ritmo, pero la recompensa vale la pena.

2. El chico debe mantener las piernas juntas y bien rectas, y la chica enroscadas alderredor de los muslos de él, con los tobillos apoyados en las pantorrillas de su *partenaire* pero intentando mantener las piernas lo más estiradas posible (es una buena ayuda para hacer palanca, como se verá más adelante).

3. El chico desplaza el peso de los codos para rodear con los brazos los hombros de la chica por debajo de las axilas y apoyarse encima de ella, con la cabeza encima de la almohada, como en un gran y fraternal abrazo (*muuuy* efusivo, es cierto). Él debería mantener el torso totalmente relajado, y tanto el chico como la chica deberían tener las columnas lo más rectas posible. La sensación debería parecerse a una asfixia *placentera*.

4a. De lo que se trata es de sustituir las sacudidas y embestidas de costumbre por un movimiento pélvico lento y bamboleante: la chica empieza contrayendo la pelvis (es decir, hundiéndola en el colchón) hasta que la polla del chico esté prácticamente fuera y pueda sentir la base presionando contra su clítoris. Entonces le toca a él: empuja con la pelvis para presionar el cuerpo de ella hacia abajo y penetrarla hasta el fondo, al tiempo que ella levanta ligeramente su pelvis para dar entrada al nabo de su compañero. Y luego le vuelve a tocar a ella, y luego a él, y así sucesivamente. Cada vez que él la saca, debería moverse hacia adelante para que su pelvis quede unos 7 u 8 centímetros más arriba del cuerpo de ella, con el glande rozando la entrada de su vagina y con la base del falo contra su clítoris. A fin de cuentas, ésta es la clave del asunto: mantener una presión constante sobre el clítoris.

4b. Para ir dominando el ritmo, aseguraos de que mientras uno empuja, el otro opone un poco de resistencia, lo que os ayudará a mantener un movimiento de balanceo sincronizado. En lugar del clásico dentro/fuera se trata más bien de alternar presión/contrapresión (como si estuvierais frente a frente en uno de esos lindos columpios dobles estrujándoos las manos). Y recordad: ella es la que debería marcar el ritmo.

5. Cada vez que el chico la penetre hasta el fondo, la chica debe contraer ligeramente los músculos de la cadera y los muslos; de este modo logrará más fricción y estimulación y puede que él olvide incluso cómo se llama.

6. Seguid así. Durante bastante rato. Y sobre todo no aceleréis –repetimos: no aceleréis–. No se trata de sexo acrobático. Y tampoco olvidéis que las damas van primero.

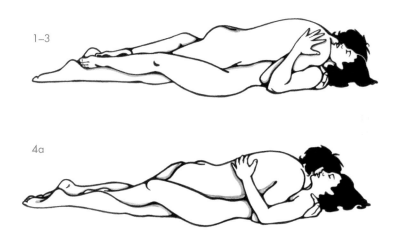

Elogio del misionero

La postura del misionero siempre suele cargar con el sambenito de ser aburrida, poco inspirada, pasada de moda, y un kilométrico etcétera, y además tanto las marujas mojigatas como los fanáticos religiosos o los sexólogos reprimidos la esgrimen como el único sexo como Dios manda. Pero ninguna postura es sumisa, son las personas las que lo son. Así que si creéis que la postura del misionero pone a cualquier mujer en su sitio, es que no creéis mucho en las mujeres; si creéis que es una postura para perezosos, es que no os la trabajáis lo suficiente. Y si no os funciona, puede que sólo necesitéis algo más de práctica. Porque en definitiva la postura del misionero es como el tofu: va bien con todo. Lo único que se necesita es sazonarla a gusto. Y no hay razón para no hacerlo, porque es la postura con mayor contenido en contacto piel a piel, visual, y de besuqueo por centímetro cuadrado, mucho más que cualquier alineación que circule por ahí. Y en cuanto a las chicas, recordad que no es una excusa para que os podáis tumbar a la bartola y que él haga todo el trabajo. Así que ahí van algunos consejos para vitaminar a vuestro misionero esta misma noche:

• Agarraos de las manos para aumentar la dosis de amor a lo tortolito.
• Chicas: guiad las caderas de vuestro chico con las manos para moverle dónde y cómo más os guste.
• Chicos: colocad una almohada o dos debajo del culo de vuestra chica. Además de mejorar espectacularmente el grado de penetración, estará de lo más cómoda.

- Chicas: estirad y/o apretad las piernas para aumentar el grado de ajuste y de fricción labial, lo que quiere decir más estimulación clitoridiana (¡premio!).
- Chicos: recordad que cuanto más cerca de las orejas tenga las rodillas vuestra chica, más profunda será la penetración, pero entonces *bye bye* clítoris. Haced que doble las rodillas y apoye los pies en vuestras nalgas, o que os envuelva la cintura con las piernas. Si ella es muy flexible, puede pasar las piernas sobre vuestros hombros y calentaros las orejas con las pantorrillas. Si no es flexible, no es probable que sea una buena idea intentarlo.
- Chicas: poned a vuestro chico de rodillas entre vuestras piernas y levantad las caderas para apoyarlas encima de su regazo como si fuera una plataforma de lanzamiento hacia el éxtasis del amor: así él disfrutará de la panorámica de la penetración más cercana que existe sin tener que usar un consolador o mirar una peli porno.
- Chicos: manteneos inmóviles mientras ella conduce. Chicas: empujad con la pelvis, contraed los músculos de la cadera y balanceadla.

Mal de amores

La sensación de dolor o escozor durante el coito puede deberse a un impacto brusco contra el cuello uterino, a pequeños rasguños causados por la fricción, a la falta de lubricación, a una alergia al semen o al látex o a la lubricación, al uso de lubricante con nonoxinol-9, a la irritación de la cicatriz de una episiotomía, a una deficiencia hormonal (p. ej.: posmenopáusica o posparto), a una enfermedad de transmisión sexual, o a la suma de todo lo anterior. Para más información, consultad "De obligada lectura" (p. 143). Y para otras dudas concretas, hablad con vuestro médico de cabecera.

la puerta
trasera

guía completa
del placer anal

FREUD la metió, y la metió hasta el fondo. Porque a la larga lista de divertidos actos sexuales que calificó de "esto-no-se-hace" le añadió, para colmo, el juego anal. Y si bien afirmó que sentir fascinación por su propio pompis era un rasgo importante y necesario en el desarrollo del niño, luego diagnosticó el mismo placer en adultos como un comportamiento inmaduro y disfuncional. ¿Por qué sólo pueden pasárselo bien los niños? Admitámoslo: no hay nada tan placentero como una buena cagada. Después del estornudo, posiblemente sea la función corporal más cercana al orgasmo.

Pero Freud no fue el único aguafiestas. Existen un sinfín de razones por las que a mucha gente se le sube la mosca a la nariz (o se le baja al culo) cuando se le plantea el tema del juego anal, incluso ahora, cien años después. La homofobia se lleva la palma, porque aún muchos varones heteros (e incluso sus novias) temen que si dejan que algo entre por su salida "se convertirán en gays". O por lo menos en "afeminados", lo que responde a una tradición larga y pesada de roles de género rígidos y de prácticas sexistas. Los germenófobos lo consideran una guarrada –y no precisamente en el sentido picante del término–, mientras que por su parte los reprimidos lo consideran una guarrada en el sentido estrictamente picante. Los estrechos temen que les afloje el esfínter y les dé incontinencia. Y hay gente a quien simplemente no le gusta el marrón.

Pues vaya chorrada. En primer lugar, porque las personas que practican el sexo anal tienen tantas posibilidades de convertirse en gays como las que han visto la película *El mago de Oz*. (Y, lo creáis o no, muchos gays no entran por la puerta trasera nunca.) En segundo lugar, a los típicos machitos cachas les iría de maravilla que sus novias les dieran por el culo: disfrutarían del polvo físico, y además el polvo *mental* resultaría una excelente lección de inversión de roles sexuales. En tercer lugar, no resulta tan difícil hacer las cosas con cuidado para evitar que el dormitorio parezca la escena de un crimen en tonos sepia. En cuarto lugar, los reprimidos deberían saber mejor que nadie que parte de la diversión consiste justamente en romper en los tabúes. En quinto lugar, con dosis suficientes de relajación, comunicación, lubricación, amor y ternura, el sexo anal contribuirá notablemente a fortalecer los músculos del esfínter. Y por último, esta temporada el marrón se va a llevar más que el negro. Así que la única excu-

El sondeo anal (del archivo "Nosotras no lo habríamos dicho mejor")

"No hay nada que contribuya más a alcanzar una plena consciencia y una profunda relajación que desarrollar el hábito de introducirse con delicadeza un dedo en el ano durante un par de minutos cada vez que tomas un baño o una ducha. Cuando el dedo esté dentro, utilízalo para tantear tus dos músculos esfinterianos. Contráelos brevemente mientras inspiras, y luego relájalos mientra expiras. Finaliza la rutina masajeando el interior del ano con suaves movimientos circulares."
Jack Morin, PhD,
Anal Pleasure & Health:
A Guide for Men and Women

sa que tenéis para no disfrutar de vuestro tercer ojo es que no sepáis por dónde empezar, de modo que vamos a *rectificar* esta situación, ¿vale?

¿Qué está pasando aquí?

Si en un episodio de Barrio Sésamo hubiera aparecido un consolador parlante explicando cómo se convierte el tubo digestivo en zona erógena, probablemente habría dicho lo siguiente: "Primero vamos a saludar a nuestro amigo Ano, nuestro artista invitado. Nuestro amigo Ano, que posee una concentración de terminaciones nerviosas superior a cualquier otra parte del cuerpo aparte de los genitales, se muere de ganas de bailar 'toma, chocolate'. Debajo de sus arrugados morritos tiene dos músculos con forma de anillo (los esfínteres) que forman el canal anal, un tubo de unos tres centímetros de largo". Y nosotras completamos la explicación. El ano, con sus pliegues de tejido elástico, es como esos guantes de talla única: aunque uno está convencido de que la mano no le va a caber ni por ésas, siempre termina cabiéndole. Cuando uno se enfunda una "manopla anal", lo primero que encuentra es el esfínter externo, al que controla el

sistema nervioso central (si le dices lo que tiene que hacer, normalmente hace caso). Y un par de centímetros más adentro se halla en esfínter interior, que se encuentra bajo la jurisdicción del sistema nervioso autónomo (es decir, que hace más o menos lo que le sale de ahí, te guste o no).

A continuación discurre un tramo de curvas llamado recto (?), de entre 10 y 15 centímetros de longitud, con dos grandes curvas formando una ese. El primer recodo de la carretera, el más cercano a la salida, está constituido por el músculo puborectal, que se contrae cuando te da un apretón para evitar que te cagues encima. Cuando no hay marrón a la vista y has aprendido a relajar la zona, el músculo se alarga, suavizando la S de la curva para aquellos nabos y consoladores que no tengan esa forma. La segunda curva que forma la S, menos pronunciada, se halla un poco más adelante. El canal rectal es una zona de prohibido aparcar (a menos que seas de esas personas que siempre posponen el momento de ir al baño), y es que sólo está diseñada como zona de paso. El colon es donde las heces hacen parada y fonda. Se encuentra justo detrás del recto curvo, a unos 20 o 25 centímetros del ojo sin párpado. Cuando algo del tamaño de un pene (p. ej., un pene) se introduce en el ano, normalmente no va más allá del recto (igual que este libro, que tampoco pasará de allí).

Y lo que sucede cuando haces la número dos es lo siguiente: las heces esperan un ratito en el colon hasta que están en su punto y preparadas para salir al campo. Entonces, cuando el colon las manda a paseo, el reflejo rectal se pone en marcha y el esfínter interno se relaja mientras el músculo puborectal se contrae, achatando la S. Y cuando *tú* estás a punto, relajas *tu* esfínter externo (que a su vez relaja el músculo) y finalmente depositas la mercancía en su destino.

Esto es lo que sucede cuando te excitas (que puede suceder o no cuando descargas): la afluencia de sangre en los tejidos anales hace que se hinchen y se enrojezcan (¿pues no te resulta *sexy* cuando lo hacen tus genitales?); entonces, el canal anal se vuelve húmedo y sudoroso y los esfínteres se contraen como si tuvieran un tic (especialmente si se les estimula directamente). Estas contracciones dan mucho gustito, y más cuando tienen algo a lo que agarrarse, como por ejemplo un dedo o un pene.

Cuidados intestinos

A continuación os contamos cómo *se supone* que debe funcionar el asunto (siempre, claro está, que no la cagues). Pero como sois humanos y, por lo tanto, puede que la caguéis, ahí va el modo de evitarlo. Los

Las herramientas básicas

Si decidís poner la cara B
del disco, recordad:
* Baño. A veces todo es
  una mierda. Literalmente.
  Uno se encuentra a las
  puertas del éxtasis, y
  el invitado inoportuno
  llama a la puerta (sobre
  todo cuando nos olvidamos
  de hacer los deberes).
  Aunque sea una falsa
  alarma, lo mejor es pasar
  al excusado, aunque sólo
  sea un ratito, para
  evitar problemas mayores.
* Toallas oscuras.
  Las toallas garantizan
  unas sábanas limpias y
  una fácil eliminación del
  lubricante. Y las toallas
  oscuras evitan un ataque
  de nervios cuando
  el lubricante se vuelve
  de un color amarronado
  (lo cual no suele ser
  frecuente; es más una
  cuestión de tranquilidad
  personal que una
  necesidad). También podéis
  poner las sábanas a lavar
  cuando hayáis terminado.
* Condones. Tened un montón
  a mano en caso de que uno
  se rompa o queráis que
  estén siempre "frescos".
  Los condones oscuros
  pueden ayudar a combartir
  el factor pringue (aunque
  también pueden camuflar
  la sangre, algo que
  no conviene perder de
  vista). Pero no os
  agobiéis: tanto el marrón
  como el rojo (sobre todo
  éste último) no suelen
  ser demasiado frecuentes,
  asumiendo que hayáis
  seguido nuestras
  instrucciones. (...)

consejos siguientes harán que mováis el culo (literalmente) para estar preparado en caso de una OCR (ofensiva candente por la retaguardia).

Comed para "descomer". La fibra es uno de los ingredientes más geniales que podéis incorporar en vuestra vida sexual. En serio, si de todo este libro sólo os quedáis con este consejo, habrá valido la pena. Una dosis diaria de fibra os ayudará a prevenir el estreñimiento y la diarrea y dará a vuestras obras de arte una consistencia sólida y firme, lo que comporta una disminución de las colisiones en cadena y una salida despejada (y menos gasto en papel higiénico). Entre los alimentos con mayor contenido en fibra se encuentran la piel de manzana y de patata, los cereales integrales, las legumbres, los frutos secos, las ciruelas pasas, la fruta y verdura fresca. También podéis complementar vuestra dieta con fibra hidrosoluble como cáscara de *psyllium* en polvo, goma de guar y pectina. Los suplementos de fibra como el Metamucil® también funcionan. (Una pequeña observación para los listos de la clase: recordad que estas sugerencias se administran únicamente por vía oral, así que absteneos de fabricar supositorios caseros con los ingredientes que acabamos de mencionar.)

Antes de jugar, comed. La comida tarda casi un día en viajar de punta a punta del tubo digestivo, así que si prevéis que alguien va a fisgonear en vuestro cuarto trasero, planificad la visita con antelación. Empezad por comer ligero unas veinticuatro horas antes. No abuséis de la carne, los productos lácteos y los alimentos refinados. Y si sabéis que algo os hace gasear, por lo que más queráis, ni se os ocurra probarlo.

No os aguantéis las ganas. Ya sabemos que tenéis cosas mejores que hacer que pasar el día cagando, pero si siempre os aguantáis, vuestro reflejo rectal se volverá perezoso, lo que quiere decir que el esfínter interno no tendrá a nadie que le diga cuándo puede relajarse; lo que quiere decir que tendréis que empujar y herniaros y resoplar cada vez que estéis en el trono; lo que quiere decir dolor, almorranas, desgarros y lágrimas y miradas de sorpresa de la persona en el cubículo contiguo. Así que cuando tengáis que ir, ¡id!

¡Emitid gases y contaminad! Aunque resulta de muy mala educación ventilarse en misa, en una primera cita o en una entrevista de trabajo, retener de modo crónico las ventosidades puede causar una sobretensión muscular, lo que puede dificultar la relajación de los bajos.

Entrad en contacto con vuestro *yo* interior. Puede sonar muy New Age, pero hacer una visita al ano (sí, estamos hablando de meterse el dedo en el culo) proporciona una experiencia de primera mano sobre lo que sucede ahí dentro. Y además de acondicionar el trasero para la entrada de nuevos objetos, le ayuda y le enseña a disfrutar de ello. Introducid el dedo en el ano y observa cómo, si respiráis profundamente, os relajáis y controláis el músculo, se modifica el estado de la cuestión (p. ej., los dos esfínteres y el músculo puborectal). Parecerá que tenéis que ir al baño, aunque sepáis que no tenéis ganas. Experimentad con lo que os gusta y lo que no. Subid de nivel y probad con un consolador (opcional). Recordad: los músculos de ahí abajo no quedarán permanentemente dilatados, sólo estáis tonificándolos y enseñándoles a relajarse para que se dejen infiltrar no sólo de un modo seguro, sino también alegre y feliz.

No os estreséis. Cuando estás nervioso o cabreado se te agarrotan los hombros, te rechinan los dientes y se te revuelve el estómago. Y el agujero del donut no lo pasa mucho mejor. Así que planteaos el juego anal como un placentero masaje terapéutico.

Anatomía anal

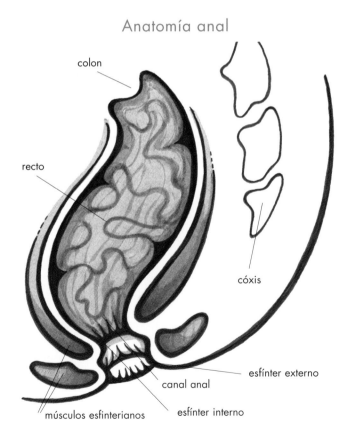

colon
recto
cóxis
esfínter externo
canal anal
esfínter interno
músculos esfinterianos

(...) Algunos utilizan el condón femenino de poliuretano para sus traseros, sólo que sin el anillo interior (p. 180). Y como el condón femenino se introduce *dentro* del agujero del culo (y no *en* el pene), permite una alternancia más fluida entre los distintos orificios al alcance.

* Guantes de látex. Protegen contra las enfermedades de transmisión sexual, facilitan la entrada, ayudan a prevenir el desgarro anal y además resultan un accesorio ideal para jugar a los médicos.
* Barreras para el sexo oral. Están especialmente diseñadas y homologadas para eso, y garantizan un beso muy negro y muy seguro. También podéis utilizar un guante de látex cortado o un trozo de película de plástico autoadherente.
* Pañuelos de papel y toallitas húmedas. Algunos fabricantes de papel higiénico fabrican toallitas con áloe.
* Papelera. Mejor con bolsa. En algún lugar hay que guardar los condones, guantes, barreras dentales y toallitas.
* Enya en el Cd. Es el acompañamiento musical perfecto, según nueve de cada diez amantes anales (los entendidos —en música— seguro que prefieren escuchar Portishead).

Si se le pone mustio

No os alarméis si el nabo se le marchita mientras estáis llamando a su puerta trasera. Es perfectamente normal. Probablemente se deba a que, por una vez, vuestro chico no está pensando con su polla y está totalmente concentrado en lo bien que se lo está pasando su trasero. O eso, o lo que pasa es que está muerto de miedo porque cree que se ha vuelto gay.

De acuerdo, es cierto que de vuestros abismos salen cada día sustancias asquerosas y malolientes. Pero eso no quiere decir que no podáis tener el ojete tan impoluto que hasta Don Limpio estaría encantadísimo de lamerlo. Por lo menos de vez en cuando.

Lo primero es lo primero. Si deseáis fisgonear en la zona, primero aseguraos de que nada bloquea el acceso. Cuanto más recientemente hayáis descargado, más limpios, abiertos y ligeros os sentiréis. En caso de que al hurgar encontréis sustancias viscosas, dejad la exploración para otro día. Si todo está en perfecto estado de revista, proceded a la esencial ducha. Introducid un dedo enjabonado ahí donde nunca brilla el sol y repetid el proceso todas las veces que haga falta (enjuagaos bien con agua, porque el jabón puede irritar estas delicadas regiones). Claro que si sois víctimas de la germenofobia siempre podéis sumergiros en el agua y practicar la sesión bajo un chorro constante (sólo que en este caso tendréis que utilizar mucho más lubricante, p. 75). También es útil tener a mano toallitas húmedas para bebés (disponibles también para adultos) para realizar algún retoque antes, durante o después. Y sobre todo, intentemos evitar las infecciones, ¿vale? Así que no olvidéis limpiar antes a fondo todos los accesorios encargados de realizar las labores subterráneas (manos, penes, lenguas, consoladores o calabacines) con jabón bacteriológico (para la boca se acepta pasta de dientes). Y después de la espeleología lavadlos también a fondo, sobre todo antes de meterlos en cualquier otro sitio (vagina, boca, otro culo). Y si sois los afortunados anfitriones, aseguraos de dejar la casa limpia, porque tanto el lubricante como otros fluidos pueden dejar bacterias fecales microscópicas en sitios inoportunos.

Y si aún no os sentís frescos como una rosa, siempre os queda el recurso de una lavativa, aunque es una práctica algo polémica. Las lavativas tradicionales se suelen utilizar esencialmente para provocar una evacuación intestinal especialmente reacia, para lo cual se inyecta una solución acuosa en la cavidad anal, se deja ahí durante unos minutos y luego se abren las compuertas. Las lavativas comerciales suelen contener productos químicos que pueden irritar el tejido anal interno y alterar el delicado equili-

brio bacteriano (razón por la cual los incondicionales de las lavativas sustituyen la solución química por agua tibia). Según algunos estudios, las lavativas (incluso en su versión acuática) pueden aumentar la probabilidad de transmisión del VIH. Y además, si os acostumbráis demasiado a ellas puede llegar un momento en que no podáis evacuar sin su ayuda. Así está la situación.

Si insistís en darle una manguerada al culo, os recomendamos que le echéis unos chorritos de agua tibia con una jeringa *después* de evacuar. Además de que se trata de una cantidad de agua suficiente para eliminar cualquier resto fecal, evita posibles irritaciones del colon y vertidos accidentales en plena sesión.

Pero si con todo y con eso *aún* no os sentís como una rosa, tomad nota: el sexo es sucio. Por lo menos si se hace bien, como ya dijo Woody Allen en su día. Todas las duchas, enemas anales, suplementos de fibra, y hábitos intestinales no servirán de nada si sentís una reacción visceral y repulsiva frente al juego anal. Así que superadlo.

Fuera de pistas

Para la relajación anal,
la excitación sexual
es lo mejor que hay,
así que no os dejéis
los juegos previos en casa.
Pero cuando estéis a punto
de cruzar la puerta
trasera dejad tranquilas
todas las otras zonas
calientes del cuerpo,
pues pellizcar un pezón,
cosquillear el clítoris
o acariciar el pene puede
provocar una inoportuna
contracción del esfínter.
Sin embargo, una vez
dentro tenéis el campo
libre para jugar a
lo que queráis.

Suave como una seda

Tenéis que utilizar lubricante. No hay peros que valgan. El ano no es un órgano autolubricante, y la saliva y los fluidos vaginales no solucionan el tema. Además, deberíais evitar pasar de un orificio a otro en busca de una fuente de lubricante para el ojo ciego. Probad a usar lubricantes hidrosolubles de alta densidad como el ID® (disponible en un práctico envase con dosificador), el Durex Top-Gel® o el K-Y® de Johnson & Johnson®. A diferencia de los aceites, no degradan el látex. No utilicéis lubricantes que contengan anestésicos (p. ej., antihemorroidales) porque de lo que se trata es de que todos vuestros sensores de placer y de dolor estén en pleno rendimiento. Y no seáis tacaños a la hora de escanciarlo, porque aun-

que una buena capa de lubricante puede que convierta vuestra visita al excusado en algo un poco resbaladizo, os aseguramos que el viaje al éxtasis anal será rápido, directo y sin baches (para saber más sobre los lubricantes, p. 225).

La única excepción a la regla del lubricante hidrosoluble es en caso de viajar por el canal anal de un *hombre* y de *no estar* utilizando un condón de látex (p. ej., en caso de utilizar uno de poliuretano o de montar a pelo). En este caso –y sólo en éste– os damos permiso para que utiléis lubricantes a base de aceite como el Eros® (uno de los preferidos para el *fisting*, p. 95) o aceite corporal. Pero recordad: los condones y los guantes tienen que hallarse *siempre* en activo hasta que ambos miembros de la pareja hayan superado todas las pruebas necesarias (capítulo sobre enfermedades de transmisión sexual en la p. 145). Y os diremos por qué: pues para empezar porque el aceite degrada los condones de látex. Y en segundo lugar, porque cuando se necesita tal cantidad de lubricante se mete *por todas partes*, incluida la vagina; y porque el aceite es difícil de limpiar y puede provocar infecciones vaginales (de aquí la restricción a sólo hombres). Pero incluso para los hombres no somos unas partidarias fanáticas, porque el aceite puede bloquear las glándulas anales y provocar infecciones; suele contener perfume, que puede ser irritante; y a pesar de que los guantes de látex son más gruesos que los condones, el aceite también puede degradarlos.

Una vez dicho todo esto, si utilizáis guantes que no sean de látex o condones de poliuretano (p. 178), o un consolador esterilizado, el aceite resulta de especial ayuda para meter al tigre en la jaula, porque además de lubricar mucho más que los lubricantes hidrosolubles, es un tragaolores más eficiente, y además hace que la limpieza cosmética sea mucho más rápida y sencilla (p. ej., un paño seco al final o a media sesión eliminará cualquier huella de patinazo de una sola pasada).

Hacer dedo

Felicidades, habéis llegado a la parte más divertida. Si vosotros y vuestro amoroso dulce de leche habéis seguido nuestros consejos hasta aquí, tendréis un bonito y resplandeciente túnel de amor para explorar. Pero no meneéis la cola o el consolador todavía. Primero hay que calentar el culo. Dadle toda vuestra atención: una palmadita aquí, una caricia perineal allá, y mucho lubricante acullá.

Luego con la punta de un dedo (repetimos: generosamente lubricado y de uñas delicadamente recortadas) acariciad el ojete en un lento movimiento circular. Seguro que os hará un guiño. Como los buenos ginecólogos, no dejéis de hablar para mantenerle entretenido. Remolonead alrededor del agujero hasta que sintáis que está relajado, y entonces empujad un poco hasta introducir la primera falange (justo debajo de la uña) y deteneos un instante para que ambas partes puedan valorar la frontera que se acaba de cruzar. Y cuando os hayáis internado más allá del esfínter interno, ya podéis virar rumbo al ombligo.

Una vez llegados a este punto del viaje, nos gustaría dar la bienvenida al dedo en el gran recto. Esperamos que disfrute de su estancia y que entre y salga como guste a su pareja intentando variar la presión y las caricias.

En cuanto al siguiente paso, existen dos bandos digitales enfrentados: los puristas defensores del dedo único, y los partidarios del pluridígito. Mientras los primeros temen que dos o más dedos puedan desgarrar el alma de un esfínter inexperto, y sugieren pasar del dedo único a introducirle gradualmente un pene o un consolador (que no tienen articulaciones punzantes), los últimos alegan que la adición progresiva y lenta de otros dedos es mucho más manejable, ayuda a preparar el esfínter para lo que pueda venir, e intimida menos que las vergas o los consoladores. Que decida el ojete, pues. Ejerced presión contra la pared entre la vagina y el recto por ambos lados. Recordad, sin embargo, que no debéis inercambiar los dedos. De hecho, reservar una mano sólo para el ano y la otra sólo para la vagina puede resultar extremadamente útil.

Para que disfrute él: la base del pene se extiende algunos centímetros dentro del cuerpo, y se puede estimular desde el perineo o el canal anal. Y además, unos 8 centímetros más abajo mora el santo grial, el ilustrísimo glande de la próstata también conocido como punto G masculino. Es la gran recompensa que la Madre Naturaleza concede a los mozos que se abren un poco a la posibilidad de una acción anal. Para dar con este botón mágico, haced que se recueste boca arriba, y con la palma hacia arriba metedle el índice todo lo que podáis en dirección al ombligo, luego curvadlo un poco a lo "ven aquí" y acariciad suavemente. Puede que al principio no lo notéis, pero cuando la gran O esté a punto de explotar, veréis como se hincha y se endurece.

Accesorios, accesorios y más accesorios

No subestiméis nunca el placer de insertar culo arriba un objeto de fabricación humana. Utilizar juguetes no es hacer trampas. No sólo son para las lesbianas y tampoco os convertirán en los protagonistas de una leyenda urbana de urgencias médicas (suponiendo que sigáis nuestras instrucciones, claro). Nada de eso. Los juguetes son vuestros amigos, y además unos perfectos compañeros para los preliminares y la acción, o siquiera para aderezar con una dosis extra de estimulación cualquier otro tipo de sexo, y especialmente los juguetes blanditos y flexibles específicamente concebidos para los cuartos traseros. Y además no se trata de *dilatar* nada, sino de acostumbrarse a sentirse lleno y aprender a relajarse alrededor de un objeto. Porque los vibradores no sólo estimulan, sino que también colaboran en el tema de la relajación. Aunque atención: los lubricantes a base de silicona pueden dañar los juguetes de silicona, así que antes de hacer nada, debéis comprobar los ingredientes de unos y otros. Y, lo más importante de todo: cualquier juguete destinado a la entrada de servicio debe tener una base acampanada para que no se pierda por ahí (atención: no sirve utilizar una bola de billar lubricada). Tampoco hay que meter algo que pueda romperse (atención: tampoco sirve una bombilla). Si estáis leyendo este apartado porque os han ensartado una zanahoria enana por el culo, poneos de cuclillas y empujad. Es probable que encuentre el camino de salida sola. Pero si estáis leyendo este apartado porque os habéis metido por ahí un

Consejos para los sujetos pasivos

* Antes de empezar, quizá os apetezca tener un orgasmo. Si sois un poco estrechos, os relajará los músculos y ayudará a que os sintáis más cómodos.
* Podéis recortar un poco los pelos del culo —todos tenemos— si os preocupa que sean demasiado largos y entorpezcan la entrada.
* Mantened la puerta trasera abierta para el invitado intentando empujar como si parierais o hacia abajo (como si gruñerais pero sin hacer ruido). Le dará más espacio donde acomodarse.
* Respirad profundamente desde el estómago, como en la clase de yoga. Os ayudará a relajar los músculos.
* No tenéis que iluminar la pista con focos para asegurar un buen aterrizaje: basta con que le echéis una mano para que acierte la entrada.
* En el momento del ingreso, mantened la cabeza en el juego anal: no os distraigáis (ni distraigáis a vuestros músculos) jugueteando hasta que el pájaro esté en el nido.
* Cuando la visita se halle bien instalada, contraed los músculos anales. Si sincronizáis estas contracciones con las involuntarias del orgasmo conseguiréis hacerlo durar mucho más.

cochecito de juguete, ya podéis correr a urgencias, porque lo que necesitáis es la ayuda de un profesional. Para más sobre Juguetes sexuales, p. 103.

Me mola tu pistola

Ha llegado la hora de desenfundar; y si vuestra pistola es de tamaño reducido, ésta es una ocasión inmejorable para quedar como unos auténticos Clint Eastwood. Pero tanto si estáis utilizando algo pequeño y real como algo enorme y falso (o enorme y vivo o enano e hinchable), los consejos siguientes os resultarán útiles. Por cuestiones de sencillez expositiva nos referiremos a todos los apéndices como penes y daremos por supuesto que tienen un tamaño estándar (p. ej., nada de arietes de 35 centímetros susceptibles de taladrar el colon y provocar un derrame fecal). Por la misma razón tampoco nos referiremos a una mano entera, así que si os van los juegos de manos, consultad el capítulo "Hasta el fondo" (p. 95).

Lubricaos el pene y volved a lubricar el ano de vuestra pareja. Frotad el pene contra sus morritos negros para anunciar vuestra presencia. Debería devolveros el beso (y no estamos hablando de pedos, sino de contracciones, ¿vale?).

Cuando veáis o sintáis que está relajado y abierto, señal de que os da la entrada. Y si ya tenéis un dedo dentro, utilizadlo cual calzador. Ahora no es momento para juegos sin manos, así que sujetad el pene para guiar *muy* suavemente su puntita hacia el recibidor. O erguíos bien y dejad que la recepción se acerque a vosotros para acoger el pene a su propio ritmo.

Pregunta de examen: una vez franqueado el canal anal, ¿qué dirección hay que tomar? Muy bien, chicos, ¡hay que apuntar hacia el ombligo! Enseguida os daréis de bruces contra la primera curva del recto (bueno, mejor dicho, la rozaréis suavemente), en el ángulo A. Si vuestra pareja es del género sufrido y silencioso y no dice nada, orientad el pene con las propias manos hacia la rabadilla unos centímetros más adelante del esfínter interno, antes de llegar al callejón sin salida (ángulo B).

Ángulo A

Ángulo B

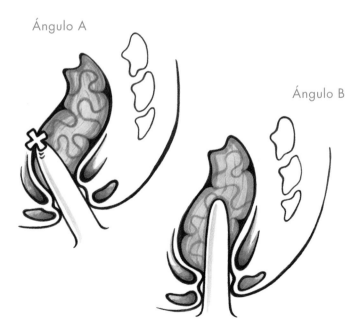

* Ofreced el culo primero: deberíais recibir todo lo que deseáis dar. Y esto va por los machitos homófobos.
* Poned en práctica los consejos de Pavlov y condicionad a vuestra pareja para que asocie el juego anal con una intensa fuente de placer: cuando se esté corriendo, acariciad suavemente su ano (o introducidle el meñique).
* Si el receptor nunca ha tenido nada metido en el culo, no intentéis —no intentéis— practicar el coito anal con un pene o un consolador la primera vez.
* No terminéis la visita sin despediros antes: una salida rápida y repentina puede provocar una contracción y un espasmo muscular intenso y repentino. Incluso si el sujeto receptor grita "¡Vete y que te den!" salid siempre de un modo tranquilo y ordenado.
* No vale el "perdón, me equivoqué". Los niñatos de turno y las revistas para hombres os dirán que el mejor modo de entrar por la puerta de atrás es hacer como si estuvieras buscando la de delante y te hubieras equivocado. ES UN BOLO. Y duele. Y es la razón por la que a tantas mujeres no les va el sexo anal, ni los niñatos de turno, ni las revistas para hombres.

Colocación del mástil para navegar viento en popa

La posición ideal para la introspección es siempre a gusto del receptor. Cada una de las posturas que ofrecemos a continuación poseen sus propios incentivos en cuanto a control, visión y profundidad de la penetración, así que no seáis unos jodidos perezosos y experimentad con lo que mejor os funcione a ambos. Pero tened presente que incluso si el dado por culo está haciendo la vertical, hay que procurar que las piernas y el torso siempre formen un ángulo recto para que el recto se desarrugue un poco. Si al interesado no le importa sentirse como un verdadero trozo de carne, siempre puede repantingarse contra el respaldo de un sillón o una mesa, y de paso tendrá algo a lo que agarrarse. Y no olvidéis poner las manos desocupadas a la obra, bien en vuestros puntos erógenos no anales, bien en los de vuestra pareja.

Misionero
Posición: penetrador encima, receptor abajo; penetración entre media y profunda.
Ventajas: contacto visual (bueno para el vínculo emocional, la comunicación no verbal y los concursos de miradas); especialmente cómodo para receptores perezosos.
Inconvenientes: al cabo de un rato, el receptor puede sentirse algo reblandecido.
Para subir nota: el receptor se pone una almohada bajo el culo, dobla las piernas con las rodillas contra el pecho y apoya las pantorrillas en los hombros del penetrador.

La cuchara
Posición: ambos practicantes de lado, en la misma dirección; penetración poco profunda.
Ventajas: la capacidad de empuje del introductor se ve algo mermada, de modo que no se producen movimientos repentinos (léase dolorosos); especialmente indicado para parejas vagas, poco "porno" (indicado para los más reprimidos).
Inconvenientes: no favorece un contacto visual romántico.
Para subir nota: la misma posición cara a cara, lo que técnicamente se conoce como "puñalada".

El perrito
Posición: ya conocéis la *can-ción*; penetración profunda.
Ventajas: el espeleólogo ve dónde se mete; el pene tiene más posibilidades de dar con el punto G (indirectamente) o la próstata; la mejor posición para alisar el trecho en forma de S; es el perrito.
Inconvenientes: resulta algo forzado si tenéis alturas muy dispares, y el penetrador puede quedarse pillado (a causa de la abertura de la posición) y empezar a empujar con demasiado ahínco; es el perrito.
Para subir nota: ambos de pie (el receptor se agacha como si recogiera la pastilla de jabón) o bien se echa boca abajo (para una penetración aún menos profunda).

Aterrizaje feliz
Posición: el receptor encima y el propietario (o propietaria) del pene recostado boca arriba; penetración entre poco y muy profunda, según el estado de ánimo del receptor.
Ventajas: el que recibe el control absoluto de la situación, mientras que da puede echarse tranquilamente y disfrutar del *espectá-culo*.
Inconvenientes: el receptor tiende a contraer sus músculos anales, dificultando la relajación.
Para subir nota: la misma postura pero con el receptor mirando hacia los pies del propietario del pene en cuestión.

La letra pequeña, primera parte: sangre, sudor y lágrimas

Si duele, no sigáis (¡elemental!). Para el sado aún faltan un par de capítulos. Y no estamos hablando del dolor que da gustito, como reventarse un grano o masajearse los músculos agarrotados, sino de dolor de verdad como pillarse un dedo con una puerta, echar un cálculo renal o escuchar a Céline Dion. Si es un dolor agudo y penetrante o rojo y desgarrador es que no lo estáis haciendo bien.

Debemos advertiros de lo siguiente: sí que existe una manera de follar mal. Igual que también hay buenas o malas borracheras. En Nerve aceptamos el alcohol como un lubricante sexual legítimo (¿quién no ha despertado nunca a los vecinos con un buen revolcón por el suelo de la cocina con la ropa puesta después de tres martinis?). Pero tampoco hay que estar tan pasado como para no distinguir entre un *buen* y un *mal* dolor. Y para los potenciales donantes: no se os ocurra hacer funcionar el taladro en superficies anales sensibles si antes os habéis pasado con las copas.

No tendría que salir más sangre que después de un concienzudo cepillado de dientes. De hecho, si lo estáis haciendo bien, probablemente no salga *nada* de sangre. Así que, para ir sobre seguro, deteneos ante el primer indicio de rojez. Y si la rojez persiste durante pongamos más de dos días, consultad al médico.

Si después del acto os sentís algo delicados en las partes bajas, probablemente quiere decir que no habéis utilizado suficiente lubricante o que lo habéis hecho con demasiado ahínco, o que no leísteis este capítulo de cabo a rabo. No os preocupéis, seguro que se os pasa. Mimaos con un buen baño, mimad vuestro culo, y olvidad el juego anal durante unos días. Y si sentís molestias en la zona durante un tiempo prolongado, mucho después del acto, puede que se trate de un enfermedad de transmisión sexual. Así que, una vez más, id al médico.

La (no tan) Inmaculada Concepción

Las colegialas católicas que se preocupan más por las formas que por el fondo suelen preservar su virginidad lanzándose a la vía anal (o quizá eso es lo que les gusta pensar a los viejos verdes). Sin embargo, creer que la práctica del sexo anal previene los embarazos es una concepción *muy* errónea. Lo que es cierto es que el ¡80%! de las parejas que utilizan el sexo anal como método contraceptivo acaban concibiendo porque el semen se desliza a lo largo del perineo hasta escabullirse en la vagina. Y ¡bombo!

La letra pequeña, segunda parte: infecciones

Lo admitimos: las caquitas son sucias. Las bacterias que viven a sus anchas en las heces de humanos totalmente sanos pueden causar infecciones o patologías aún peores si se propagan, incluso a través de partículas microscópicas, a otras zonas como la boca, la vagina, el pene o un sencillo corte. Lo que demuestra que, si usáis protección seguro que no la cagáis (barreras para el beso negro, guantes para los puños, condones para abordaje anal). Los dedos, los juguetes y otras partes del cuerpo que entren en contacto con la zona anal deben limpiarse a fondo con agua y jabón bacteriológico antes de tocar cualquier otra cosa. Y en cuanto al beso negro, aunque el enjuague bucal contribuye a mantener el aliento fresco, hasta la fecha no se ha demostrado que ayude a prevenir el contagio bacteriano.

La puerta trasera también es una vía bastante eficaz de contagio de enfermedades de transmisión sexual como el VIH, la hepatitis (A, B y posiblemente C), el herpes, la gonorrea, la clamidia, y las verrugas genitales. La transmisión se produce a través de sangre infectada o de sustancias fecales y del contacto piel a piel (incluso aunque no haya penetración). Cuando *sí* existe penetración, se suelen producir desgarros microscópicos en el recto o el canal anal, razón por la cual el sexo anal es como vivir al filo de una navaja (de hecho, las prácticas sexuales entre hombres son las de más alto riesgo).

Las heces también pueden transmitir infecciones parasitarias como la amebiasis y la giardadis y bacilos como la salmonella, el campylobacter y la shigella. La práctica del morreo anal es especialmente peligrosa para estas infecciones. Y a pesar de que no se han documentado casos de transmisión del VIH a través de este tipo de beso, un trozo de film de plástico transparente nunca está de más. Basta una minúscula cantidad de sangre en las heces, o como pequeña abrasión del tejido anal, para que el besador se halle en peligro. Para los besanalistas que sean VIH positivos, la ingestión accidental de bacterias como la shigella puede debilitar el sistema inmunitario. Para más información sobre las enfermedades de transmisión sexual, p. 143.

Después de la tormenta

Si sentís ganas de ir al baño inmediatamente después, no es de mala educación excusarse un momento (siempre que después regreséis, claro está). Acordaos de tirar a la basura los condones usados. Y permitíos unos cuantos arrumacos "post".

El beso negro (del archivo "Nosotras no lo habríamos dicho mejor")

"Besar o no besar… el culo. Ésa es la cuestión. En mis encuestas informales (fiestas, cenas...) los resultados han sido los mismos: pocos de los hombres que conozco prodigan sus besos negros. Esto me sorprendió, pues a la mayoría de mujeres que conozco, este tipo de besos les encantan. Bien pensado, el cuerpo no tiene muchos orificios, y parecería lógico querer disfrutar de todos los que la Madre Naturaleza nos ha regalado (¿qué es mejor: dos martinis o tres martinis?). Pues no. Aunque la mayoría de machos están más que dispuestos a meterla en cualquier cavidad femenina (en el culo, entre las tetas, en el sobaco, detrás de la rodilla...), se echan para atrás a la hora de lamer el orificio evacuatorio. Lo entiendo, porque la doble ka no huele precisamente bien, y para los legos en la materia el beso negro y las heces van siempre de la mano (aunque si creen esto, no quiero ni pensar en el estado de sus bajos). Exageraciones aparte: ¿qué no haría uno para dar placer? Todo nos parece poco. En Roma, como los Romanos. En un país del sudeste asiático, a comer termitas. ¿Y en la cama con vuestro amorcito? Pues eso, rumbo al sur."
Jack Murnighan, *Jack's Naughty Bits*

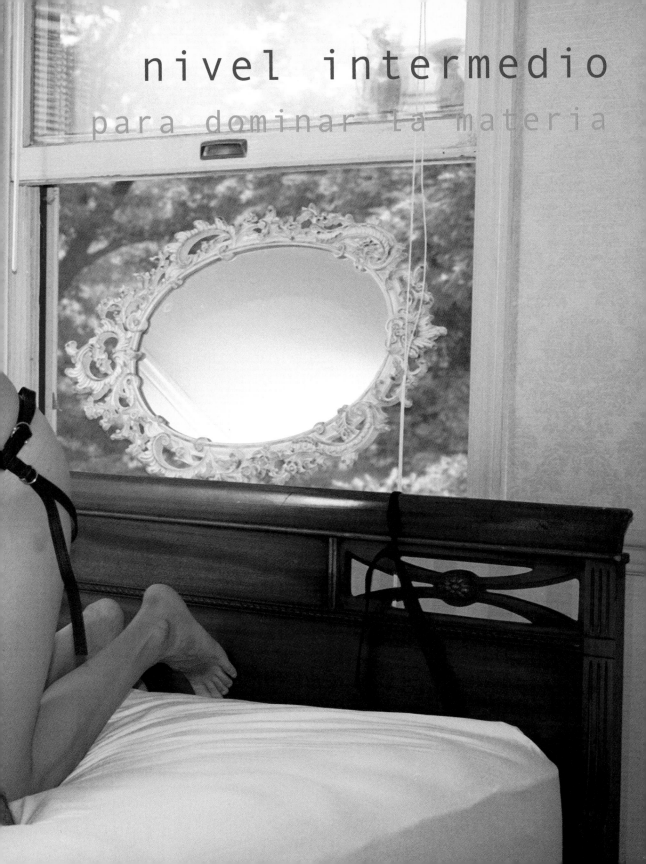

nivel intermedio

para dominar la materia

con G de lujuria

el punto G y la eyaculación femenina

capítulo 8

¿Todas las mujeres tienen un punto G?
Sí.
¿A todas las mujeres les gusta
que les estimulen su punto G?
No.
¿Pueden eyacular las mujeres?
Sí.
¿Pero es orina?
No.
¿La eyaculación femenina
es consecuencia de la estimulación
del punto G?
Por lo general, sí.
¿Si soy mujer, puedo aprender
a eyacular (o enseñar a mi
pareja a que me haga eyacular)?
Quizá.
¿Por qué las gatas se lamen el
conejito?
Pues porque pueden.

AY, si todo fuera tan sencillo... No nos malinterpretéis: estas respuestas son básicamente acertadas, pero cada una de ellas puede conducir a su vez a centenares de preguntas distintas. ¡Es que sois tan exigentes!

Antes de intentar responderlas, vamos a dejar clara una cosa: por punto G no entendemos ese supuesto botón mágico que garantiza a todas las mujeres del mundo un teletransporte directo y sistemático al paraíso orgásmico cada vez que se pulsa. Y tampoco nos estamos refiriendo al punto ése que tiene vuestra chica en concreto (ya sea en la axila o en la vagina). Pues no. Porque el hecho es que el punto G es una zona especialmente sensible que se estimula ejerciendo presión sobre la pared anterior de la vagina. Y si lo provocáis puede (o no) desencadenar un orgasmo y/o eyaculación femenina. Como casi todo en el sexo, depende. Todo depende.

El punto G ha sido tan adorado y vilipendiado como los Hombres G. Y luego también están los que pasan olímpicamente tanto de uno como de los otros. El debate (o la falta de debate) sobre el tema es consecuencia directa de la penosa escasez de estudios médicos serios. Sí, claro, y del sexismo (también están los que creen que la eyaculación femenina no queda muy femenina). Así que tanto el punto G como la eyaculación femenina son los típicos adolescentes incomprendidos del mundo sexual.

Pero el hecho de que no los entendáis no quiere decir que no podáis disfrutar de ellos. En realidad, nos gusta bastante la idea de que aún no lo sabemos todo sobre el sexo. Nos deja algo en qué soñar.

Mi vida sin G

A los años ochenta les tenemos que agradecer el invento de las hombreras y de Madonna, pero también la generalización del término "punto G". Antes, las investigaciones sobre el tema eran realmente escasas. En los años cuarenta, el gran gurú del sexo Alfred Kinsey descubrió que la mayor parte de las mujeres a las que les ponía que les hicieran cosquillas en la almeja les ponía sobre todo si se lo hacían por arriba. Pero como el tema de Kinsey era esencialmente el clítoris, no hizo ningún comunicado de prensa sobre su descubrimiento. Los años cincuenta nos obsequiaron con el viejo y entrañable ginecólogo alemán Ernst Gräfenberg, que fue el primer científico moderno en constatar el enorme potencial erótico de la esponja uretral que se halla en la pared frontal superior de la vagina (ilustración). Pero el mundo sólo estaba preparado para absorber una revolución orgásmica y la ganó el clito de Kinsey. Así que hubo que esperar hasta principios de los ochenta para que una pareja de sexólogos, John Perry y Beverly Whipple, retomaran la investigación ahí donde lo había dejado Ernst y, tras confirmar sus resultados, decidieron bautizar esta zona especialmente caliente en honor al viejo Gräfenberg. De ahí lo de punto G.

¿De dónde viene la G?

Si queréis que hablemos del punto G, lo primero que tenéis que conocer es la uretra. (Vaya, ¡qué emocionante!) La uretra es un conducto estrecho que transporta la orina (pis) desde la vejiga hasta el meato urinario u orificio uretral (es decir: meadero), y, si sois chicas, por lo general se encuentra entre el clítoris y el orificio vaginal. La uretra pasa justo por encima de la pared superior del canal vaginal (como la tubería del gas), y está rodeada por un tejido eréctil conocido como esponja uretral (algo así como el aislante). Este cuerpo esponjoso alberga una serie de glándulas y conductos "parauretrales" (es decir, cercanos a la uretra) y "periuretrales" (es decir, dispuestos alrededor de la uretra) que segregan y expulsan fluidos (el fluido eyaculatorio femenino). Pero aunque el punto G nunca ha sido anatómicamente cartografiado por la medicina, se conoce popularmente como la parte de la esponja uretral que se puede palpar a través de la pared frontal superior de la vagina, a una distancia de entre un tercio y la mitad de su longitud, formada por un área oval o cresta (conocida también como cresta de Gräfenberg) del tamaño de una moneda achatada (aunque de hecho hay quien considera que el punto G es todo el cuerpo esponjoso uretral). Cuando está excitada sexualmente, la esponja uretral se llena de sangre y sus glándulas se llenan de fluido, con lo que toda la zona se hincha y se endurece (que es la razón por la cual muchas mujeres –o sus parejas– sólo encuentran el punto G cuando, bueno, ya sabéis, están a punto de caramelo).

En ocasiones, la esponja uretral (o punto G, si sois puntillosos) también recibe el nombre polémico de "próstata femenina". Basta comprobarlo mirando a los fetos, que independientemente del sexo que acaben teniendo, siempre empiezan siendo de sexo femenino, pues sólo es en el séptimo u octavo mes de gestación cuando el viril cromosoma Y hace su entrada en escena. El mismo tejido embrionario que posteriormente se desarrolla hasta convertirse en la próstata masculina es el que, en el caso de las chicas, se desarrolla en forma de glándulas parauretrales y periuretrales. Según investigaciones recientes, la esponja uretral femenina, con sus glándulas y conductos, no es únicamente un mero tejido residual sino un órgano que cumple funciones parecidas a las de su homólogo masculino. (Más información sobre la eyaculación femenina, p. 90).

En busca de la G perdida

Advertencia: los siguientes consejos os ayudarán a localizar vuestro punto G pero no os garantizan bajo ningún concepto que os convirtáis en amigos para siempre. Para algunas mujeres la sensación es demasiado intensa, mientras que para otras es simplemente una pesadez. Algunas mujeres sólo lo sienten en determinados días del mes, mientras que a otras les despierta el fantasma de sus pasadas y múltiples cistitis. Pero eso no quiere decir que os falle la instalación o que seáis unas estrechas.

Para estimular el punto G hay que ejercer presión encima de la uretra, por lo que es de lo más normal que os sintáis como si tuvierais ganas de mear. De modo que no es una mala idea empezar metiéndoos el dedo en el trasero a modo de lección introductoria del juego anal para poder hacerle vosotras mismas una revisión completa al punto G antes de que cualquier extraño le meta mano. Porque del mismo modo que tener un dedo metido en el pompis puede que os ayude a superar la sensación de que tenéis que hacer caquita, también el hecho de tener un dedo metido en la G os hará superar la sensación de que tenéis que hacer pis (suponiendo, evidentemente, que hayáis ido al baño *antes* de hacer ambas cosas).

Para dar con vuestro punto G lo primero que necesitáis es un poco de coordinación, especialmente si tenéis los brazos cortos, así que las mejores posturas son: o bien tumbadas boca arriba con las rodillas dobladas y una almohada bajo el culo, o bien recostadas boca abajo, o bien de cuclillas o de cuatro

Autoexploración

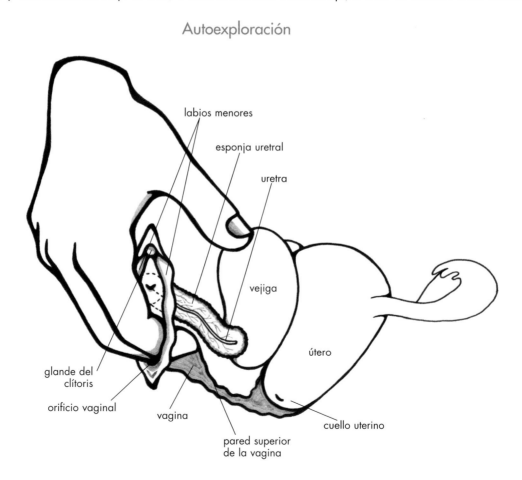

labios menores

esponja uretral

uretra

vejiga

útero

glande del
clítoris

orificio vaginal

vagina

cuello uterino

pared superior
de la vagina

patas. Cuando hayáis encontrado una postura que os resulte cómoda, introducid unos 4 centímetros de dedo (uno o dos) vagina arriba y ejerced presión con las yemas contra la pared anterior de la vagina. A diferencia de las otras paredes vaginales, que suelen ser lisas, ésta tiene un tacto irregular y rugoso. Si os cuesta localizarla quizá os resulte útil beber un par de vasos de agua y luego meteros en la ducha o en el trono, introduciros los dedos apuntando a la G y luego mear sin más: si sentís cómo el pis atraviesa la uretra, es que le habéis pillado el punto.

Pero si *todavía* no podéis encontrarlo con vuestros propios dedos, ¡utilizad ayuda! Buscadlo prestando atención a la presión que sentís *dentro* de vosotras en lugar de concentraros en lo que sienten vuestros dedos. Y tampoco tiene nada de malo recurrir a vuestras amistades, como por ejemplo a la fantástica Crystal Wand®, una varita consoladora acrílica transparente en forma de S, de 25 centímetros de longitud y superfotogénica, diseñada especialmente para ir directo al grano G. (Si no os gusta siempre la podéis convertir en un llamativo objeto de decoración de diseño). O también podéis acudir al "localizador G", un práctico accesorio de ese fantástico rodillo de masaje llamado Hitachi Magic Wand®. (En la p. 110 hallaréis más sugerencias para vuestro baúl de juguetes.) En cuanto a vuestros otros amigos, los que están provistos de dedos de verdad, también os pueden ayudar con la G, y probablemente les resulte bastante más fácil que a vosotras mismas.

Pero atención: cuando hayáis llegado al punto G, sea cuál sea el modo en que lo hayáis logrado, tendréis que ejercer una presión directa, sostenida y firme, porque como lo estáis palpando a *través* de la pared vaginal, no hace falta que os acerquéis a él de puntitas y mariposeéis a su alrededor como hicisteis con el clítoris. Así que probad a presionarlo, a masajearlo o a tirar de él con el clásico gesto de "ven aquí que te vi". Dale que dale. Al igual que con cualquier otro trabajo vaginal, aderezadlo con abundante lubricación y látex. Y sobre todo, limaos bien las uñas.

Lo sentimos mucho, muchachos, pero los dedos y los juguetes tienen bastante más posibilidades de dar con el punto que un pene a pelo. (¿O es que habéis visto alguna vez a un pene decir "Ven aquí que te vi"? Pues eso). Sin embargo, algunas posturas resultan más resultonas que otras, como por ejemplo la de la mujer encima o la penetración posterior con la mujer recostada boca abajo o de lado. Lo sentimos otra vez, mozos, pero el martilleo uterino tampoco funciona. Es más, se pasa el punto G cuatro pueblos. El objetivo es una penetración poco profunda en dirección ombligo. Y hay que echarle una mano. ¿Lo veis? Ya os dijimos que el tamaño no importa. Excepto para aquellas mujeres que no sienten para nada el punto G hasta que están totalmente llenas. Es decir, llenas como con un puño en la vagina. Ya sabéis, *ese* tipo de plenitud. (Más información sobre cómo echarle el guante ahí en p. 95).

Dejad que fluya: la eyaculación femenina

Aunque muchos cínicos consideran que la eyaculación femenina sólo es una moda pasajera New Age que consiste en confundir el pis con el elixir de las diosas, su existencia está documentada desde hace siglos. De hecho, para los antiguos griegos –Aristóteles incluido– la eyaculación femenina era algo de cajón. Y algunos de ellos incluso creían que era condición imprescindible para concebir. Además, ese chorrito mágico también aparece en el arte erótico japonés antiguo, en los manuales de sexo de la antigua China, en el *Kamasutra* y hasta en los escritos de Galeno, el famoso médico griego del siglo II d.C. No fue hasta el siglo XVIII, momento en que el tanto el arte como la ciencia empezaron a estudiar el modo en que diferían los cuerpos femenino y masculino, cuando la eyaculación femenina recibió su definitivo rapapolvo. Porque incluso en el siglo XX, hasta Masters y Johnson, los reyes del pensamiento positivo sexual, llegaron a sugerir que la eyaculación femenina no era más que incontinencia urinaria tensional (de hecho en esa época muchos cirujanos solían operar a las eyaculadoras prolíficas para "enmendar el problema"). Aún hoy en día existe mucha gente que se siente confundida, incómoda y/o aterrada con la sola mención del fenómeno. Por eso estamos aquí.

Y es que, además, la eyaculación femenina es endiabladamente difícil de estudiar porque varía sustancialmente de una mujer a otra: mientras las hay que tienen un potente chorro capaz de atravesar una habitación de punta a punta, otras sólo dejan un manchurrón en las sábanas. O sea, que puede oscilar entre unas pocas gotas y unos cuantos borbotones. Y luego también están las supereyaculadoras de las pelis porno capaces de llenar varios vasos. Claro que ¿desde cuándo os creéis lo que sale en las pelis porno? Algunas mujeres eyaculan justo antes de un orgasmo del punto G, otras lo hacen independientemente del orgasmo,

¿Es potable?

La lubricación vaginal natural es un fluido infectante, es decir, si la mujer está infectada puede contener restos de VIH, lo que no sucede con la orina. En cuanto al fluido eyaculatorio femenino, el jurado aún no se ha pronunciado sobre ello, así que lo mejor es ir sobre seguro y considerarlo como una vía de transmisión.

unas terceras justo en el momento del clímax del punto G y aún otras lo logran con la mera estimulación externa del clítoris (aunque por lo general la estimulación del punto G suele funcionar como el "ábrete sésamo" de las compuertas eyaculatorias). También hay mujeres que nunca eyaculan... o quizá sí lo hagan, porque el caso es que según la "teoría eyaculatoria" todas las mujeres producen fluido eyaculatorio aunque no lo sepan. Y pueden no saberlo por distintas razones, ya sea porque lo confunden con la lubricación vaginal y/o la orina o porque se aguantan las ganas y luego, cuando van al baño, lo eliminan junto con el pipí sin darse cuenta. O quizá es que producen tan poca cantidad que se les escurre vagina abajo sin mayores consecuencias.

Sí, pero ¿qué es?

Una cosa sobre la que todo el mundo está de acuerdo (o por lo menos los que creen que existe) es que la eyaculación femenina se expulsa a través de la uretra durante el orgasmo o la excitación como consecuencia de las contracciones de los músculos de la pelvis (p. ej.: el orgasmo) y/o la sobrecarga de las glándulas. Pero lo que no es en absoluto es pis, por lo menos tal como lo conocemos. Puede que haya restos de pipí en el fluido (después de todo, sale por el meato urinario). O puede que cuando os corráis se os escape un poco si no habéis vaciado la vejiga antes. Pero el fluido del que estamos hablando suele ser acuoso, transparente o lechoso, ligeramente dulzón y no muy acre. Desde luego, pis no es.

Según algunos investigadores, la eyaculación femenina está compuesta de fluidos de tipo prostático procedentes de las glándulas parauretrales, mientras que para otros sólo es una forma químicamente alterada de orina procedente de la vejiga, y unos terceros sostienen que se trata de una combinación de ambas cosas. Claro que, visto lo que se sabe de él, ¡lo mismo podría ser zumo de naranja! Así que la próxima vez que tengáis el privilegio de encontraros cara a cara con fluido eyaculatorio femenino, olisqueadlo primero y luego decidid.

En cualquier caso, la explicación más convincente que hemos encontrado es la de un estudio citado en el libro *The Clitoral Truth* de Rebecca Chalker –que, por cierto, debería ser de lectura obligatoria para cualquier persona dotada de dos dedos de clítoris–. En él se cuenta cómo una aplicada estudiante de la sexualidad humana –que casualmente también era una experimentada eyaculadora– se tomó un anticolinérgico (un fármaco que inhibe la contracción de la vejiga y tiñe la orina de azul eléctrico) antes de sucesivas sesiones de masturbación. La chica comprobó que, cuando eyaculaba, el fluido que expulsaba era transparente o estaba ligeramente teñido de azul mientras que, cuando luego orinaba, la orina siempre le salía de un intenso color azul... ¡Eureka!

Para empezar, os aconsejamos que no vayáis detrás del maldito Eldorado, porque lo último que necesitan las mujeres es ser víctimas de más "sexspectativas". Aun así, los siguientes consejos pueden despertar a vuestra eyaculadora interior:

Primero vosotras solitas. No sólo os sentiréis menos presionadas, sino que os podréis tomar todo el tiempo que queráis sin aburrir a nadie.

Dejaos ir. Os sentiréis como si fuerais a orinaros encima, pero no os preocupéis por mojar la cama: si antes habéis hecho vuestras necesidades no tenéis porque tener ningún tipo de problema. De todos modos, aunque se os escape un poco de pipí, ¿qué hay de malo? Las lluvias doradas son de lo más *sexy*.

Aguantad un poco. Llevad lo de "dejaros ir" un poco más lejos y si realmente notáis ganas de hacer pipí, empujad un poco, como si estuvierais en un concurso de meados y os tocara vuestro turno.

Haced una corrida "seca" con orina. Estimulad el punto G cuando vayáis a mear. Y cuando no podáis aguantaros más, dejad que salga. Si practicáis con orina al principio aprenderéis a dejaros ir y a ensuciaros sin miedo. Y cuando estéis preparadas para que vuestra eyaculación se las apañe sola, haced exactamente lo mismo pero habiendo vaciado antes vuestra vejiga.

La inyaculación (extraído del archivo "Nosotras no lo habríamos dicho mejor")

"Los taoístas, los chamanes, las teorías tántricas y el mismo Sting sostienen que el orgasmo masculino sin la expulsión del líquido seminal junto con una presión estratégica en el perineo —conocido también como inyaculación— conduce a la iluminación de la conciencia, sin mencionar la explosión orgásmica. Así que decidí darle una oportunidad al tema y empecé a darle al badajo según mi propia tradición secular (si no mística). Tras un par de minutos, cuando estaba cerca del punto de no retorno, localicé lo que los taoístas llaman "el punto del millón de dólares", es decir, el perineo. Ejercí una fuerte presión sobre él y sentí un latido intenso y constante. Justo antes del orgasmo, el latido se volvió arrítmico y aumentó de intensidad para convertirse después en un martilleo despavorido. Luego, justo antes del momento en que suelo mancillar las sábanas, vi por un segundo lo que todos esos *hippies* cuarentones habían estado pregonando. El preludio del orgasmo fue momentáneamente más intenso, pero la sensación se desvaneció tan rápido como había llegado. Después continué apretando con fuerza durante uno o dos minutos más concentrándome en cómo disminuía la presión de mi verga. Aparté los dedos de mi tren de aterrizaje y me erguí un instante, desconcertado y embargado por esa increíble experiencia. Y entonces, como ya lo habían señalado los defensores de la inyaculación, me di cuenta de que podía "empalmarme" de nuevo, cosa que hice varias veces seguidas hasta que me sentí aburrido del tema y un poco deprimido. Pero el *flash* real vino luego, cuando fui al baño y vi que mi orina tenía más espuma que una caña de Guinness. O sea, que me había corrido en la vejiga. Eso sí que era estar bien jodido."
Grant Stoddard, en la sección "I Did It for Science", *Nerve.com*

Dejad libre la salida. Un juguete grandullón, un pene o una mano pueden bloquear la entrada del orificio uretral, así que mantened la estimulación pero echando mano de vuestras mejores artes para mantener la salida despejada.

Poneos al rojo vivo. Si estáis superexcitadas, desbordadas de placer y abrasadas por las llamas del deseo quiere decir que: 1) el punto G es más fácil de localizar y aguanta más presión, lo que permite un mayor grado de experimentación táctil; 2) como tenéis los músculos pélvicos más relajados, os resultará más fácil dejaros ir; 3) es más probable que tengáis un orgasmo, y en consecuencia, fuertes contracciones pélvicas que expulsen el fluido, y 4) os sentís superexcitadas, desbordadas de placer y abrasadas por las llamas del deseo.

Antes id a por el orgasmo. Puede que os resulte más fácil eyacular si vuestros bajos han sido previamente calentados y relajados con una explosiva O.

Limpias en un plis plas. Para no estresaros con lo de mojar la cama, poned toallas o un salvacamas (podéis encontrarlos en cualquier farmacia pidiendo un protector para la incontinencia) o incluso una sábana bajera ajustable de vinilo o plástico (disponible en cualquier *sex shop*). O si no, hacedlo en la bañera: un buen baño caliente os ayudará a relajaros.

Bebed agua. Cuando se tiene sed, el cuerpo tiende a retener todos los fluidos, incluso durante la eyaculación femenina.

hasta el fondo

con el corazón
en un puño

AH, los placeres sencillos: largos paseos por la playa al atardecer, el periódico del domingo en la cama, la mano entera de alguien entrándote recto arriba hasta rozarte el intestino grueso...

El *fisting*, es decir, la práctica de introducir la mano y cerrarla dentro del recto, quizá no sea la primera cosa que os venga a la mente cuando pensáis en hacer el amor tiernamente, pero puede llegar a llenaros mucho –sin mencionar lo lleno que deja–. Porque lo cierto es que la confianza, la comunicación y el tiempo que se necesita para el *fisting*, tanto anal como vaginal, hacen de la intimidad una palabra mayúscula. Y además, para las mujeres que ponen el puño, es el único modo de estar realmente *dentro* de su pareja.

En lo que respecta al *fisting* la humanidad se divide en dos grupos: los que nunca lo han intentado y piensan "¡puag, qué asco!", y los que sí lo han intentado y piensan "¡qué guaays!". El mejor modo de reconciliar ambas posturas es disipar algunos de los mitos que circulan en torno a dicho acto (como por ejemplo, los rumores acerca de las vaginas tamaño catedral, la incontinencia urinaria y los puños de hierro que se abren camino a puñetazo limpio). Para una práctica segura del *fisting* se requiere una buena información. Por ejemplo: en este caso el tamaño *sí* importa, y puede que no todas las parejas logren practicarlo (como por ejemplo el típico jugador de rugby de 1,90 de alto y 110 kilos de peso y su novia bailarina de 45 kilos; efectivamente, es posible que no tengan un futuro de *fisting* vaginal demasiado prometedor). Pero con un poco de práctica y un pozo de paciencia, muchas parejas pueden convertir la espeleología amorosa en parte integrante de su relación sexual.

Y es que el *fisting* ha dejado de ser sólo para los bichos raros.

Consejos de seguridad

• **Existe el dolor bueno y el dolor malo.** Puede que al principio el *fisting* os parezca un rollo raro y un poco incómodo, pero en principio no tendría que haceros soltar un alto y claro "¡aay!", así que en cuanto percibáis el primer signo de dolor, parad las máquinas.

- Pasad de movidas: las drogas y el alcohol disminuyen la capacidad de reaccionar ante el dolor, enturbian el razonamiento y os convierten en puros imbéciles. Si realmente queréis ir hasta el fondo del asunto, las dos partes tienen que hallarse en plena posesión de sus facultades físicas y mentales.
- Mantened las luces encendidas. Necesitáis ver lo que estáis haciendo (bueno, tampoco os hacen falta focos, no hay tanto que ver).
- Sacaos las pulseras y los anillos (¿se os tiene que explicar todo?).
- Quitaos las cutículas y recortaos bien las uñas. Eso, bien cortitas. Si todavía os podéis rascar con ellas, es que aún son demasiado largas.
- Pensaréis que estamos locas, pero al menor signo de sangre, os sugerimos que os detengáis, incluso si no duele (aunque los veteranos sostienen que siempre suele salir una pequeña cantidad de sangre durante o inmediatamente después del *fisting* anal). Si seguís sangrando y os sigue doliendo al cabo de más de un día, id al médico.
- Algunos expertos consideran que después de una sesión de *fisting* vaginal deberíais esperar algunos días antes de practicar el coito vaginal, y lo mismo para la penetración anal después del *fisting* anal, para dar tiempo a que cicatricen las posibles heridas o desgarros internos.
- Para los que reciben el puño, se trata de una experiencia que conlleva una gran vulnerabilidad tanto a nivel psíquico como físico, mientras que para los que ponen el puño es una demostración de poder. Puede ser extremadamente intenso para ambas partes, así que si no tenéis una relación de pareja de confianza en que este tipo de pulso de fuerza os resulte cómodo, quizá preferiráis daros por vencidos de entrada (de hecho, el juego de poder explica por qué el *fisting* es tan practicado por los amantes del BDSM –bondage y sadomasoquismo–; para más sobre BDSM, p. 119).

Herramientas básicas

Guantes de goma: además de ayudaros a prevenir posibles infecciones así como el contagio de enfermedades de transmisión sexual como consecuencia de pequeños desgarros o heridas, ya sea en las manos o en los tejidos internos, los guantes también contribuyen a facilitar una entrada y salida fluidas. El látex es el material que mejor va, siempre que uno no sea alérgico a él. Si éste es vuestro caso, podéis optar por otro material sintético. Para el *fisting* vaginal, utilizad guantes sin talco porque el talco puede resultar irritante y además se ha relacionado con el cáncer de útero. Para las ocasiones de *fisting* más formal, los guantes de goma hasta el codo siempre dan un toque de elegancia, aunque puede que al verlos vuestra pareja se cague encima (literalmente).

Suspensión (opcional): a muchos receptores habituales de *fisting* anal les gusta servirse de algún tipo de artilugio (un arnés o una hamaca), eslingas colgadas del techo o estribos para una postura que facilite el acceso (intentad manteneros inmóviles a lo perro durante una hora con un puño en el trasero y veréis). Si no tenéis presupuesto para accesorios de *bondage*, os podéis apañar con unas cuantas almohadas apiladas.

Lubricación: abundante. Preferiblemente con dosificador para poder proceder a una práctica y rápida aplicación con una sola mano. Y tened también a mano un poco de agua para "agilizar" los lubricantes espesos. Utilizad preferentemente un lubricante hidrosoluble sin perfume, porque el aceite suele degradar el látex y los lubricantes a base de petróleo pueden dañar las mucosas internas. Los lubricantes de alta densidad como el gel Probe® suelen tener más adherencia que otros más conocidos, como K-Y® y Astroglide®. Sin embargo, hay gente que considera que, cuando se trata del juego anal, los lubricantes hidrosolubles densos no dan la talla. La grasa de cocina Crisco® es una de las preferidas de los aficionados al cuero en Estados Unidos, al igual que J-Lube®, de uso veterinario. Pero aunque Crisco® *sí* que degrada el látex, sus defensores alegan que como los guantes son mucho más resistentes que los condones pueden soportar perfectamente el lance.

Tiempo: ilimitado.

Comunicación: ilimitada.

Fisting vaginal

La vagina es como la versión moderna del Volkswagen escarabajo: tiene mucha más capacidad de lo que parece a simple vista. Cuando una mujer se excita, los dos tercios superiores de su vagina se dilatan. Conclusión: los juegos previos son totalmente imprescindibles (casi siempre son imprescindibles). A menudo el *fisting* suele ser el epílogo de un trabajo manual intenso (p. 35) en el que el donante desea descubrir qué pasa ahí dentro y la receptora lo único que quiere es que le den más. No es conveniente, sin embargo, practicar el *fisting* a tientas, así que como cual intrépidos exploradores que desean internarse en una espesa jungla, debéis estar bien preparados.

El mito de la mujer laxa

Mito sexual n.º 327: *las mujeres que practican el fisting poseen una gran laxitud tanto moral como física.* Al contrario, cuando una mujer aprende a relajar sus músculos y su pareja la aborda con la debida rectitud y mucho lubricante, el *fisting* puede ayudarle a tonificar sus músculos vaginales (para más información sobre los ejercicios de Kegel, p. 219).

Sujetos pasivos

- Conseguid un ejemplar de *A Hand in the Bush; The Fine Art of Vaginal Fisting*, de Deborah Addington, y leedlo con vuestra pareja.
- Recostaos boca arriba con las rodillas dobladas o boca abajo sobre los codos y las rodillas. Mientras en la primera postura es más fácil aguantar durante largo tiempo, en la segunda se necesita una cincha o algo sobre lo que apoyarse. En ambos casos, aseguraos de que estáis cómodas (no es cuestión de levantarse a beber un vaso de agua en medio de la refriega…).
- Respirad. Profundamente. Soltad el aire con cada movimiento enérgico que haga vuestra pareja, ya sea de entrada o de salida. Os ayudará a relajar los músculos.
- Podéis ejercitar vuestros músculos vaginales –lo que en la jerga de las comadronas se conoce como "empujar"– para que la mano tenga una salida brillante.
- No esperéis llegar al clímax. Puede que la sensación sea demasiado desconocida o intensa para que alcancéis la cima.

Sujetos activos

- Si vuestra pareja está recostada boca arriba, deberíais poner la palma de la mano mirando hacia arriba como si estuvierais dando de comer a un pony. Se está de cuatro patas, poned la palma hacia abajo, como si quisierais acariciarle la crin al pony en cuestión. Y si está de lado… bueno, ya os habéis quedado con la copla, ¿no?
- Empezad introduciendo sólo un dedo –jamás de los jamases le metáis el puño entero de entrada– y luego id aumentando a dos, luego a tres y luego a cuatro. Cuando con cuatro dedos se sienta cómoda, doblad el pulgar contra la palma manteniendo los otros cuatro dedos extendidos como si vuestra mano fuera un espéculo (el artilugio ése de los ginecólogos) apretándola lo máximo que podáis, como si intentarais sacaros un brazalete estrecho, y luego haced girar suavemente la mano de un lado a otro para abriros camino hacia el interior.
- A medida que vayáis entrando en la vagina la mano debería irse cerrando sola hasta formar un puño (aseguraos de que el pulgar está bien remetido dentro). Si veis que no se cierra por sí sola forzadla para que forme un puño antes de que esté totalmente dentro.
- Una vez en el interior, manteneos inmóviles durante unos instantes largos e intensos para disfrutar a fondo del momento sagrado de "¡joder, le metí el puño entero!". Puede que ella también necesite un minuto para acostumbrarse a la sensación.
- Recordad que si tenéis toda la mano dentro, nada de lo que hagais parecerá lo bastante sutil. Así que intentad realizar movimientos *suaves* y fluidos: apretar el puño, girarlo un poco, dar unos golpecitos y/o empujoncitos. A algunas mujeres les gusta sentir presión en el *cervix* de vez en cuando (dependiendo de su propio ciclo) pero sobre todo hacedlo todo con mucha delicadeza, porque ahí dentro todo es mucho más sensible que la protagonista de una película de Shirley McLaine. Pequeña observación: durante todo ese tiempo, el puño debería hallarse dentro de la cueva.
- No dejéis de allanar el camino con abundante lubricante.
- Preguntad y comentad la situación con vuestra chica: después de todo es vuestra cliente, y vosotros trabajáis a comisión.
- Deberíais salir tan lenta y delicadamente como entrasteis, poniendo la mano en forma de pico de pato en el camino de vuelta. Jamás de los jamases se os ocurra sacarla de golpe, incluso aunque la chica esté llegando tarde al trabajo, porque si tuviera un espasmo o un orgasmo, su vagina podría envasar al vacío vuestra mano. Para desprecintar el envase, meted un dedo de la mano que os queda libre.

- Abrazadla. El *fisting* puede resultar una experiencia muy intensa y emocional. De hecho, hemos oído contar bastantes historias acerca de llantos, temblores e iluminaciones espirituales después de una sesión de *fisting*.

Fisting anal

Os aconsejamos que antes de continuar, leáis el capítulo sobre sexo anal, en el que encontraréis varios consejos útiles así como algunas actividades preparatorias (p. 69). No hace falta que los de la última fila de clase nos abucheen: no estamos poniéndoles deberes. Hay que plantEárselo a lo "elige tu propia aventura anal". En serio, es necesario saber algo del tema, así que no nos obliguéis a repetir otra vez todo el rollo, ¿vale?

Bueno, pues una vez os hayáis puesto al día con la lectura obligatoria, podéis enfrentaros al *fisting* anal tal como lo haríais con el *fisting* vaginal (leed los anteriores consejos para los que ponen y las que encajan el puño), pero elevando cada consejo a la diez, porque como ni el canal anal ni el recto se auto-lubrican, y además son bastante menos elásticos, se desgarran más fácilmente y están menos acostumbrados a un tráfico intenso que la vagina. Vais a necesitar *más* lubricación, *más* comunicación, *más* tiempo y *más* paciencia.

Pero como no queremos presentar el ano como una vagina de segunda clase y de mantenimiento costoso, ahí van algunos consejos especialmente destinados a ese momento tan especial en el que por fin se encuentran la mano y su querida manopla anal:

- Si habéis logrado convencer a vuestro culo para que dé cobijo a un juguete de 7 centímetros de ancho, probablemente tengáis la preparación suficiente para albergar en él un puño –o por lo menos toda la preparación que se puede tener en estos casos–.
- Cuando queráis profundizar un poco más en vuestra pareja, jugad a "un, dos, tres, pajarito inglés" y aprovechad para avanzar cuando saque aire.
- La posición perruna sin duda alguna es la mejor –siempre y cuando el sujeto receptor tenga algo en que apoyarse–.
- Si habéis seguido nuestras instrucciones y habéis hecho las lecturas recomendadas, ya deberíais saberlo, pero por si acaso os lo volvemos a repetir: no entréis a saco con el puño. Antes de entrar, colocad la palma con el pulgar encogido y los dedos extendidos y bien apretujados entre sí de modo que formen una mandíbula de cocodrilo, y una vez esté sumida en la oscuridad, dejad que se acurruque formando un puño.
- Vuestra muñeca es lo más lejos que nos permite llegar nuestra conciencia (y nuestros abogados). Pero si os apetece jugar con el colon, leed el libro de Bert Herrman *Trust, the Hand Book: A Guide to the Sensual and Spiritual Art of Handballing* (esta obra ha copado el mercado de los libros de autoayuda sobre *fisting* anal, así que no intentaremos competir con ella).
- No esperéis meter la mano entera la primera vez. Ni esperéis meterla tampoco la decimoquinta vez. Los grandes puñeteros y los grandes encajadores de puño no nacen, se hacen.

juegos de cama

placer a pilas

LA idea de meterse objetos en (dentro y contra) el cuerpo en aras del placer sexual data de los tiempos de María Castaña. Objetos como los consoladores pueden observarse desde el arte del paleolítico, pasando por los jarrones griegos hasta llegar a la pintura china de principios del siglo XIX. Durante siglos, los médicos se dedicaron a recetar y administrar consoladores a las mujeres que supuestamente padecían de "histeria", una enfermedad mental provocada por su incapacidad (o negativa) a obtener placer mediante la práctica del acto heterosexual "normal". Aparentemente, lograr que esas mujeres se corrieran era un trabajo muy duro para esos buenos médicos, que acabaron por cansarse, y en la década de 1880 inventaron un vibrador mecánico para resolver la papeleta. De hecho, el asunto no le pareció extraño a nadie hasta la década de 1920, momento en que la industria porno se apropió de estos "artilugios médicos" para sus propios propósitos perversos. Sin embargo, hubo que esperar treinta años más a que el Colegio de Psiquiatría estadounidense se percatara de que el tema apestaba a misoginia y decidiera borrar definitivamente la histeria de su lista oficial de neurosis.

Pero eso no quiere decir que actualmente todo vaya sobre ruedas en el país de los juguetes sexuales. En Japón, por ejemplo, es ilegal fabricar objetos que tengan algún tipo de parecido con una polla anatómicamente convencional (de ahí el predominio de juguetes de excelente fabricación adornados con caritas repulsivas y conejitos horteras). Y en el estado de Texas, los consoladores sólo se pueden vender y comprar con "fines educativos", hasta el punto de que en algunas tiendas sólo se pueden adquirir con una declaración firmada para dejar constancia de las buenas intenciones del comprador. Claro que es probable que no viváis en Texas –los hay con suerte– así que os resultará bastante fácil agenciaros un *atrezzo* de calidad superior. Y además también está Internet –bendito sea– que no sólo os procura la educación sexual que siempre quisisteis recibir en el instituto sino que además os garantiza una compra discreta y libre de toda culpa (especialmente a los de Texas). Más educación también quiere decir más demanda, lo que a su vez implica productos de mayor calidad y tiendas menos sórdidas y mejor iluminadas. De hecho, cada vez hay más parejas que dedican su tiempo libre a comprar juguetes sexuales juntos (lo que suele ser menos cardíaco que sorprender a vuestra pareja empuñando un consolador de 35 centímetros de largo en medio de una romántica sesión de sexo). Desde luego también están los que creen que los juguetes sexuales son una competencia desleal e infiel o simplemente un artilugio del diablo (especialmente en Texas). Pero todas las personas inteligentes saben perfectamente que si se les llama juguetes es por algo.

A continuación os proponemos una guía sobre el tipo de equipamiento que podéis procuraros para alcanzar "La Gran O".

Consoladores

Normalmente son más grandes que un dilatador anal, más pequeños que un chorizo cantimpalo, y funcionan como una polla. Algunos son de color carne y del tamaño del aparato de vuestro último ligue, mientras otros llevan un estampado a lo cebra y lucen unas proporciones imposibles (tipo porno duro). Incluso los hay con forma de S y estimulador del punto G (tanto para él como para ella; p 116). Los consoladores de mano os permiten experimentar durante la masturbación qué tipo de penetración os funciona mejor en términos de ángulo, técnica, etc. También podéis utilizarlos como complemento del sexo oral y los trabajos manuales en pareja. Si vuestra pareja es un chico, los consoladores le permitirán comprobar qué pinta tiene su polla cuando la mete –y saca y mete-saca– en la madriguera. Y además, los nabos artificiales son unos sucedáneos de primera en caso de que el chico necesite un respiro (p. ej.: si ya se ha corrido, si aún no quiere correrse, si está cargando pilas para el segundo asalto...). Claro que los consoladores no vibran. Pero el caso es que las pollas tampoco.

Arneses

El arnés os permite llevar el consolador como si fuera un pene. En el mundillo del sexo también se conoce a los arneses como *strap-on*... Normalmente se los ponen las mujeres que quieren ejercer de penetradoras (o que desean que alguien les chupe su nueva y flamante polla). Si el consolador tiene la base acampanada, en principio debería ajustarse a cualquier arnés. Las correas, ya sean de cuero, de nylon o incluso de goma, deben ajustarse convenientemente para evitar que la minga tremblequee y para que la base ejerza una suave y placentera presión sobre el clítoris de la chica.

Muchos arneses vienen provistos de prácticos bolsillos colocados en lugares estratégicos donde guardar los minivibradores para garantizar una estimulación extra del clítoris, tanto para los donantes o los receptores como para ambos (en caso de que sean dos chicas). Algunos arneses o accesorios incluyen un doble soporte para que el sujeto penetrador también pueda ser objeto de una acción penetrante mediante la introducción de un segundo consolador en su propio ano o higo. Los mozos pueden enfundarse el arnés en caso de querer obsequiar a su pareja con un ejemplar más pequeño o más grande que el suyo propio, y de hecho para ellos los más indicados son los de correa doble con pinta de braguero, ya que evitan que se les hagan papilla los cataplines en la refriega. En cuanto a las chicas, el arnés preferido suele ser el una sola correa ya que, además, funciona como un tanga de punto G. Incluso los hay con perneras que se sujetan en los muslos; lo mejor es que compréis dos y os lo montéis mutuamente como perros en celo que sois.

Vibradores

Los vibradores son a los consoladores lo que la música máquina al cha-cha-chá. Y al igual que las narices o los fondos de inversión, los hay de todas las formas y colores, desde un sabroso chupa-chup del tamaño de una pelota de tenis a un bebé delfín de lo más mono. Estas pelotas y conejitos han proporcionado a muchas mujeres su primer orgasmo auténtico, y muchas veces son el único modo en que pueden correrse. No hay que avergonzarse de ello. De hecho, si nunca habéis probado un vibrador, lo mejor que podéis hacer es montaros en uno e iros de viaje. ¿Que si os va a gustar? ¿A quién le amarga un dulce? A continuación os proponemos otras muchas preguntas que os podéis plantear cuando vayáis a invertir en un vibrador:

¿Quiero estimulación clitoridiana, vaginal o ambas?

Algunos vibradores están únicamente diseñados para procurar estimulación clitoridiana externa (especialmente los que se conocen como "rodillos de masaje"), mientras que hay otros que también admiten uso interno y unos terceros que tienen extensiones que permiten simultáneamente la penetración y la estimulación del clito. Estos últimos resultan especialmente interesantes para las lesbianas: una de ellas recibe simultáneamente las atenciones del vibrador y del estimulador del clito, mientras que su pareja puede montarla en una íntima y cariñosa posición cara a cara y deleitarse a su vez con una estimulación clitoridiana personalizada.

¿Voy a utilizarlo en la cama o en el trabajo?

Si tenéis intención de mantenerlo al alcance de la cama, la mejor opción posiblemente sea un vibrador de enchufe, porque además de que las vibraciones son más intensas y el juguete más robusto, no se le acabará la marcha cuando más lo necesitéis. Pero si los cables os cortan el rollo, conseguios uno inalámbrico de batería recargable. Y si no paráis quietas, mejor procuraos un vibrador pequeño a pilas. Los modelos japoneses y alemanes tienen una vida útil bastante más larga que sus homólogos estadounidenses. Pero pasad de las pilas alcalinas, porque sus encomiables prestaciones turbo pueden fundir vuestros delicados motores amatorios.

¿Puedo tomarme duchas largas?

Algunos vibradores a pilas son sumergibles, así que os los podéis meter en una bañera burbujeante y espumosa aderezada con pétalos de rosa.

¿A qué velocidad y con qué ritmo quiero que se menee?

Algunos vibradores sólo tienen dos posiciones, *on* y *off*, mientras otros llevan un velocímetro que os permite pasarlos de vueltas. Pero si os parece que incluso la potencia mínima es demasiado pa' vuestro cuerpo, probad a usarlo a través de los tejanos o de una almohada. Algunos se menean, otros dan vueltas, otros se contonean, otros se estremecen, los hay que incluso dan lametazos. Pero (y en esto superan al género humano) ninguno os va a mentir.

¿Realmente deseo invertir en mi propio placer?

Aunque los vibradores más trepidantes pueden resultar algo caros, seguro que amortizáis hasta el último céntimo. Pero bueno: si no os duele gastaros un dineral en un par de martirizantes zapatos de tacón, ¿por qué deberíais dudar a la hora de desembolsar lo mismo en la llave que puede desbloquear vuestro potencial erótico? Sólo se trataba de una pregunta retórica…

¿Son de papel las paredes de mi casa? ¿Tengo un vecino cotilla? ¿Y qué me importa?

Algunos vibradores tienen un zumbido suave cual ala de colibrí, mientras otros emiten un ruido parecido al gemido de una vaca moribunda. Si estáis utilizando un vibrador con vuestra pareja y o vosotros o vuestra pareja sois el tipo de persona a la que le jeringa el más mínimo ñiqui-ñiqui durante el sexo, mejor que os quedéis con los de diseño ultrasilencioso. Pero si estáis a solas con vuestro vibrador, poned las revoluciones a mil y montadlo como una Harley.

¿Se les puede hacer la cirugía como a las famosas?

Sí, y si lo probais, os encantará. Porque podéis dar una nueva vida a casi todos los vibradores con la simple ayuda de un accesorio adecuado que, además, os hará sentir como si tuvierais un juguete nuevo a mitad de precio. ¡Alargad la vida de vuestro vibrador! ¡Convertid ese artefacto pasivo y ausente en un impetuoso penetrador! ¡Haced que os dé en el clítoris, ahí donde nunca llegó nadie! ¡Dad en el blanco G siempre!

Premios de consolación

Los antiguos consoladores se fabricaban con cualquier material que la madre naturaleza pusiera al alcance de la mano: madera, marfil, ónice, oro... Pero actualmente los juguetes se hacen con una amplia gama de materiales. Para utilizarlos hay que seguir ciertos principios de sentido común: limpiar el juguete después de cada uso siguiendo las instrucciones de empleo; no compartirlo con cualquiera (cualquier maestra de preescolar entenderá a qué nos referimos); utilizar lubricante compatible con el material del que está hecho (los lubricantes a base de silicona destruyen los juguetes de silicona), y guardarlo siempre en un lugar limpio y seco, como la caja de origen, un compartimiento secreto o, si lo preferís, una bolsa de bocadillo (sin bocadillo). Y lo más importante: si el juguete es poroso, enfundaos un condón limpio y nuevo cada vez que lo utilicéis, y especialmente cuando vayáis a introducirlo en algún recoveco.

* Silicona: resbaladiza, hidrófuga, conductora del calor, no porosa, no alergénica y algo cara (pero vale la pena).
* Cyberskin® (ciberpiel): de textura tan parecida a la de carne y hueso que casi da escalofríos, (...)

Bolas chinas

La versión moderna de las bolas chinas son dos bolas independientes que se meten en el Cho-Chín antes de salir a pasear o saltar a la comba. Pero están *muuy* sobrevaloradas. Si tenéis que meteros unas bolas, inclinaos por las Duotone®, un par de esferas que dentro tienen cojinetes y están unidas entre sí por un cordel (por lo general de nylon). Y luego salid de paseo. O aún mejor: conseguid el modelo que lleva vibrador incorporado y quedaos en la cama.

Dilatador anal (con o sin vibrador)

Es como un consolador achaparrado y de pinta excéntrica, con una base acampanada para que no pueda perderse por ahí adentro. Los dilatadores anales están especialmente diseñados para entrar y quedarse, o sea, para que vuestro culo tenga algo que abrazar. Podéis empezar con uno pequeño y blandito, de ésos que tienen consistencia como de gelatina. Una vez dentro, dejadle que se mueva a sus anchas mientras vosotros os dedicáis a daros el lote, echar el polvo o lavar los platos. (O dadle unos meneos si os apetece.) Y como no va a salir solito como un tapón de champán, cuando ya tengáis bastante sacadlo delicadamente para dejar espacio para algo con más chicha. O revolcaos en la cama y echad una cabezadita cuando hayáis terminado.

Bolas anales

Se parecen mucho ese a collar de cuentas que hicisteis en la clase de plástica de preescolar, y consisten en una tira de bolitas (o de bolas de tamaño bastante considerable) ensartadas en un hilo de nylon. Los modelos de silicona son más suaves y se pueden hervir para esterilizarlos, pero como son tan costosos de fabricar actualmente sólo se consiguen por encargo. Si tenéis unas bolas de plástico barato, lijad los bordes de las cuentas con una lima de uñas. Para algunos, la mejor sensación es ir sacando las bolas de una en una. Para otros (la mayoría) es sacarlas seguidas antes (o durante) el orgasmo. Pero no tiréis de ellas de golpe como si estuvierais arrancando una tirita porque el tejido anal es delicado.

Anillos para el pene

Los anillos para el pene, que pueden ser de cuero, goma o metal, retienen la sangre en el miembro y os ayudan a mantener una erección más intensa y prolongada (después de todo, la mayoría de gente siempre acaba prefiriendo la energía al tamaño). También agudizan vuestra sensibilidad en la zona, razón por la cual muchos mozos consideran que los anillos para el pene les hacen correrse más rápido (vaya ironía, ¿no?). Los anillos harán que vuestro pene esté –y que lo sintáis– más imponente y rubicundo, (aunque también hinchado, congestionado y levemente morado) (lo que suele molestar menos al espectador que al heróico portador del anillo).

Los anillos vibradores que proporcionan estimulación clitoridiana (algunos incluso incorporan un mando a distancia) conseguirán que vuestra chica se quede aún más pillada de vuestra vistosa verga. Pero si lo encontráis excesivamente *high-tech*, probad simplemente con uno de goma de ésos que tienen un "chichón" o bultito estratégicamente colocado para regalarle placer a ella. Si sois más bien egocéntricos, dadle un giro de 180° al anillo para que sólo preste atención a vuestras pelotas. Estos modelos con textura (chichón) están especialmente diseñados para ser usados en consoladores o muñecas (para el *fisting*) y obtener una sensación extra.

Los anillos de goma son realmente baratos y flexibles, pero bastante porosos (no se pueden esterilizar), por lo que no deberíais compartirlos con varias parejas. Y también puede que no os aprieten lo suficiente. El cuero es muy excitante, pero se estropea bastante rápido. Y en cuanto al metal, la verdad es que nos parece sencillamente cutre, porque aunque lo podéis esterilizar, no os lo podéis sacar en un plis plas. (En caso de que estéis leyendo este apartado porque tenéis un aro de metal estrangulándoos el pito, ponedlo *on the rocks* y veréis como, con suerte, acaba saliendo. Y si el hielo sólo os enfría la minga, id corriendo a urgencias.)

Bueno, así es cómo se pone: con el pene fláccido o semierecto, haced pasar los hermanitos primero, uno tras otro, acompañados de su encorvado padre. Pero si queréis que papá tenga una noche de impacto, ceñid la base del mástil con el anillo. Y para darle también a mamá un gusto, conseguid uno con la superficie rugosa. En caso de que el aro se os enganche en la alfombrilla, trasquiladla un poco. Y para los no iniciados, recordad las cinco reglas de oro para pasar por el aro:

1. No os apretéis demasiado el anillo.
2. No utilicéis un anillo que no podáis ajustar o retirar fácilmente (utilizad un anillo con velcro o cierre a presión).

(...) porosa, lo que exige un riguroso ritual de limpieza y mantenimiento después de cada uso.
* Goma sintética: bastante suave y cálida, barata y fácil de encontrar, pero también bastante porosa y con una esperanza de vida relativamente corta; puede provocar reacciones alérgicas y huele como... pues como un neumático.
* Látex de caucho natural: utilizado básicamente para fabricar condones y guantes y, ocasionalmente, juguetes sexuales; es incompatible con aceites corporales y puede provocar alergias.
* Plástico duro: barato, fácil de encontrar y de limpiar al no ser poroso, aunque puede presentar bordes rugosos y no es muy duradero.
* Vinilo o plástico blando: ligero y de precio accesible, pero poroso.
* Acrílico duro o plexiglás: duro como una piedra, no poroso y muy usado para fortalecer los músculos pélvicos.
* Acrílico blando: ¡sorpresa, sorpresa!... es blando y, por lo tanto, poroso (como el cabezal del Hitachi Magic Wand®, p. 110).
* Cuero: difícil de encontrar y de limpieza un tanto delicada.

3. No os lo dejéis puesto durante más de veinte minutos seguidos (y no más de diez minutos la primera vez). Después de todo, estáis jugando con la sangre que fluye por el centro de vuestro universo.
4. Sacáoslo si os duele (¡evidentemente!).
5. No os quedéis sobados o durmiendo la mona con el cachivache puesto: se os podría caer la picha (bueno, vale, quizá no se os caiga, pero podría sufrir graves lesiones).

Otros juguetes para los nenes

Los vibradores no sólo son para las chicas. Conocemos a un montón de hombres que perdieron "accidentalmente" el vibrador favorito de su novia o se apropiaron fraudulentamente de una bomba de vacío (p. 211). Ahora se pueden encontrar juguetes especialmente diseñados para mozos como las fundas vibradoras, que imitan una cavidad corporal y en las que se introduce la minga, aunque todavía se trata de un campo limitado en la que la tecnología aún tiene mucho que hacer. Así que por el momento habrá que cerrar los ojos y echarle imaginación al asunto. También están las fundas conocidas como *ticklers* (una especie de vainas que parecen un puercoespín de goma con problemas de peso) que, aunque no son ninguna maravilla en términos de excitación, contribuirán con su pinta grotesca a darle a vuestro miembro un nuevo *look* y de paso distraerán la atención en caso de digamos, escasez de medios.

Pero si lo que queréis es tener el instrumento de un actor porno por un día, probad con un desarrollador de plástico térmico o Cyberskin® (recuadro "Premios de consolación", p. 106). Aumentará la longitud y el perímetro de vuestro minga, aunque puede reducir vuestro propio placer. Y no esperéis que vuestra pareja se sienta especialmente excitada con la idea de experimentar un atasco en el *cervix* o el colon.

En cuanto a los juguetes de BDSM como correas y látigos, además de otros accesorios y prendas para la puesta en escena de fantasías y juegos de rol, leed el capítulo "El vicio no es lo que parece" (p. 119).

En las páginas siguientes encontraréis algunos de los mejores y más populares juguetes sexuales, disponibles en tiendas especializadas. Podéis encontrar direcciones en el apartado "Recursos útiles" (p. 242).

nombre	tipo	tamaño
Hitachi Magic Wand®	Vibrador (de enchufe)	30,5 cm de longitud 5,1 cm de diámetro
Fukuoku 9000®	Vibrador (a pilas)	7 cm de longitud
Smoothie®	Vibrador (a pilas)	15-16 cm de longitud 2,5-3 cm de diámetro
Nubby G®	Vibrador (a pilas)	2,5 cm de diámetro 11 cm de curva
Wahl 7-in-1®	Vibrador (de enchufe)	16 cm de longitud
Rabbit Pearl®	Vibrador (a pilas)	12,5 cm de longitud 4 cm de diámetro

descripción	pros/contras	situación ideal
Popular "rodillo de masaje" a dos velocidades con mango de plástico duro y cabezal de acrílico blando; proporciona una estimulación genital externa tan intensa que incluso se siente dentro.	Pros: dura eternamente y puede convertirse en un penetrador con sólo añadirle un accesorio de vinilo (ej.: el localizador de punto G o "G-spotter"). Contras: hace un ruido para despertar a los muertos, no tiene una apariencia muy sexy y puede que resulte demasiado intenso (si es que eso existe).	A solas en casa y con ganas de ir sobre seguro.
Dedal de caucho que se adapta a vuestro dedo como una prolongación de vuestro propio cuerpo; incluye tres unidades de texturas distintas y una caja.	Pros: es discreto, ligero, sin cables e ideal para la estimulación del clito en cualquier tipo de práctica sexual. Contras: esta versión sólo tiene una velocidad y un único dedal, pero el Power Pack incluye tres dedos vibradores, y el Waterproof Glove viene con cinco dedos vibradores y varias velocidades.	Habéis visto demasiados episodios seguidos de Star Trek, y queréis poner en escena alguna fantasía cibernética.
Silencioso vibrador de plástico de aspecto "clásico" para penetración o estimulación externa disponible en varios colores, estampados de fauna o coloridas versiones sumergibles de diseño.	Pros: no asustará a tus hijos cuando se lo encuentren en el cajón de la cómoda. Contras: no posee curvas ni accesorios para la estimulación del clítoris. Vamos, como si lo hubiera diseñado un chico para evitar cualquier tipo de competencia posible.	En caso de que seáis misioneras del sexo intentando convencer a feligreses con pánico a los juguetes.
La firme curvatura y el cabezal romo de su mástil de goma gelatinosa darán el en blanco de vuestro G, mientras que el anillo rugoso de la base se encargará de la entrada de la vagina.	Pros: muchos de los juguetes diseñados para el punto G suelen ser demasiado fláccidos para dar placer, lo que no es el caso de éste. Contras: el color translúcido de la goma le da la apariencia de estar bastante usado.	Tras poner un cubrecama impermeable y vaciar la vejiga, os disponéis a metamorfosearos en un géiser (p. 90).
Vibrador eléctrico de plástico muy duradero y superdiscreto con siete accesorios distintos, incluyendo una bomba de vacío que convierte cualquier consolador exánime en un huracán.	Pros: nunca os aburrirá. Contras: parece un robot de cocina.	Estáis a solas en casa, necesitar ir sobre seguro y tenéis paredes de papel.
Su vara de vinilo gira en un ángulo ajustable para el punto G mientras las cuentas de plástico se agitan en su base rotatoria para cosquillear el tercio inferior de la vagina y las orejitas del conejo se estremecen en contacto con el clítoris a velocidades regulables.	Pros: como es japonés, la fabricación es de buena calidad. Contras: como es japonés, el capullo tiene un careto espeluznante.	Vuestro gran amor os ha roto el corazón, acabáis de ver *Magnolias de acero* en la tele, acabáis de comeros un tarro de kilo de helado. Pero pronto todo va a ir bien.

nombre	tipo	tamaño
Apollo®	Vibrador (a pilas)	15 cm de longitud 4 cm de diámetro
Aqua Allstar®	Vibrador con cabezal (a pilas)	12,5 cm de longitud 4 cm de diámetro
Hello Kitty Vibe®	Vibrador (a pilas)	14 cm de longitud 4 cm de diámetro
The Butterfly®	Vibrador (a pilas)	7 cm de longitud 5 cm de diámetro
Platinum Vibe®	Vibrador (a pilas)	16,5 cm de longitud 4 cm de diámetro
Pocket Rocket®	Vibrador (a pilas)	10 cm de longitud 2,5 cm de diámetro

descripción	pros/contras	situación ideal
Estimulador/penetrador de fabricación japonesa, forma de bastón y varias velocidades.	Pros: el vibrador a pilas más potente y económico del mercado, y sin caretos raros. Contras: "Oh, lo siento, creía que era tu portatampax".	Suponiendo que no os lo hayan confiscado en el control de seguridad del aeropuerto, procedéis a la ocupación del lavabo a 7.000 metros de altura.
Su vara de goma blanda y su redondeada protuberancia vibran simultáneamente para procurar estimulación interna y externa.	Pros: de todos los vibradores dobles de precio económico, éste es el que os da más por menos, y además es sumergible. Contras: no os permite demasiadas acrobacias ni trucos sofisticados para presumir ante vuestros amigos.	En la bañera del apartamento de Chamonix con los dos profesores de esquí y una botella de Dom Perignon (soñar es barato).
Vibrador algo hortera, de plástico, robusto y con una velocidad de intensidad media para estimulación externa.	Pros: estilo colegial. Contras: estilo colegial.	Estáis buscando el accesorio perfecto para la vuelta al cole.
Vibrador de plástico en forma de mariposa, muy llevable, con cintas elásticas para garantizar la estimulación del clítoris durante el coito (u otras prácticas). Disponible también en otras versiones como margarita, delfín y libélula.	Pros: es tan mono que además de ser un complemento de última moda para vuestro clítoris posee el don de estimularlo sin parar durante el coito. Contras: si sois el tipo de chica que detesta ir de compras, puede que lo encontréis demasiado cursi.	La invitación de la despedida de soltera dice "traer lencería" pero a vosotras lo que os apetece es llevar un juguete sabrosón.
Robusto y estilizado estimulador/penetrador de metal con ondulaciones a lo helado italiano de máquina.	Pros: estética de diseño. Contras: puede que os recuerde demasiado vuestra fase minimalista.	En un concierto de rock, después de sacudir el esqueleto en la primera fila, hacéis una escapada al lavabo (suponiendo que consigáis pasar los controles de seguridad con el vibrador).
Estimulador externo de plástico, discreto tamaño bolsillo con varios cabezales de texturas distintas (la versión sumergible se llama Water Dance®r).	Pros: hará que vuestro chico se sienta muy bien dotado. Contras: no tiene, así que salid ahora mismo a compraros uno.	Donde sea, cuando sea.

nombre	tipo	tamaño
Duotone®	Vibrador (a pilas)	Dos bolas de 4 cm de diámetro
Little Flirt®	Dilatador anal	8 cm de longitud 2,5 cm de diámetro
Ultra-Violet Beads®	Tira de bolas anales	28 cm de longitud 5 cuentas de 2 cm de diámetro 5 cuentas de 2,5 cm de diámetro
Spiral Plug Kit®	Dilatador anal, vibrador - electroestrimuladorvaginal y/o estimulador del clítoris	10 cm de longitud 2 – 3,5 cm de diámetro
 Fleshlight®	Vagina masturbadora	25 cm de profundidad
Gummy Bear Ring®	Anillo para el pene	Ajustable a 6 cm de diámetro

descripción

Dos bolas vibradoras unidas entre sí,
con distintas velocidades de vibración
y recubiertas de una funda de
consistencia gelatinosa para facilitar
la inserción; estimulación del punto
G y ejercicios de Kegel.

Es como un minibolo (mini mini)
de sólida silicona y base achatada.

Tira flexible con sólidas cuentas
de goma para una fácil inserción
y extracción.

Los resaltes en espiral
de este dilatador de silicona,
además de ser compatibles con un
arnés, dan una gustosa sensación
y ayudan a que mantenerlo en su sitio
una vez introducido. Podéis utilizar
el accesorio vibrador Litty Bitty,
de plástico duro y tamaño guisante
por separado o dentro de la base
del dilatador.

Disponible en tres versiones: boca,
vagina o ano. Meted el rabo
en su ciberpiel y meneadlo
alegremente.

Se ajusta perfectamente (y fácilmente,
con un poco de lubricante) a la base
del pene o de un consolador;
tiene un práctico chichón de gelatina
para darle placer a la otra
parte contratante.

pros/contras

Pros: si os gustaba la idea de las
bolas chinas pero no os acababan
de convencer, aquí tenéis algo
más picante.
Contras: van un poco retrasadas.

Pros: más delicado que el champú
Johnson para niños.
Contras: "¿Está dentro? ¿Está dentro?
¿Y ahora?"

Pros: más fáciles de limpiar que
las de plástico y sin bordes rugosos
que lijar.
Contras: sólo están disponibles
en color morado.

Pros: hasta el momento es el único
dilatador de silicona sin cables
y con vibración del mercado.
Contras: el dilatador y el vibrador
llevan instrucciones de limpieza
independientes, por lo que su
mantenimiento es muy pesado.

Pros: proporciona un entretenido
tema de conversación en una cena
de amigos.
Contras: exige unas elevadas dosis
de imaginación.

Pros: barato, fácil y nada intimidador.
Contras: se puede confundir
con un caramelo.

situación ideal

Vuestro supersensible novio *hippie*
os las regaló hace poco "porque sí".

Tienes vuestra primera cita con vuestro
ojo ciego y queréis darle una buena
impresión.

Vuestro aprensivo *partenaire* no
os ofrece su ayuda pero está dispuesto
a aceptar una tercera presencia.

Sois expertos en juego anal y tenéis
que ir a una aburridísima fiesta
con los del trabajo (pero no queréis
que os pillen *in fraganti*, mejor
dejaos el vibrador en casa).

Os habéis roto el brazo.

Se os cayó la protuberancia
de vuestro propio pene.

nombre	tipo	tamaño
 Orbit Ring Vibe®	Anillo de pene vibrador (a pilas)	Ajustable a 10 cm de diámetro
 Tweezer Clamps®	Juguete para la estimulación de los pechos	Dos pinzas de 7,5 cm de longitud Cadena de 30 cm de longitud
The Crystal Wand®	Consolador	25 cm de longitud 2 cm de diámetro
Champ®	Consolador	17-18,5 cm de longitud 3-5 cm de diámetro
Soft Pack®	Consolador flácido (con "bolas")	Entre 8 – 17,5 cm de longitud
Terra Firma Harness®	Arnés	Para un contorno de cadera de hasta 140 cm

descripción

Anillo de gelatina que proporciona una discreta vibración externa a distintas velocidades en el clítoris o las pelotas durante la penetración con un nabo, un consolador o un puño.

Dos pinzas recubiertas de vinilo unidas por una cadena de metal fáciles de ajustar de oca a teta.

Varita mágica transparente, de plexiglás en forma de ese, especialmente diseñada para dar en el punto G o en la próstata.

"Pene" de silicona robusto y flexible, suavemente curvado; para juegos vaginales o anales.

"Paquete" que incluye una prótesis masculina completa con "piel" y escroto realistas hechos de ciberpiel. Para llevar en los pantalones. Disponible en varios colores y cuatro tamaños distintos.

Un arnés con correas ajustables para sujetar con firmeza consoladores de todo tipo de formas y tamaños. Disponible en cuero, nylon o vinilo.

pros/contras

Pros: "¿Estimulación del clítoris con vibración incluida durante el coito? ¿Es que me he muerto y estoy en el paraíso?"
Contras: puede que os dé una sensación como si alguien os agarrara y os cosquilleara la minga hasta que pidierais clemencia.

Pros: no se caen.
Contras: puede que os recuerden las sesiones del dentista.

Pros: viene con una funda de terciopelo y un manual de instrucciones de siete páginas sobre cómo usarla.
Contras: hay que tener buena puntería.

Pros: porque el tamaño sí importa.
Contras: Puede acomplejar a vuestro chico.

Pros: es lo más cerca que estaréis jamás de lo que se siente siendo chico sin tener que pasar por una operación de cambio de sexo.
Contras: No está indicado para la penetración (¡seréis inútiles!).

Pros: disponible en nylon si sois de la virgen del puño, en glamuroso vinilo a lo "polvo de estrellas" y en cuero para las más pervertidas. La doble correa deja el acceso posterior libre para jugar, lo que nunca está de más.
Contras: es incompatible con la opción de consolador doble y tampoco tiene bolsillos para guardar el minivibrador.

situación ideal

Vuestra nueva chica nunca se ha corrido con el coito y vosotros queréis poner en evidencia a todos sus ex.

Habéis sido muy muy malos o malas y necesitáis que os recuerden vuestras diabluras.

Sois un hada madrina y utilizáis la varita mágica en vuestro punto mágico en un lugar mágico y... ¡todo es tan mágico!

Queréis sentiros llenos/as como después de la comilona de Navidad pero sin todo ese aporte calórico.

Es la noche de los *drag kings* y también queréis desmelenaros como un auténtico profesional.

Vuestro chico ha sido muy muy malo y necesita una lección.

el vicio no es
lo que parece

capítulo 11

BDSM para todos
los públicos

¿QUÉ es lo que hace que el buen sexo sea bueno? ¿La búsqueda del placer? ¿El triunfo de la constancia frente a los obstáculos? ¿La existencia de una seducción planeada y deliberada? ¿Lo inesperado, imprevisible e incógnito? ¿La tensión dramática del momento? ¿La trasgresión del tabú? Pues sí, sí. Sí. Sí. Sí. Sí. Sí.

Cuando a tu vida sexual le falta alguno de los elementos anteriores, empiezas a aburrirte. Puede que vuestra relación de pareja estable haya perdido parte de su chispa inicial, o que os hayáis convertido en animales de costumbres inmersos en la rutina familiar, con sucesivas parejas nuevas o viejas. Pero ¿y si os dijéramos que podéis recuperar toda la emoción que sentisteis en su día e incluso más? ¿Y si os dijéramos que podéis convertir vuestras fantasías en realidad de un modo seguro, discreto, poniendo un poco de vuestra parte pero sin tener que soltar ni un céntimo?

Olvidaos de todo lo que (creéis que) sabéis sobre el BDSM; con estas siglas se conoce la práctica del *Bondage* y Disciplina, Dominación y Sumisión, y Sadomasoquismo. No, no hace falta que os apuntéis a ningún club raro ni que os aprendáis el lenguaje de los Trekkies para convertiros en la estrella del *show* y disfrutar del BDSM. Ni siquiera hace falta que os guste la ropa o el *look* sadomaso. Este capítulo no trata sobre cómo dejar a un lado el sexo "normal" y adoptar un nuevo estilo de vida o hacerse miembro de una nueva comunidad o convertirse en un bicho raro. Trata sobre cómo echarle salsa a vuestra vida sexual y sobre cómo dejar que se manifiesten vuestro lado más oscuro y vuestros (quizá) perturbadores deseos explorando nuevas sensaciones, sucumbiendo a las restricciones, vistiéndoos (o desvistiéndoos) para la ocasión y jugando a juegos psicológicos o al "hacemos ver que"... ya sea con coito o sin él. Se trata de que les hagáis un hueco al vicio y la perversión en vuestra vida sexual cotidiana... Vale, de acuerdo, pues sólo en vuestra vida sexual de domingo, Semana Santa y otras fiestas de guardar.

De este capítulo, quedaos con lo que queráis. Hay gente a la que le gusta sobre todo el lado físico del BDSM, mientras a otros les atrae más el psicológico. No hay un modo acertado o equivocado de jugar (salvo en lo relativo a la seguridad y al consentimiento, evidentemente). El caso es que os ponga tanto a vosotros como a vuestra pareja. Y no os preocupéis por el qué dirán o por el qué pensarían de vosotros si supieran que… Porque el hecho de que os guste el rollo pervertidillo no quiere decir que seáis unos colgados, unas perdidas o las pobres víctimas de un trauma infantil. Ni el hecho de os guste que os aten, os azoten u os llamen "zorra asquerosa" quiere decir que seáis unas malas feministas. Y tampoco el hecho de que os apetezca jugar a fingir que violáis a vuestro novio quiere decir que tengáis tendencias criminales.

Ensanchar vuestros horizontes y encontrar vuestros puntos cardinales requiere un poco de planificación. Pero también cantidades ingentes de confianza, comunicación y una pizca de amor (está claro que sin él no se puede destilar su contrario, el odio). Ésta es la razón por la cual experimentar con las zonas de placer suele ser más fácil, más seguro y, normalmente, más placentero cuando se está en una relación estable. Así que no vamos a daros un garbeo por los círculos de amos y sumisos ni por los clubes de sadomaso (para eso ya tenéis las sesiones golfas de porno en los canales de cable ¿no?). Leed el capítulo entero con vuestro cariñito y luego vosotros mismos decidís quién de los dos va a ser qué.

Juegos de poder

En palabras del presidente estadounidense Thomas Jefferson, "el poder no cautiva a las mentes puras". Pero ¿hay alguien que quiera ser puro? Aunque el viejo tenía algo de razón: ninguno de los dos extremos de la práctica del poder, ya sea monopolizándolo totalmente o cediéndolo por completo, se adecua a una sociedad democrática moderna. Aun así, los juegos y la alternancia de poder son ingredientes básicos en todas las relaciones de pareja, especialmente las sexuales. Y es que nos pasamos tanto tiempo intentando mantener el equilibrio de fuerzas fuera de la cama que el hecho de distorsionarlo e incluso acentuarlo dentro de ella se convierte en todo un reto. Porque en privado sí está permitido disfrutar de ser víctima de un abuso de poder. Así que podéis sacar vuestra peor perversidad o –Dios no lo quiera– mostraros totalmente serviles. Prometemos no decírselo a nadie.

Jugar explícitamente con la posición de poder, más que de ejercer de iniciador (o, literalmente, del que lleva la batuta) consiste en lo siguiente: una persona, que normalmente recibe el nombre de "amo" (o ama, claro) toma las riendas del asunto mientras la otra, la sumisa (llamado "sumiso" –o sumisa–) le cede todo el poder. Todo todito. Entonces puede que el amo amordace al sumiso excitándolo sin piedad hasta que ambos estén listos para correrse. O puede que el sumiso se haya portado muy muy mal y necesite que la castiguen con un buen par de azotes en el culo. O que el amo decida convertir al sumiso en su sirviente amoroso y lo obligue a satisfacer solícitamente todas sus necesidades y caprichos sexuales sin rechistar ni titubear. No hace falta que las fantasías tengan un toque exageradamente sadomaso: por ejemplo, si sois el amo o la ama, podéis decidir simplemente que vuestra pareja os prepare un baño, os lave el pelo, os sirva unos racimos de uva u os dé unos cuantos morreos (con lengua) cuando se lo pidáis. O también podéis atar a vuestro sumiso o sumisa de pies y manos con una cuerda, vendarle los ojos, encerrarlo en el armario, hacer una incursión puntual para excitarlo con un guante hasta que esté a punto de correrse y cerrar definitivamente la puerta para dejar que se consuma en su dulce y doloroso martirio.

Átame

Dejarse dominar es un modo de darse totalmente a la pareja (suena *sexy*, ¿no?). O sea, de convertir vuestro cuerpo en el instrumento de su placer. Pero como también a vosotros os da placer, de hecho es un toma y daca. Mostrarse sumiso o sumisa es un modo de hacer que se desvanezcan la responsabilidad, la culpa y los malos rollos. No se trata de practicar cualquier tipo de sexo que se tercie porque lo *dese-*

éis realmente, sino porque no os queda otro remedio. ¡Qué libertad! Porque aunque sois una marioneta, también sois el centro de atención. O sea, que es el paraíso de los divos reprimidos. Y si os excita que os inmovilicen y os hagan cosquillas, ¿por qué no llevarlo al extremo? Sí, como pasar de regional a primera división. Es probable que os pille por sorpresa igual, así que no tendréis ni que pensar ni que hacer nada de nada: sólo lo que se os mande. Lo que no quiere decir que tengáis que actuar como un vasallo pasivo, sino más bien receptivo, efusivo, solícito y agradecido. Y no, no existe ninguna correlación entre el estatus social, económico o psíquico que tengáis y vuestras preferencias en el reparto de poderes. Porque dejarse dominar no es degradante, sino placentero.

Aquí mando yo

Dominar es asumir la plena responsabilidad de lo que sucede y de cuándo, dónde, con qué frecuencia y a quién se domina. Asumís el control de la situación porque sabéis exactamente qué es lo que queréis o, mejor, qué es lo que vuestra pareja se merece y no queréis que interfiera en vuestros planes. Así que podéis dar rienda suelta a todos esos defectillos que en el mundo real no os granjean demasiadas amistades, como la avaricia, el orgullo, la gula, la lujuria, la pereza o la ira... o sea, más o menos los siete pecados capitales (excepto la envidia, porque es evidente que no envidiáis a nadie, y mucho menos a vuestro sumiso contrincante). Usad y abusad. Se trata de un marrón seguro y controlado, no hay problema. Ni siquiera tenéis que hacer nada especial, sólo torturar a vuestros adversarios negándoles el sexo y la sal, haciendo que digan guarradas o que admitan sus más secretas y oscuras fantasías o que se desnuden literal y figuradamente o que os supliquen clemencia.

Y aunque parezca irónico, el hecho de poder hacer lo que os venga en gana incluye tener constantemente presente el placer de vuestra pareja porque, al fin y al cabo, la confianza total y absoluta es un valioso regalo. Así es como se convierte en algo recíproco, ¿eh, papanatas?

Tú decides

No hace falta ser ni lo uno ni lo otro ni todo lo contrario porque en el fondo todos llevamos dentro a un chulo y a un calzonazos. Por lo general, durante una sola tanda de triquitriqui tradicional, el poder cambia de manos varias veces, así que lo mismo puede que suceda en vuestra relación con el BDSM. (De hecho, en el mundillo sadomaso se suele decir que los mejores amos fueron en su día sumisos.) Claro que también podéis decidir hacer un reparto desigual para una noche. Por lo menos os ayudará a mantener el asunto bien encauzado y como una seda. Y además no necesitaréis llevar ningún tipo de contabilidad emocional para mantener el ritmo (siempre es un estorbo en cualquier tipo de sexo).

Co-mu-ni-ca-ción

Es evidente que una de las ironías que tiene este juego es que se basa totalmente en el consenso. Claro que quien hace de sumiso cede el control, pero nadie lo ha obligado a ello. Por eso el intercambio de poderes tiene que ser recíproco, entre iguales, y sin presión ni manipulación por parte de ninguna de las partes (y es que lo bueno *siempre* requiere una planificación previa). Así que sacadlo a relucir de un modo natural pero decidido. Y en caso de que no estéis leyendo el capítulo juntos (como os dijimos antes) haced que vuestra pareja lo lea, a ver si se le enciende la bombilla.

La comunicación es el pilar principal de cualquier relación, y una relación guarrindonga no es ninguna excepción. Los dos miembros de la pareja tienen que decidir qué les apetece y qué no; qué les

gustaría hacer y qué no harían nunca; cómo les gustaría empezar la velada y, lo que es más importante aún, cómo les gustaría que se terminara: "¿con una explosión o sollozando?". Así que cuanto más concretéis antes de pasar a la acción, menos posibilidades tenéis de que la confusión y la decepción se adueñen de la situación, ya sea durante o después de la faena. Hay gente que teme que una charla demasiado sincera le reste espontaneidad a la situación porque cree que el sexo caliente y satisfactorio se hace como por arte de magia. Pero ¿qué podría enfriaros más que el hecho de que vuestra pareja os endilgue un collar y os obligue a comeros una lata de comida para gatos sólo porque prefiráis de lejos a los perros? En este tipo de sexo la cuestión es relajarse, dejarse llevar por la situación y vivir vuestra fantasía sin impedimentos o distracciones inoportunas (por lo menos las imprevistas) que os obliguen a aterrizar de golpe.

A ver: no estamos hablando de sentarse y ponerse a redactar un guión de ochenta páginas con las anotaciones de la dirección escénica y los costes de producción incluidos. Haced que la planificación forme parte del juego: intercambiad con vuestra pareja correos electrónicos obscenos, cartas picantes o listas de deberes o prohibiciones, buscad la inspiración en libros o videos; comprad todos los accesorios que os gustaría usar en lugar de esperar a que vuestra pareja los adivine telepáticamente. Transigid, pero no os rindáis. Porque cuando ya conozcáis las preferencias de uno y otro ya no os veréis obligados a establecer un plan previo cada vez. Incluso puede que os inventéis un código secreto que quiera decir "¡Ésta es nuestra noche de sexo y rock'n'roll!" con una manera de vestir determinada, un signo de la mano, un mensaje en el buzón de voz o simplemente diciendo en voz alta: "¡Ésta es nuestra noche de sexo y rock'n'roll!".

Seguridad y control

Ya lo dijimos antes y volveremos a repetirlo una vez más (aunque detestamos las analogías teatrales): debéis tener claro el proceso de construcción de vuestro personaje. Aseguraos de que es constructivo y no destructivo. No utilicéis el vicio para arreglar una relación que no funciona (para esto están las terapias). Y aunque a algunos supervivientes de abusos sexuales el sadomaso les ha ayudado a recuperarse, se trata de un terreno emocionalmente resbaladizo que sólo deberíais atravesar acompañados de una pareja cariñosa y sólida y de un consejero comprensivo que os cobije bajo su ala protectora. Y si tenéis problemas de rabia o inseguridad, sacadlos. Incluso si sois personas maduras y equilibradas con un montón de autoestima y de seguridad en vosotros mismos, el hecho de flirtear con los juegos de poder físicos y psicológicos puede resultaros una experiencia intensa e incluso angustiante, pues puede que saque a la luz vuestros miedos y fantasmas ocultos además de haceros sentir indefensos y emocionalmente vulnerables (especialmente si lo hacéis bien). Vaya, que es un rollo muy *heavy*. Y precisamente esto es lo que le da su encanto.

En fin. Cada loco con su tema, contra gustos no hay disputas: artefactos, bestias, hombres y mujeres, cada uno es como es, cada quién es cada cual. Pero como no sois unos locos (ni unas bestias), sed considerados, respetuosos y delicados. Eso quiere decir que no debéis ir puestos de alcohol ni drogas (uno o dos vasos de vino puede que os ayuden a poneros a tono, pero los borrachos pastosos no combinan bien con los nudos de *bondage* al estilo japonés). Si sois el sumiso quiere decir que confiáis en vuestro amo (o ama) para que pare cuando tenga que hacerlo; y si sois el amo (o ama), se supone que sabéis cuándo tenéis que parar. Por eso debéis estar preparados por si las cosas no se desenvuelvan exactamente de la manera que habéis previsto o esperabais. Y si traspasáis algún límite por accidente, hay que administrar los cuidados necesarios así como la charla y los abrazos prescriptivos de final de partido.

Y para terminar, la regla de oro del vicioso: jugad únicamente con personas que jueguen limpio, porque si dejáis que un ex que os pilló en la cama con su mejor amigo/a os espose y os vende los ojos, existen altas probabilidades de que luego se vaya a tomar un café y no se moleste en desataros.

La única ocasión en que "no" no quiere decir "no"

Los juegos de poder no serían juegos de poder si no pudierais decirle a vuestro contrincante: "Por favor, para, ¡basta ya!" sin que siempre tuviera que tomárselo literalmente. Por eso necesitáis una palabra clave para que funcione como escapatoria cuando las cosas se pongan feas. Todo el mundo necesita una salida, aunque confíe en su pareja como en el que más. De hecho, eso no tiene nada que ver con la confianza, sino más bien con el hecho de que los ruidos y las muecas que hacéis cuando os estáis corriendo son exactamente los mismos que hacéis cuando os pilláis un dedo. (Jugar sin palabra clave se conoce como jugar al límite, y aunque nos tratéis de mariquitas, a ese juego sí que no jugamos.) Algunas de las palabras clave más corrientes son "rojo" (con su correspondiente verde para indicar "más" y amarillo para "baja el ritmo, ¿vale?") o simplemente "contraseña". Pero nosotras preferimos "en serio", como cuando dices "Va en serio, cariño".

Principios básicos del *bondage*

La palabra *bondage*, utilizada para referirse al arte de las ataduras en el sexo, suele traer a la mente la imagen de adolescentes iracundos de estética gótica con los ojos pintarrajeados de negro, la cara blanca y crucifijos por todo el cuerpo. Pero de hecho, el uso de las ataduras es una de las maneras más sencillas, baratas y versátiles de dar un toque de sorpresa a uno de los actos más previsibles de la naturaleza humana. Os gusten o no os gusten Siouxsie & The Banshees.

Sea quien sea el loco de atar, el *bondage* os proporciona control y responsabilidad u os convierte en un ser indefenso y desvalido. En ambos casos, y suponiendo que cada cual está contento con el papel que le ha tocado, es la oportunidad para que se encuentren los más desenfrenados deseos de cada uno. Y cuanto más sofisticadas y a lo Houdini sean las ataduras, más subirá la temperatura del juego, aunque en ocasiones sólo el sencillo y simbólico acto de atar un par de muñecas con un nudo sólido pero resueltamente zafable ya proporciona un subidón suficiente. Y es que ni siquiera hace falta ningún tipo de atadura física. Muchas veces basta sólo con decir con un tono de voz suficientemente autoritario: "¡Alto ahí! ¡No te muevas ni un milímetro!".

Si os suele resultar difícil llegar al orgasmo –ya sea porque os forzáis demasiado u os sentís mal cuando vuestra pareja os dedica demasiado tiempo y os da la neura– ser el sumiso –metafóricamente hablando, claro– os va que ni pintado. Así que tumbaos y tomad lo que os venga. Tener algo que físicamente limite el movimiento también suele resultar de lo más práctico, como el edredón en invierno o el velcro del manguito para medir la tensión arterial. Porque a veces, forcejear con algo que os mantiene inmóviles le da un toque dramático al asunto. Aunque otras veces el *bondage* sólo es un tema pura y sim-

plemente estético (razón por la cual muchos adictos a la MTV son tan aficionados a esas muñequeras anchas de cuero). Y en otras ocasiones se trata más bien de una demostración de artesanía popular llena de bucles y nudos más difíciles de hacer que la colcha de ganchillo de la abuela, la que le valió el primer premio en la feria del pueblo. Además el *bondage* combina de maravilla con los juegos especialmente de rol.

Materiales

Una cuerda –elegante, versátil, chic y barata– que podéis conseguir en cualquier ferretería. Y si queréis ir de guays, pilláosla en la tienda de náutica de vuestro barrio. Las de nylon, suaves, vistosas, trenzadas o torcidas son, además, resistentes, cómodas y no rascan, mamá. No se ensucian, duran mucho y son fáciles de aflojar (bueno, algunas veces incluso *demasiado*). Para que no se os deshilachen quemad las puntas con la llama de una vela (vela que luego podéis reutilizar para el juego con cera caliente, "Juego sensación(al)" p. 132). Y si preferís un material de tacto y apariencia más bastos, probad con una cuerda de algodón, porque además de ser muy maleable, hace unos nudos de lo más apretado (bueno, en ocasiones demasiado apretados, "Consejos de seguridad" p. 129). Para que no se os desflequen las puntas, untadlas con pegamento o esmalte de uñas o rematadlas con un trozo de cinta adhesiva o con hilo grueso. El cordel de cáñamo también es muy resistente pero igualmente rasposo. Sea cual sea el material que elijáis, agenciaos unos 30 metros para cortarlo en varios trozos de entre unos 3 y unos 9 metros: los trozos más cortos os irán bien para atar las muñecas y los tobillos, y con los largos podéis bobinar a vuestros siervos de pies a cabeza. Cuanto más gruesa sea la cuerda, menos probabilidades tenéis de que provoque problemas de circulación, así que os aconsejamos un diámetro de entre 1 y 6 centímetros.

La cinta adhesiva de PVC, el esparadrapo y la cinta aislante también pueden utilizarse para atar y amordazar, pero en este caso utilizad jirones de sábanas o ropa vieja o film de plástico transparente para proteger la piel (excepto la cinta adhesiva de PVC, que suele ser de un plástico brillante reutilizable y blando que se pega sobre sí mismo en lugar de sobre vuestra piel o vuestra ropa). Tened en cuenta que ese tipo de materiales suelen aumentar la temperatura corporal (especialmente la película transparente), así que aseguraos de que a la persona atada no le dé un sofocón. Y tened a mano un par de tijeras de punta roma para una liberación de emergencia.

Todo sobre las esposas

Cuando vuestro pichoncito necesite que le amonestéis y le esposéis no echéis mano de ese par de esposas modelo policía nacional que os agenciasteis después de que os detuvieran. El modelo común y corriente no suele diseñarse pensando en finalidades coitales sino en reducir la movilidad de un prisionero durante su traslado, de ahí su elevado potencial torturante. Por ello incluso los más expertos adeptos al *bondage* sólo las usan de un modo puramente formal y nunca funcional. Porque si se usan en una pelea o en cualquier situación que implique ejercer presión sobre ellas, las esposas pueden ser algo más que incómodas y provocar lesiones en el sistema nervioso y en los huesos, en ocasiones irreversibles. Pero si sois de los que creéis que el uniforme no está completo sin un buen par de brillantes esposas, no quebrantéis la ley: aseguraos de que no aprieten demasiado (deberían permitir el movimiento de las muñecas), no ejerzáis presión encima (no son una correa de perro), no les pongáis peso encima (nada de echaros boca arriba con las manos debajo, monada) y sobre todo ¡soltad la pasta, pandilla de roñas! No compréis el típico par de esposas con llavecitas de hojalata, porque el vaivén de la marea puede hacer que la palanca (...)

En cuanto a los brazaletes, muñequeras y tobilleras de *bondage*, suelen ser bandas anchas ajustables de cuero o tela para sujetar determinadas partes del cuerpo (p. ej.: muñecas, tobillos o muslos), para atarlas entre sí (p. ej.: las dos muñecas, la muñeca y el muslo...) o para atarlas a otro tipo de sujeciones (p. ej.: cadenas, ganchos) con distintos tipos de hebillas o anclajes, como argollas en forma de D, candados, mosquetones e incluso bridas. Los brazaletes más gruesos (y forrados de borreguillo o piel por dentro) suelen ser bastante más cómodos, especialmente si tenéis la intención de meteros en el tema como los conejitos de Duracell®. Los buenos brazaletes suelen ser caros, pero por lo general también son más resistentes, duraderos y estéticos.

Las cadenas proporcionan una sujeción sólida entre las ataduras (pero nunca hay que utilizar la cadena como si fuera cuerda, "Consejos de seguridad" p. 129). Y el hecho de que cada eslabón se pueda utilizar como un punto de anclaje las hace totalmente ajustables: basta con pasar un trozo de cadena de lado a lado de la cama y atar a los extremos sendas esposas para los tobillos y ya tendréis a vuestro potro en el ídem. Hablando de eso, las "barras espaciadoras" son barras de metal o de madera que mantienen los miembros (p. ej.: las piernas) inmovilizados y separados a lo "abierto al público". Podéis haceros una barra espaciadora haciendo pasar una cadena dentro de un tubo de metal de unos 2 centímetros de diámetro y unos 90 centímetros de longitud (podéis pedir que os lo corten en la ferretería) y atar un brazalete a cada extremo (asegurándoos antes de que los extremos del tubo estén bien lisos). O simplemente atar la cadena o los anclajes o ganchos colgados de la pared o el techo. No os recomendamos que los utilicéis para suspender a alguien (es demasiado peligroso) pero sí deberían ser suficientemente resistentes para aguantar tirones fuertes. Para instalar una cadena destinada a vuestros propios usos viciosos seguid las instrucciones de uso. Y cuando vuestros papis vengan a cenar a vuestra casa recordad antes colgar una silla o un par de plantas de los ganchos pa'disimular.

En vuestra casa seguro que hay una infinidad de puntos de anclaje esperando a ser utilizados, ya se trate de mesas (aseguraos de que resisten vuestro peso), futones (o incluso mejor, el bastidor del futón), barandillas de escalera, hamacas, sanitarios (si os gusta lo marrano), taburetes y, evidentemente, sillas (las de madera con barrotes son las mejores). Y en cuanto a las posturas, intentad echar mano de vuestra imaginación: por ejemplo, el asiento de una silla sin brazos puede ser un perfecto regazo para propinarle a vuestra rebelde criatura un par de azotes.

Pero si todo eso os parece demasiado técnico, siempre podéis apañároslas con una corbata de seda, un calcetín hasta la rodilla, un cinturón de cuero trenzado, una bufanda o un pañuelo de algodón, y proceder a un espontáneo "átame". Pero sea lo que sea que os pongáis por corbata, no os olvidéis de seguir los consejos de seguridad que os proporcionamos más adelante.

(...) de su cierre de seguridad de baratillo se rompa y se atasquen o se abran solas. Las marcas de mayor calidad no son muy caras y vienen con un mecanismo de bloqueo para ajustarlas, lo cual permite disfrutar con más tranquilidad del morbo.

Operaciones de acordonamiento

A continuación os presentamos algunas de las técnicas de inmovilización más básicas para vuestra primera escena de *Átame*. Si os apetece algo más sofisticado (p. ej.: el ligamento inguinal) compraos un manual exhaustivo sobre el *bondage* como el de Jay Wiseman *Erotic Bondage Handbook* y afanadle a vuestro sobrino el *Manual del buen Boy Scout* para los nudos.

Ligadura para maniatar: el mejor lugar para empezar son las muñecas, con las palmas encaradas y los dedos entrelazados para que quede un hueco para respirar un poco. Coged una cuerda de unos 2 metros y centradla encima de las muñecas que queréis atar. Luego dadle unas cuantas vueltas (unas tres o cuatro) alrededor de cada muñeca repartiendo la tensión por toda la superficie y dejando un poco de espacio entre ambas para no cortar la circulación sanguínea (por lo menos entre 3 y 5 centímetros para que luego resulte más fácil zafarse). Cuando sólo os queden unos 30 centímetros, enrollad los extremos justo encima del hueco entre las dos muñecas (más que en uno de los lados) y luego alrededor de la ligada que queda entre ambas extremidades (es decir, en perpendicular con respecto a la atadura principal, como si pusierais un lazo a un paquete de regalo). Finalmente dad un tirón suave para aseguraros de que todo queda atado y bien atado y rematad el fardo con un nudo llano. Y si aún

Ligadura para maniatar

queda espacio entre las muñecas, dadle unas cuantas vueltas más en sentidos opuestos y en ángulo recto con respecto a la primeras lazadas hasta que se os acabe la cuerda, y luego anudadla. Para hacer un nudo llano (o nudo de rizo), haced pasar el cabo derecho por encima y por debajo del izquierdo, hacedle un bucle (de modo que os quede a vuestra izquierda y viceversa) y luego coged el cabo que ahora tenéis en la mano izquierda y hacedlo pasar por encima y por debajo del derecho; al final os tendrían que quedar dos bucles simétricos entrelazados (no confundáis el nudo llano con el nudo de calzado, que es la versión asimétrica con que os atáis los zapatos y que tiende a deshacerse con facilidad). Cuando ya estéis, debería quedar suficiente espacio entre la piel y la cuerda para que os quepa un dedo entre ambos. Todo lo que acabamos de decir sirve también para los tobillos.

Atadura de doble cuerda (ilustración en la página siguiente): doblad un par de metros de cuerda por la mitad de modo que por un lado os queden los dos cabos igualados y por el otro un lazo o bucle (también llamado presilla de alondra). Enrollad la cuerda doble a las extremidades con una sola pasada, y luego pasad los dos cabos por el seno de la presilla de alondra justo entre las dos extremidades (más que a uno de los lados) y luego tirad de ellos en la dirección opuesta y dadles unas vueltas

Atadura de doble cuerda

Al estilo japonés

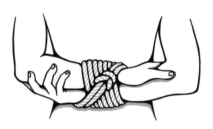

Arneses de pecho

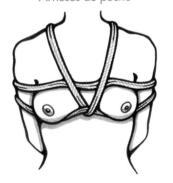

más (manteniendo juntos los dos cabos). Después de unas cuantas vueltas, cuando os queden unos 30 centímetros de cuerda, volved a pasar los cabos por la presilla, y luego tirad de ellos en direcciones opuestas, en ángulo recto con respecto a la ligada y pasándolos entre las dos extremidades. Dadles todavía unas vueltas hasta que se os acabe la cuerda y atadlos con un nudo llano.

Al estilo japonés: hay una técnica japonesa muy popular que consiste en atar las dos muñecas en la espalda con las manos extendidas y las palmas apoyadas en los codos opuestos de modo que los brazos formen una U. Como es probable que no trinquéis a vuestro rehén en la versión anterior, apretad un poco la ligadura cuidando de repartir bien la presión y dejar un dedo entre la cuerda y la piel, y luego aseguradla con un nudo plano (ilustración). Para que las manos puedan moverse un poco y apartarse del camino de donde la espalda pierde su nombre utilizad un trozo de cuerda más largo y, después de hacer el nudo, separad los dos cabos, pasadlos por debajo de las axilas, luego por encima de los hombros y en dirección a la nuca y anudadlos (no paséis nunca la cuerda por delante del cuello). Los arneses que se hacen pasar por encima de los hombros y se trincan detrás de la nuca se conocen como arneses de cuello y los podéis utilizar como amarra (en lugar de los arneses de pecho que se mencionan a continuación y que suelen dar un resultado bastante mustio).

Arneses de pecho: doblad un largo de cuerda por la mitad y centrad la presilla de alondra en medio de la espalda de vuestro contrincante a la altura de los omóplatos (si tiene las manos atadas delante y prevéis que se vaya a echar boca arriba en algún momento, desplazad la presilla un poco para que no esté justo encima de la columna). Colocadle los brazos pegados al cuerpo y luego enrolladle la cuerda alrededor del torso, brazos incluidos, por encima del pecho y hasta la reunión con la presilla, pasando los dos cabos por dentro, tirando, y luego volviendo a enrollar la cuerda en sentido contrario, pasándola por debajo del pecho y de nuevo en dirección a la espalda y por dentro de la presilla.

Para hacer un arnés de hombros, pasad los dos cabos de la cuerda por debajo de una axila (por debajo de la lazada que cruza el pecho), tirad hacia arriba y pasadlos alrededor del hombro, cruzando por detrás del cuello hasta el hombro opuesto y luego por debajo de la otra axila (por debajo de la lazada del pecho) y de nuevo a la presilla; luego separad los dos cabos, pasad uno de ellos por dentro de la presilla y atadlos con un nudo llano. Para hacer un arnés de bikini, cuando ya hayáis hecho las lazadas del pecho, pasad los dos cabos por encima de un hombro, luego entre los dos pechos, por debajo de la lazada horizontal que los cruza por la base, de nuevo por encima del hombro opuesto y luego a la presilla, atándolos con un nudo plano.

¿Dónde te crees que vas? (entre extremidades y objetos): el método más sencillo es utilizar dos largos de cuerda: uno para inmovilizar las extremidades y otro para atarlas al objeto elegido. Por ejemplo: con un trozo de cuerda haced una ligadura para atar las manos y luego pasad el cabo de la otra cuerda en medio de la ligadura, tirad de los dos extremos y atadlos al objeto en cuestión. O bien haced pasar las lazadas con que inmovilizáis ambas extremidades por una argolla "D" y luego utilizadla para trincar en ella la otra cuerda. O bien haced una ligadura con una badana larga o un jirón de tela y luego haced pasar un trozo de cuerda en medio, asegurándoos que queda por lo menos un dedo entre la piel, la cuerda y la atadura; luego anudad un extremo de la cuerda a la atadura y el otro a, por ejemplo, la cabecera de la cama con un nudo resistente que pueda aguantar los tirones de vuestro rehén pero que luego sea fácil de deshacer como por ejemplo un cote o un cote doble (consultad vuestro manual de Boy Scout para hacerlos). Los brazaletes provistos de anillas o de una cuerda de amarre también os pueden servir, pero evitad los de factura barata porque tienden a desgarrarse fácilmente. Todos estos métodos deberían tener como finalidad aseguraros que a) cuando el rehén dé un tirón, la ligadura no le estrangule los miembros y b) no se le caiga encima el punto de anclaje.

Consejos de seguridad para el *bondage*

Por si todavía no lo habéis pillado en las anteriores instrucciones, el *bondage* es un arte, una ciencia, una habilidad que requiere una gran sofisticación. Si no respetáis los consejos de seguridad que os damos a continuación podríais arruinar mucho más que vuestra vida sexual; podríais arruinar vuestra vida.

Prohibido a los novatos. Para empezar, olvidaos de suspensiones, crucifixiones, *piercing*, cortes, juegos eléctricos... Dejádselos a los profesionales que se dedican a vivir del BDSM (no es vuestro caso, por lo menos ahora mismo).

Nudos para anudar. Si utilizáis cuerdas tenéis que estar listos para liberar rápidamente a vuestro rehén. Para atar dos extremos de cuerda, haced un nudo sencillo. Y por lo mismo, cuando atéis un extremo de la cuerda a otro objeto, dejadle una gaza, de modo que si tiráis de un extremo el nudo se afloje (como en el cote doble).

Apretujado pero cómodo. No apretéis demasiado la atadura, especialmente en las articulaciones, que es donde se halla una concentración mayor de venas y arterias (como en la muñeca, tobillos, codos, rodillas, axilas, brazos...). Cuando más rígida y menos flexible sea, más floja debería estar. Sea cual sea la modalidad que utilicéis, siempre deberíais poder pasar uno o dos dedos entre la cuerda y la piel. Y cuando atéis dos extremidades entre sí (p. ej.: las dos muñecas), aseguraos de que queda un poco de espacio entre ellas.

Distribución de la tensión. Distribuid la tensión de las cuerdas por toda la superficie para evitar ejercer demasiada presión encima de los músculos o las articulaciones. Los brazaletes anchos y acolchados son una buena alternativa. Y si trabajáis con cuerda, dadle siempre unas cuantas vueltas (con una no basta) para distribuir la presión sobre toda la zona, sin enrollarla sobre sí misma y manteniendo un poco de espacio entre la cuerda y la piel, para terminar con un atado a lo rosbif y garantizar un *look* ceñido, cómodo y seguro.

Circulación. Que se os adormezca un miembro nunca es una distracción placentera. El amo del ligue debería estar atento a cualquier enfriamiento o decoloración (p. ej.: palidez) de las partes atadas cada cinco o diez minutos. Si el sumiso ligado siente unas incómodas punzadas o un entumecimiento general, el amo debe soltarlo sin más. Y si no seguís correctamente las instrucciones y se le adormece alguna extremidad, aflojad la ligadura, liberad la extremidad, masajeadla para reactivar la circulación y luego envolvedla con una manta para que recupere su temperatura.

Nervios. Si atáis a alguien incorrectamente, podéis provocarle un pinzamiento en su sistema nervioso, lo cual suele manifestarse mediante un dolor agudo y punzante. Para evitar causarle una lesión nerviosa de mayores consecuencias desatadlo inmediatamente.

La fuerza de las ataduras. El mareo como consecuencia de una mala circulación (ya sea por una atadura mal hecha o por aguantar demasiado tiempo en una determinada posición) o un súbito aturdimiento como consecuencia de una sensación demasiado intensa pueden dar lugar a un desvanecimiento, así que aseguraos de que vuestras ataduras pueden aguantar el peso de vuestro rehén en caso de caída y de que se pueden aflojar fácilmente incluso si éste ejerce presión sobre las ataduras con su cuerpo (eso es para lo que sirven justamente los mosquetones antipánico, unos ganchos especiales para sujetar una cuerda o una cadena a un objeto fijo, que podéis encontrar en los *sex shops* y en algunas ferreterías). Asimismo, las ligaduras deberían poder soportar el forcejeo y las contorsiones de cualquier sumiso atado y bien atado, ya que si los nudos son demasiado flojos se pueden deshacer o provocar rozaduras.

Posturas. El llamado "*bondage* sensual" sirve para inmovilizar a una persona con firmeza pero con comodidad, mientras que el "*bondage* resistente" sirve para retorcer, contorsionar o trabar el movimiento del cuerpo de un modo seguro pero con el objetivo de que esté incómodo, por lo que debería hacerse con supercuidado y durante períodos breves de no más de media hora. Pero con un *bondage* sensual y un poco de práctica, un par de jugadores en buena forma física pueden mantenerse en una misma posición –si no es muy incómoda– durante una hora. Así que jugad a ir variando de postura con la cuerda floja (sólo necesitaréis unos centímetros) para que vuestro fardo pueda menear el esqueleto lo suficiente para colocarse bien los huesos. Pero si le dais demasiada cuerda puede que en el fragor de la batalla haga palanca y se disloque algo o se rasguñe. La postura menos cargante es tumbado boca abajo, pero nunca hay que dejar tumbado boca abajo a alguien a quien se ha atado. Las posturas de pie son algo más complicadas por los riesgos de caídas, entumecimiento y dolor articular. Y si mantenéis a alguien de pie con los brazos encima de la cabeza aseguraos de que tiene los codos flexionados. Y nunca nunca –repetimos: *nunca*– colguéis a alguien de brazos o piernas.

Aparejos a evitar. Aunque quedan de lo más chic, los pañuelos de seda o las medias tienen una fastidiosa tendencia a apretarse demasiado, lo cual los convierte en ataduras poco seguras y casi imposibles de deshacer, como no sea cortando por lo sano. Evitad también los cordeles de nylon o cáña-

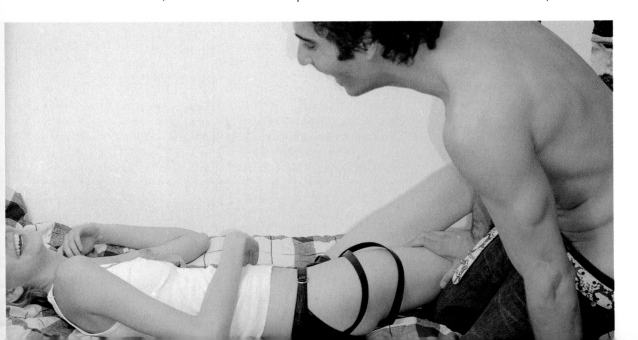

mo, el hilo de coser, así como el cable eléctrico o de teléfono, pues suelen estrangular fácilmente la circulación. Las correas de cuero suelen ser muy atractivas, pero además de clavarse en la piel son jodidas de desatar, así que andaos con cuidado.

Collares. Nunca atéis nada alrededor del cuello, y ni decir tiene que no intentéis jamás colgar a alguien por el cuello. Comprad un collar de animal doméstico especialmente fabricado para humanos (los de animales domésticos no sirven porque están pensados para animales con cuellos muy robustos) y dejad por lo menos dos dedos entre el collar y la piel sin que ejerza directamente presión sobre la nuez del cuello. De hecho, la parte anterior del cuello nunca debe estar sometida a presión, así que nunca tiréis de alguien desde atrás: si queréis mandar a alguien a paseo, hacedlo dando la cara.

Respiración. No bloqueéis las vías nasales o la boca. Tener una mordaza en la boca no suele ser lo ideal para alguien resfriado o asmático, así que cuando le metáis algo en la boca a alguien, aseguraos antes de que no le produzcáis arcadas. No hay nada como un inesperado vómito para aguarle la fiesta a cualquiera.

Soledad en compañía. No dejéis nunca a una persona maniatada y amordazada a solas. Si el abandono forma parte de vuestro juego, haced como si os fuerais pero con un ojo puesto en vuestro rehén, no lo perdáis de vista. Y si le habéis puesto una mordaza en la boca o le habéis dejado en una postura especialmente extenuante, comprobad personalmente y de primera mano cómo se encuentra cada 5 minutos.

Inspecciones técnicas. El conductor es el responsable de la seguridad de todos sus pasajeros, así que pasadle revisión a vuestra pareja y aseguraos de que se encuentra cómoda y que os comunica si se siente entumecida o mareada; comprobad que no se le enfría el cuerpo por una posible mala circulación y verificad cualquier señal que pueda indicaros que se halla al borde de un ataque de nervios.

Resolución de problemas. Manteneos al día sobre todas las posibles afecciones de vuestra pareja, como dolores articulares, problemas cardiovasculares, de espalda, asma, enfermedades de transmisión sexual, infecciones...

Para soltar amarras. No hagáis ningún nudo que luego no podáis desatar rápidamente. Y si utilizáis algún dispositivo que funcione con llave, dejadla al alcance de la mano antes de cerrar. Tened también a mano un par de tijeras de punta roma para poder cortar por lo sano ante posibles situaciones de emergencia con cinta adhesiva, film transparente y nudos apretados.

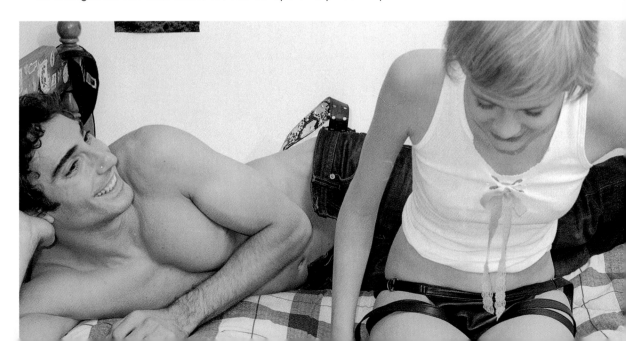

Botiquín. Tened a mano un botiquín de urgencias que incluya tijeras de punta roma, duplicados de todas las llaves y cerrojos, un botiquín de primeros auxilios, agua y accesorios para un sexo seguro. Es muy probable que os suene a idea de bombero, pero ya sabéis: los bomberos *siempre* son los mejores amantes.

Nuevas adquisiciones. Nunca dejéis que os aten en una primera cita. Y ya puestos, tampoco miréis directamente al sol, no juguéis en una calle transitada, no metáis la mano en un cazo lleno de agua hirviendo y no os tiréis puente abajo.

Juego sensación(al)

¿Os suena la tortura de la gota malaya? Pues en ocasiones experimentar una sensación de lo más anodina de manera repetida o inesperada puede ser insoportable –o insoportablemente placentero–. Así que experimentar con distintas texturas o temperaturas en la piel de vuestra pareja es como disponer de un juego de apéndices nuevos con que manosearle, especialmente si no puede moverse ni un milímetro (p. ej.: decidle que se eche y que se imagine que se lo está montando con Eduardo Manostijeras). Combinad sensaciones distintas: pasadle una brocha de cerdas gruesas o un cepillo por la espalda y luego un pañuelo de seda, o unas uñas afiladas y luego una piel de borreguito, o bálsamo de tigre y luego un cubito de hielo… (pero evitad poner el hielo dentro de otros agujeros que no sean la boca porque puede dañar los tejidos internos).

Claro que la reina de las sensaciones es, evidentemente, la cera caliente (especialmente combinado con hielo). Así que atreveos a convertir las típicas velas con que soléis encender vuestras románticas y sensuales veladas en un práctico y ardiente instrumento de tortura para caldear la temperatura ambiente. Aseguraos de que utilizáis velas convencionales de parafina blanca porque tanto las aromatizadas como las coloreadas o las de cera de abeja suelen arder a mayor temperatura. Y tampoco utilicéis una vela que lleve tres horas ardiendo en la mesita de noche porque tendrá la cera demasiado caliente (de acuerdo, queréis ser malos, pero no hace falta serlo *tanto*). Poned una toalla para proteger vuestras preciosas sábanas DKNY, mantened la vela a por lo menos unos 10 centímetros de vuestra pareja y dejad que la cera se vaya consumiendo encima de su piel gota a gota (cuanto más recorrido tenga que hacer, más fresca llegará a su destino). Luego esparcidla encima de la piel para aliviar la quemazón, y de tanto en cuanto dejad caer una gota en vuestra propia mano para comprobar que no está demasiado ardiente para poder soportarla. Jamás se os ocurra dejarla caer encima de la cara o los genitales. Y si vuestra pareja es del tipo oso puede que prefiera afeitarse (mejor la noche antes, para evitar posibles irritaciones) para que no se le quede pegada en su tupido vellón. Y finalmente, cuando hayáis terminado el juego, podéis disputaros a ver quién se encarga de despegar la cera fría. ¡Es tan gustoso!

Privación sensorial

¿Recordáis la peli *A primera vista* con Val Kilmer y Mira Sorvino? ¿No? Vale. Pues va de un fisioterapeuta ciego (Val) y de una chica que se queda pillada de sus dedos mágicos (Mira). El punto es que como el fisio no ve ni torta tiene un tacto superdesarrollado. Bueno, pues el tema es que vosotros también podéis fingir eso mismo durante el sexo: se conoce como privación sensorial. ¿A que suena a experimento de curso de psicología? Cuantos menos sentidos pueda utilizar vuestra pareja, más intensamente sentirá todo lo que le estáis haciendo, como por ejemplo (si tenéis suerte) un sexo oral de narices. Así que "desenchufadle" todos los sentidos excepto el tacto, y seguro que la única cosa que existirá en el mundo será vuestra boca en sus genitales.

Empezad poniendo a la pareja una venda en los ojos (una corbata, un pañuelo de cuello, una venda elástica, el típico antifaz que os dan en los aviones...) pero anudándola a un lado de la cabeza para que no le moleste si tiene que estar tumbada. Si sois un amo novato, el hecho de vendarle los ojos a vuestra *partenaire* os dará carta blanca para experimentar con cera, cepillos, esposas, azotes o lo que más os apetezca sin tener que estar pendiente de la cara de inútil que ponéis. Los tapones para los oídos o los auriculares también resultan útiles para amortiguar el sonido, de modo que vuestro conejito de indias sólo os oiga cuando os echéis encima. Y si a todo eso le añadís una buena mordaza en la boca (¡no sólo son para los sadomasos!), además de estar obligada a respirar lenta y concienzudamente, tendrá que morderse la lengua y aprenderá a saber quién manda. Pero no le apretéis tanto que no pueda decir ni pío. Se supone que el tema de las mordazas es algo conceptual del tipo "¡Guays, llevo una mordaza!", más que "¡Joder, no puedo respirar!". Así que colocádsela por debajo de la lengua y no olvidéis convenir con vuestro rehén una clave de seguridad no verbal, como por ejemplo dejar caer la pelota de ping-pong que lleva en la mano. (Para los azotes, podéis serviros de la pala, p. 134).

Daños y perjuicios

Buscáis el dolor, pero el dolor cuesta, y aquí es donde vais a empezar a pagar, con sudor. Además, jugar con el poder no tiene por qué doler, aunque sí puede que en algún que otro momento os apetezca que toda la atención del cuerpo se concentre en un determinado *punto*. Claro que el dolor al que nos referimos no duele como el dolor convencional. O sea, que no duele como cuando os caéis de una silla u os dais contra una puerta. No. El dolor que vosotros buscáis es una bestia de una especie distinta. Y para dominarla no hace falta sentirse como que la vida no vale nada y ya no tiene sentido vivir, la verdad. ¿Habéis oído hablar del subidón de los deportistas? Pues esto es lo mismo: el dolor dispara el sistema nervioso autónomo, que a su vez libera endorfinas y aumenta el ritmo cardíaco, la respiración y la presión sanguínea, todo lo cual da lugar a la intensificación del placer sexual y convierte el dolor en una *sensación* intensa más que en una molestia desagradable. Y además, cuanto mayor es la excitación, mayor es el dolor que se puede soportar. ¿No os habéis levantado nunca con unos moratones en los muslos del tamaño de una huella dactilar sin saber qué cuernos pasó la noche anterior? Y es que para que el dolor os provoque un subidón no hace falta salir volando a patadas: con un mordisco en el muslo, un pellizco en el pezón o un tirón de pelo es más que suficiente (o *vosotros* ya tenéis más que suficiente). Una respiración acompasada, algún que otro gemido y unos músculos bien relajados os ayudarán a aguantar más. *Más*, decimos. Y cuando todo haya pasado y sólo queden los lagrimones, tomaos un café y arrebujaos con vuestro partenaire bajo una manta paduana.

Pinzas para pezones. Podéis utilizar pinzas especiales o para tender ropa para infligir un pellizco en cualquier parte que tenga un jirón de piel, pero los pezones suelen ser las partes más pellizcadas (las pinzas suelen irles como anillo al dedo, y quedan mucho más sexys que en los dedos del pie). Y como os diría cualquier niña de primaria que se haya peleado con su hermano pegón, cuanta menos piel pilles, más dolerá el pellizco. Cuanto mayor la pinza, más sosa la picadura. Pero no se las dejéis puestas más de veinte minutos seguidos (aunque resulta fácil perder la cuenta del tiempo porque los pezones se adormecen con bastante facilidad), porque el verdadero dolor se siente cuando sacáis las pinzas y la sangre vuelve al río. Así que lo ideal es que vuestra víctima exhale cuando se las saquéis para estar lo más relajada posible. Claro que también puede desahogarse soltando una sarta de improperios. Queda bien. Algunas pinzas llevan una cadena, así que, si queréis duplicar el dolor, podéis sacarlas las dos de un solo tirón. Y para los amantes del bricolaje, lo mejor es agenciarse dos juegos de palillos chinos, unir cada par entre sí con una goma, y luego colgarlos del par de pezones erectos. Pero al terminar el pinzamiento, el pinzador debe acordarse de masajearle los pezones al sujeto pinza-

Vicios de altos vuelos

La primera regla para viajar con juguetes sadomaso es no meterlos en el equipaje de mano. Si no se puede viajar con una lima de uñas de metal, un latigo tampoco será muy bien acogido en los controles de seguridad... Y además, los registros del equipaje de mano suelen hacerse en las puertas de embarque, a la vista de todos los pasajeros. Normalmente, cuando se inspecciona el equipaje ya facturado, un agente de policía pide al viajero que lo acompañe a un lugar apartado, pero a veces el equipaje se revisa en el mismo mostrador de facturación. Es de suponer que un agente veterano sabrá lo que son los "rodillos de masaje", pero si desconoce la función de algún objeto, puede que pida que se le explique para qué sirve, así que no es mala idea meterlo en la maleta con su caja de origen para que no tengáis que véroslas con este tipo de preguntas. Y si no tenéis el envoltorio original de vuestros artículos, antes de emprender vuestro viaje de placer metedlos en una bolsa para congelados con una etiqueta que ponga "accesorios teatrales". O aún mejor, mandadlos por correo certificado o *courier*. Y siempre os quedará el recurso de dirigiros nada más aterrizar a una tienda de productos médicos (tijeras de punta roma), un supermercado (film de plástico transparente) o una ferretería (cuerda y cadenas), e improvisar con juguetes de BDSM caseros.

do: primero le dolerán más, pero el dolor se le irá mucho más rápido de lo que le vino. Siempre que ambos quieran que el dolor se vaya tan rápido, evidentemente.

Azotes. Sabéis perfectamente que os encantan, como a muchos de los que se los guardan para el juego de roles (p. 137). Y es que, ¿quiénes se lo merecen más que los malos estudiantes? Claro que puede que los azotes os proporcionen la transición ideal al juego de rol. Hay gente a la que le encanta saborear el sonido que hacen, o el encendido y hormigueante rubor que dejan en las mejillas del culo. Para proceder, poned a vuestra pareja encima de vuestro regazo o doblada contra una butaca, hacedlo durante el coito, atadla o arrinconadla contra la pared. Pero aseguraos siempre de que los azotes están en su justo punto, porque no hay nada que estropee más este sublime instante que una zurra hecha con mano blanda y sudada. Y dicho esto, si queréis que aguante una buena tanda acordaos de hacer antes un poco de calentamiento previo, empezando con unos cachetes de intensidad media y aumentando progresivamente la fuerza del impacto. Aplicaos sobre todo en las zonas más mullidas y evitad darle en la rabadilla, la columna, detrás de las rodillas y en las articulaciones en general. Y cuando trabajéis con chicos, vigilad con la zona que se halla justo entre la base de las nalgas, porque incluso el más malo de los chicos malos no se merece un guantazo en los huevos (aunque es posible que a las chicas eso les ponga, porque les retumba por toda la vulva; de hecho hay algunas a las que esta práctica les da una corrida segura). Y cuando hayáis terminado de sacudir la alfombra, siempre queda bien rematar el trabajo con unas caricias tiernas, aunque también podéis alternar ambas modalidades durante toda la sesión.

En cuanto a las bofetadas en plena cara, suelen tener una connotación bastante fuerte. Claro que el hecho de que sean tan fuertes también las hace especialmente excitantes, sobre todo para las chicas (para ellas es el *nova-más* de los tabúes). Pero propinadlas discretamente (no a discreción) y sólo si os dan el debido permiso (ya sea directa o indirectamente).Y estad preparados para rematarlas con un poco de sexo justo a continuación.

Latigazos y flagelaciones. Los azotes suelen cargar bastante las manos (¿por qué creéis que algunos profesores utilizan una vara?). Así que éste es el momento en que entran en escena los látigos, las fustas (su versión corta) y las palas. Pero si os resulta demasiado *heavy* salir de compras para agenciaros un látigo, siempre podéis optar por la versión casera a base de cucharas de madera, espátulas de cocina y palas de ping-pong. Dan unas buenas zurras. Igual que las reglas, claro. Pero vale la pena dar una ojeada al surtido que tienen en vuestro *sex shop* preferido, porque hay algunos modelos que llevan incorporados unos ingeniosos troquelados para dejar unas marcas de lo más mono (p. ej.: en forma de estrella) en un trasero bien zurrado.

Plantéaoslo como un modo diferente de darle un toque a vuestra pareja –un toque de amabilidad, de excitación, de dureza o de mortificación–. Y, al igual que con los azotes, evitad articulaciones, huesos y órganos sensibles. Cuanto mayor sea la superficie de la pala más sordo será el ruido (y la sensación), mientras que los juguetes más estrechos y los látigos proporcionarán un dolor más punzante. Y como en el caso de los azotes, empezad calentando motores hasta alcanzar un ritmo constante y sostenido. Deteneos un instante entre cachete y cachete para dejar que vuestra pareja recomponga su compostura o alternad los zurriagazos con un masaje relajante (suponiendo que eso no estropee la fantasía de vuestra pareja de que la estáis castigando por haber robado los higos a las vecinas). El sujeto receptor debería concentrarse en respirar acompasadamente (aunque puede que se sienta tentado de retener la respiración) y en relajar los músculos. Y cuando ya le hayáis dado su merecido, pasadle suavemente las uñas por la piel. Confiad en nosotras. Le va a pirrar.

Evidentemente, existe una notable diferencia entre una lección de buenos modales con los utensilios de cocina y una paliza en toda regla. O sea, estamos hablando de un partido de segunda división frente a otro de primera. Porque el caso es que un latigazo de urgencias puede resultar un juego muy peligroso, y, si estáis dispuestos a gastaros una suma (muy) considerable en un vistoso látigo de cuero o en una fusta, no está de más que dediquéis también unos minutos a aprender a manejarlo correctamente (cosa que ahora mismo no tenemos ni el tiempo ni el estómago de hacer). De hecho en algunos *sex shops* dan cursillos, así que preguntadle a vuestro vendedor habitual si os puede recomendar alguno. En el apartado "Recursos útiles", p. 242 encontraréis direcciones web de *sex shops online*.

Ser o no ser: ésa es la cuestión

Otra vez nos salió una analogía teatral. Da igual. Lo que sigue es más cuestión de saber ponerse en situación y meterse en la mente de un buen experto en vicio y perversión que de prepararse para las difíciles pruebas de ingreso del Centro Dramático Nacional. Excepto por el hecho de que en lugar de poneros en una situación romántica con velas y música de Kenny G tendréis que recurrir al látex y a una boca sucia.

Cómo decir guarradas
sin que te dé un ataque de risa

Quién no se ha preguntado alguna vez "Joder, ¿cómo puedo decir guarradas sin quedar como el culo?". Pues no hay ni una respuesta fácil ni un guión que os podáis aprender de memoria. Porque el lenguaje obsceno fuera de contexto no se entiende. Las insinuaciones literales, independientemente de lo ocurrentes que sean, siempre suenan de lo más tópico y cutre sobre papel. Pongamos un ejemplo: "Tu mullido y rosado conejito es taaan dulce y taaan apetitoso, ¡asquerosa zorra de mierda! Vas a ver: lo voy a exprimir como una naranja caliente, ¿te apetece, mi guarra primita naranjita?"... ¿Veis lo que queríamos decir? Pues eso.

Existe una línea muy delgada entre ser *sexy* y ser imbécil. Si vuestra pareja os considera como una persona tranquila y apacible, el hecho de vomitarle de repente una ristra de obscenidades que harían sonrojar a los de cualquier *reality show* es probable que no logre el efecto erótico que pretendíais. Os lo tenéis que currar más.

Claro que tenéis que empezar por algún sitio. Y lo más práctico es que partáis de la base que decir guarradas es un modo claro y directo de hablar de sexo al mismo tiempo que lo practicáis en lugar de intentar improvisar un guión de peli porno. A continuación os damos algunas pautas especialmente pensadas para los que se inician en el lenguaje guarro.

Una vez hayáis dominado estos principios básicos, podéis dedicaros a ponerlos en práctica por teléfono cuando vuestra pareja esté de viaje.

No os encerréis en el silencio. Seguro que sois la típica persona que gime de manera entusiasta e incluso descontrolada cuando vuestro amorcito o vuestro amante platónico os dan un buen masaje en la espalda, así que, ¿por qué no lo hacéis durante el sexo? La expresión oral aumenta el placer, mejora el diálogo y alimenta el ego. Y si al principio no sois capaces de hilvanar una frase coherente, concentraos en expresaros de un modo un poco más enfático que de costumbre. Gemid más alto, suspirad más largamente. Decid "Sí" con mayor convicción. O probad simplemente a emitir un suplicante "Por favor". Y, por dios, ¡pronunciad *su* nombre en vano!

Hablad de lo que queráis, pero no de sexo. Una de nuestras perversiones favoritas consiste en lo siguiente: mantener una conversación rutinaria sobre cómo fue vuestro día de trabajo mientras nos revolcamos como conejas o nos azotan como a niñas malas. Probadlo. (Además, así os acostumbraréis a hablar sin que pare la acción).

Preguntadle a vuestra pareja qué quiere. Es la mejor manera de matar tres pájaros de un tiro: podréis saber exactamente qué es lo que más le gusta (eso que se conoce como "comunicación"), os permitirá ir introduciendo paulatinamente la expresión oral en vuestras seXiones y además descubriréis cuál es el lenguaje en el que se siente más cómoda (punto siguiente).

Aprended a hablar el lenguaje de vuestra pareja. Por lo menos al principio. Si veis que utiliza la palabra "pirula", no vayáis vosotros a decir "ardiente polla de semental", y si dice "conejito" evitad llamarlo "enorme boquete de hacha" (bueno, mejor no lo llaméis nunca así). No os obsesionéis por utilizar un vocabulario creativo. Limitaos al común y corriente. Cuando ya hayáis adquirido algo más de fluidez en el lenguaje del amor ya os podéis atrever con las metáforas.

Hacedle preguntas concretas. Si vuestra pareja es del género tímido hacedle preguntas a las que pueda responder con un sencillo sí o no, como "¿Quieres que… (rellenad vosotros los puntos)?". Claro que también podéis decirle directamente: "¿Quieres que te rellene tu punto?".

Haced de comentarista deportivo. O sea, id explicando exactamente lo que vais haciendo a medida que lo vais haciendo. O justo antes de hacerlo. Y si realmente lo que queréis es que se excite, decidle lo que vais a hacer y luego haced que se espere. Probablemente acabará suplicándoos que se lo hagáis, lo cual implica… –¡acertasteis!– una nueva emisión de guarradas.

Pedidle que os describa cómo se siente con lo que le hacéis. Suponiendo, evidentemente, que no tengáis ninguna duda de que lo que le hacéis hace que se sienta bien. Porque si estáis dando a vuestro *partenaire* por detrás sin lubricante y le preguntáis "¿Qué, cómo te sientes, pichuchi?", lo más probable es que os responda: "¡Pues como una mierda!".

Decidle lo que queráis que os haga a vosotros. Si esa noche os toca mandar a vosotros, es responsabilidad vuestra. Evidentemente, podéis exigir que lo que queréis que os haga es decir una ristra de guarradas de por lo menos diez minutos seguidos a lo caca-culo-caca-culo.

Decidlo con convicción. Si os incomoda decirlo, vuestra pareja también se sentirá incómoda. Así que abrazad de una vez el lenguaje de la guarrería.

Juegos de rol

Si lo puede hacer incluso Keanu Reeves, vosotros también podéis. Interpretar distintos personajes y meterse en guiones sexuales diferentes es una de las mejores modalidades de sexo escapista que existen. Y además, los juegos de rol pueden hacer que los juegos de poder y los azotes os parezcan de lo más natural. Por ejemplo, puede que os resulte extraño azotar a vuestro amorcito al que se supone que queréis y amáis más que nada en este mundo, pero ¿y si eres una niñera malvada y él se niega a ir a la cama? Elegid a los personajes que más os pongan en función de lo que deseéis obtener de ellos: adoración, humillación, vergüenza, servilismo, dominación, resistencia... Probad con varias combinaciones y después podéis intercambiar papeles: profesor-alumna, jefa-subordinado, médico-paciente, gigoló-ricachona, policía con mala leche-infractora, modelo-fotógrafo, vampiresa-virgen, pirata-marinero, acosador-famosa, secuestradora-rehén, inspector de Hacienda-evasora de impuestos... (Ya podéis seguir buscando algo que no sea el típico tópico). Si queréis jugar a lo guarro de verdad, intentad ser el niño malo de mamá o la niña mala de papá, o incluso la pareja violador/a-víctima (de verdad, no pasa nada, pero no vayáis fardando de ello cuando salgáis a desayunar con los del trabajo; no lo van a entender). Si estos guiones son demasiado teatrales para vuestro gusto, intentad hacer un poco de lucha libre, jugad a arrancaros la ropa… ya sabéis, algo que requiera oponer un poco de resistencia. Como por ejemplo: "Si me pillas te dejo que me eches un polvo". Claro que quizá los únicos roles que necesitéis interpretar sean "llevar la voz cantante" u "obedecer órdenes".

Sí, ya sabemos que los juegos de rol requieren hacer un acto de fe, pero también lo requieren ver una comedia romántica, jugar a la lotería o casarse. Así que poneos a contar una historia. Disfrazaos. Recurrid al *atrezzo*. Si la foto de familia de la habitación sigue recordándoos sin cesar quiénes sois realmente, pasad la noche en un hotel. Y para poner las cosas más interesantes, salid a la calle caracterizados como vuestro personaje (manteniendo un mínimo decoro para con vuestros conciudadanos). Así, llevar las partes bajas firmemente vendadas bajo los pantalones puede contribuir a que un sumiso se acuer-

de permanentemente de su estatus; o si salís de copas, mandad a vuestra pareja al baño con un cubito para que se lo restriegue en los pezones y exigid a su vuelta algún resultado visible de su hazaña. Y es que los juegos de rol pueden durar durante unos pocos minutos o durante varios días seguidos (algo así como los matrimonios). Si os sentís algo gilipollas haciéndolo (y no tengáis ninguna duda de que será así), intentad empezar vuestra historia en medio de unos buenos azotes (algunas veces los juegos de rol derivan naturalmente de una actividad física, más que al revés). Y si vosotros o vuestra pareja os sentís especialmente malos (o malas) puede que la privación sensorial (p. 132) os ayude a meteros en el papel.

Caracterización y vestuario

Todos sabemos que si a las típicas niñas de monjas que por detrás son unos putones les encanta Carnaval es justamente porque por fin pueden ponerse medias caladas y colitas de conejo... Pues lo de la caracterización y el vestuario es más o menos lo mismo: una excusa para que vuestra pareja se disfrace. Puede formar parte de un juego de rol o ser simplemente un modo de meterse en un papel pervertido. Hay gente que lo llama vestuario fetichista, que es lo mismo que decir que el simple hecho de ponérselo ya pone, ya se trate de unos tacones de aguja, de un corpiño de charol o de una de chaqueta de universitario.

Desde luego el vestuario no siempre forma parte del juego de poder, pero suelen ir de la mano a menudo. Los accesorios fetichistas más comunes suelen ser de cuero, látex, charol y piel, y por lo general consisten en tacones, botas, guantes, corsés y lencería fina. O sea, prendas que aprietan, acarician, moldean, redefinen, realzan y enmarcan el cuerpo. Y si vuestra fantasía también contempla arrancar de cuajo las pendas anteriormente mencionadas revolved los grandes almacenes baratos en busca de ropa barata de un solo uso. Y no olvidéis echarle el ojo a los uniformes de todos tipos y colores. (Nunca se sabe. Puede que, después de todo, tirarse a los barrenderos del barrio no esté tan fuera de vuestro alcance como pensabais.)

nivel avanzado
para ampliar conocimientos

de obligada
lectura

enfermedades de
transmisión sexual

NO se os ocurra ni por un segundo saltaros este capítulo porque, sea lo que sea lo que sepáis sobre el tema, seguro que no es suficiente. El mundo entero está siendo víctima de un síndrome colectivo de negación. Desde luego, si los índices de enfermedades de transmisión sexual (ETS) son tan elevados seguro que es porque se ha puesto en cuarentena todas las húmedas y ardientes fantasías aislándolas de la fría y dura realidad sanitaria, aunque la cruda realidad demuestra que las primeras y la segunda acostumbran a ir de la mano. Porque la vergüenza, la estupidez y el estigma que pesan sobre el sexo hacen que la gente no se atreva ni a hablar abiertamente de él ni a ocuparse de su propia salud o de la de sus amantes. Si además tenemos en cuenta que una de cada cinco personas padece una ETS, ese comentario tan graciosillo que acabáis de hacer a vuestros amigos sobre la gonorrea puede que haya herido a alguien sin querer. Y teniendo en cuenta que una de cada tres personas es susceptible de contraer algún tipo de ETS en algún momento de su vida, entonces es bastante probable que esta graciosilla persona a la que acabáis de molestar puede, a su vez, molestaros regalándoos una ETS.

¿Sabéis por qué a tener un rollo de una noche también se le llama comerse un yogurcito? Pues porque los yogurcitos vienen en tantos sabores como las variedades de ETS que llevan puestas. Y dado que hay más de 30 sabores a elegir y millones de personas infectadas, el sexo acaba siendo como la lotería: cuanta más gente se cepilla uno, más posibilidades tiene de contraer una ETS. Lo que no quiere decir que no se hubiese contraído gracias a la primera pareja. De hecho, la idea es que cuando folláis, os follan. O sea, que a menos que os propongáis mantener relaciones sexuales con vuestro amorcito virgen del instituto durante el resto de vuestra vida, si no os andáis con cuidado os encontraréis de y por narices con una ETS, porque ni siquiera los condones os pueden proteger de todo, y menos de enfermedades víricas como el herpes o el virus del papiloma humano (VPH) que, aunque pueden tratarse, por el momento siguen siendo incurables. Incluso el beso, que es el acto sexual más íntimo y más inocente que existe, puede transmitir el herpes y la hepatitis. Por eso se habla de sexo *más* seguro: porque el sexo seguro no existe (como no sea el sexo virtual y las pajas en grupo).

Y puestas a ser directas, incluso os diremos que desde el momento en que una persona está sexualmente activa se halla irremediablemente expuesta a cualquier tipo de afección, sea o no consciente de ello. Así que puede que ahora mismo no tengáis nada, pero también puede que sí (razón por la cual deberíais haceros una revisión médica). ¿Os parece que estamos siendo fatalistas, derrotistas, pesimistas, melodramáticas e incendiarias? Pues no es precisamente eso lo que impedirá que sigáis teniendo relaciones sexuales, ¿verdad? Ya, lo sabíamos. Pero quizá, sólo quizá, podáis por un momento reconsiderar qué hacéis con vuestra maquinaria y plantearos por un instante otras cuestiones más perentorias, como ¿sabíais que la mayoría de ETS no presentan ningún tipo de síntoma? ¡Ninguno! Así que cortad ya ese rollo gilipollas de "yo nunca he tenido problemas y mi cuerpo está limpio de pies a cabeza". Y además chupaos ésta: la mayoría de ETS aumentan el riesgo de transmisión del VIH. Y ésta otra: si tenéis simultáneamente más de una infección (no es *tan* raro, ¿sabéis?) se complica el proceso de curación de cada una. Y por si fuera poco, las ETS no son como la varicela: podéis pillarlas más de una vez.

Y ahí va otra para la liga contra las injusticias del amor libre: las mujeres son mucho más propensas a padecer graves problemas de salud y afecciones crónicas como consecuencia de las ETS que los hombres, quienes, por lo general, además de ser los portadores, no suelen ni presentar síntomas ni experimentar complicaciones médicas (ya veis, un tronco y dos cerezas son mucho menos frágiles que toda una selva). Pero aunque los hombres no tengan que preocuparse tanto por si se les cae o no la minga —en contraposición con las mujeres, que sí se exponen a padecer una seria disfunción de sus órganos reproductivos—, deberían asumir la responsabilidad de los posibles estragos involuntarios que puedan causar en las vaginas que andan por ahí sueltas. Y es que el amor es muy *heavy*, colegas.

De hecho, una ETS no tiene por qué ser el final de una relación, pero sí puede serlo el modo con que se aborde. Porque la gente encuentra mil maneras de esconder una ETS, ya sea por ignorancia, por negación o por exceso de racionalización. En vuestro caso, por ejemplo, puede que creáis que el riesgo de transmitirla es tan bajo que ni siquiera vale la pena mencionarlo. O que no queráis arriesgaros a perder a vuestro flamante y dulce ligue. Puede que creáis que ya estéis utilizando de entrada toda la protección. O quizá creéis que es a vuestra pareja a quien le corresponde preguntar. Aunque quizá ni siquiera sabéis qué tenéis. Pues bien: ninguna de estas excusas es válida ante el Tribunal Superior del Amor, por lo menos no en el que presidimos nosotras. Y es que existe una sutil diferencia entre no decir a alguien que se tiene un herpes (que se sufre de por vida) y no contar que se tuvo un brote de clamidiasis hace diez años, que desapareció con antibióticos (para una información más detallada sobre cada una de estas infecciones, consultad sus correspondientes subapartados).

Respecto a las relaciones interpersonales, es evidente que tenéis que pasar por la incómoda y dolorosa situación de hablar sobre vuestro historial sexual con cualquier amante potencial antes de animaros demasiado, porque aún puede resultar mucho más incómodo y doloroso en caso de no hacerlo. Y es que la mente tiene la increíble habilidad de dejar de razonar cuando el cuerpo está al rojo vivo, y el juicio y autocontrol aún se ven más alterados cuando se va hasta las cejas de drogas y alcohol. Agarrad las riendas, asumid el mando y poned la situación bajo control. Porque sea cual sea la ardiente temperatura que podáis soportar en vuestra primera cita, no vale la pena pillar algo que os haga arder eternamente los bajos. Por lo tanto, preguntad. Y si tenéis algo, decidlo.

Quizá seamos unas soñadoras, pero os aconsejamos que primero os hagáis cada uno una revisión médica, porque el hecho de sentir que conocéis al otro desde siempre no quiere decir que podáis saber si tiene o no una ETS utilizando vuestras supergafas detectoras. Si mantenéis una actividad sexual frecuente deberíais haceros análisis de ETS por lo menos una vez al año (e incluso dos). Lo cual no quiere decir únicamente la prueba del VIH/sida y una citología cervicovaginal (de hecho esta última prueba sólo detecta la aparición de tumores precancerosos o cancerosos susceptibles de haber sido causados por un VPH, virus del papiloma humano, pero no sirve para otras ETS). Algunos médicos no son muy receptivos a que les sugieran realizar análisis (especialmente en el caso de los más jóvenes; como veis, no son sólo los padres los que se niegan a creer que a los jóvenes les gusta *hacerlo*). Así que haced vuestros deberes, informaos acerca de los riesgos que corréis y cuando vayáis a haceros una revisión médica a vuestro ambulatorio, centro de atención sanitaria, médico de cabecera o centro de planificación familiar, pedid que os hagan análisis de infecciones concretas y especificad bien a cuáles os referís llamándolas por su nombre de pila.

Si mantenéis relaciones sexuales habitualmente pero no tenéis una relación estable, os aconsejamos que os sometáis a análisis de VIH, sífilis, hepatitis B, clamidiasis, gonorrea y herpes simple tipo 2; y en cuanto a las chicas, tanto si tienen una relación estable como si no, deberían pedir sistemáticamente que se les practicara una citología del cuello uterino para descartar la presencia de cualquier tipo de anomalía (que suelen estar causadas por el VPH), así como un análisis de tricomoniasis (apartado sobre la trico en "Salud para ellas", p. 199). Este tipo de revisiones suele incluir los exámenes siguientes: ocular (el especialista juega a "está-no está" con vuestros bajos con la ayuda de una lupa especial), un frotis (utilizando un bastoncillo de algodón para hurgar en la vagina y el cuello uterino o en la uretra del hombre), una muestra de orina (haciéndoos mear en un vasito estéril), una muestra de saliva (para mandaros hacer un cultivo de la garganta) y una muestra de sangre (pinchándoos en el brazo). El dolor temporal del tan temido frotis de la uretra suele ser el responsable de que muchos mozos se escaqueen del tema, pero actualmente la mayoría de frotis se han remplazado por indoloros análisis de orina. Así que si sabéis con certeza que habéis estado expuest@s a una ETS, id al médico lo antes posible, porque cuanto antes se detecte un problema, más fácil será resolverlo.

En definitiva, el quid de la cuestión es que si tenéis la suerte de echar unos polvos, tenéis que conocer los entresijos de cualquier posible infección que tanto vosotros como vuestra pareja tengáis o podáis tener. Y este libro es un buen punto de partida para ello. Pero como aquí sólo tenemos espacio para hablar de las ETS más conocidas, más denostadas y más peligrosas del mundo mundial, si queréis más información sobre el tema os aconsejamos que consultéis la página Web del Ministerio de Sanidad de España: *www.msc.es*, o cualquiera de las páginas que os recomendamos en el apartado "Recursos útiles" (p. 242). Seguro que podrán contestaros a todas las preguntas que nosotras dejamos en el aire y os aconsejarán sobre cuál es el mejor centro donde poder recibir ayuda anónima y gratuita (o por lo menos razonablemente barata). Porque el conocimiento es poder. Y el poder es *sexy*.

Cómo leer este capítulo

Quizá ya hayáis oído hablar antes del tema éste de las ETS, pero ¿os ha entrado bien? Pues por eso mismo hemos escrito este capítulo, para que os entre bien, hasta el fondo, intentando no utilizar mucha jerga médica y contestando a cuestiones de tipo práctico que parece que nunca encuentran una respuesta satisfactoria en los libros de texto convencionales. Y aderezándolo todo con algún que otro chiste fácil. Así que haceos un favor y leéoslo de cabo a rabo. Podría salvaros el culo (literalmente). Recordad:

* Cuando hablamos de "semen", nos referimos también a los fluidos preeyaculatorios, o sea, eso a lo que los niños llaman "la lechita".
* La "membrana mucosa" remite a todas esas superficies cálidas y húmedas, como la vagina, los labios, la uretra y el orificio uretral (lo que incluye la puntita del pene), el ano, la boca, los ojos y los cortes en la piel.
* Los "métodos de barrera" se refieren a condones, preservativos femeninos y barreras dentales.
* Cuando hablamos de "leer el capítulo de cabo a rabo" queremos decir "de cabo a rabo". Como dijo Sócrates, "una vida no reflexionada no merece la pena de ser vivida".

Infecciones víricas

Si vais a contraer una ETS, intentad que no sea vírica, porque son las únicas que no tienen ni curación ni vacunas, y además, como sucede con la familia, no os queda más remedio que cargar con ellas para toda la vida. Pero si lo hacéis, tampoco es el fin del mundo –o del sexo–, porque con tratamientos varios y algunos cambios en vuestro estilo de vida seguro que podréis dominarlas. De hecho hay cientos de miles de personas que lo han conseguido. Los tres primeros subapartados que os ofrecemos a continuación tratan sobre las infecciones víricas más "populares": el VPH, el herpes y el VIH. Son las famosillas sobre las que circulan un mayor número de informaciones contradictorias y confusas. Y, finalmente, concluimos nuestra exposición vírica con la hepatitis.

El virus del papiloma humano (VPH)

El VPH (también conocido como papilomavirus o simplemente papiloma) es una de las enfermedades de transmisión sexual más frecuentes del mundo occidental. Una de cada cuatro mujeres tiene este virus, y se calcula que más del 75 % de personas sexualmente activas (es decir tú, monada) es susceptible de contraer el VPH en algún momento de su vida, tanto si lo saben como si no (de hecho, la mayoría de mujeres lo contraen con una de sus tres primeras parejas sexuales). Claro que si preguntáis a la gente qué es exactamente el VPH, la mayoría se limitará a encogerse de hombros y a arquear las cejas. Y si preguntáis si los condones pueden protegeros totalmente de contraerlo, probablemente os responderán que sí (¡pues van bien!). Y si preguntáis si alguna vez han estado expuestas al VPH, probablemente os responderán que no (y, una vez más, es bastante probable que se equivoquen).

El caso es que existen más variedades de virus del papiloma humano que de habichuelas (un centenar, para que os enteréis). O sea que, aunque podéis contraer varios tipos de VPH al mismo tiempo, una vez que vuestro cuerpo ha creado defensas para inmunizaros es poco probable que os volváis a contagiar de un tipo de VPH que ya hayáis contraído previamente.

Hay ciertos tipos de VPH que no se transmiten por vía sexual y que por lo tanto no afectan a la zona genital, como el VPH responsable de las arrugas plantares o de las manos. Pero hay unas treinta variedades que sí se pueden propagar a través del contacto sexual y que acaban instalándose en la vulva, la vagina, el cuello uterino, el recto, el ano, el pene o el escroto. Algunos de ellos se desarrollan en

forma de verrugas, esencialmente externas, visibles en los genitales; son los llamados VPH "de bajo riesgo", pues por lo general no tienen efectos nocivos a largo plazo. Pero los tipos de VPH de transmisión sexual más peligrosos son invisibles (por lo menos, a ojos de quien los sufre) y dan lugar a cambios anormales en las células. Esos son los que se consideran "de alto riesgo" porque pueden derivar en un cáncer de vulva, pene, ano o (en la mayoría de los casos) de cuello uterino. De hecho, las mujeres con VPH tienen diez veces más probabilidades de desarrollar un cáncer de ese último tipo. Y aunque el cáncer de pene es muy poco frecuente, el VPH es el responsable de una cuarta parte de todos los casos conocidos. Así que nos vamos a centrar en los dos tipos de VPH que se transmiten por vía sexual (después de todo, éste es un libro sobre sexo): los que provocan verrugas y los que pueden derivar en un cambio anormal de las células.

Lo más peliagudo del VPH es que es jodidamente difícil de diagnosticar, porque la mayoría de personas que lo padece ni presentan ningún tipo de síntoma, ni saben que lo tienen ni se les ha diagnosticado correctamente (incluso después de sucesivas revisiones médicas), y lo van transmitiendo, y transmitiendo y transmitiendo sin cesar a sus sucesivas parejas. Y como el virus puede permanecer en estado latente durante varios años seguidos –aunque el período de incubación suele ser de entre tres semanas y seis meses– antes de desarrollarse en forma de verruga (si lo hace) o empezar a provocar mutaciones en las células, a menudo resulta prácticamente imposible determinar quién lo contagió o durante cuánto tiempo se va a tener. Porque además el VPH puede permanecer ahí durante toda la vida o desaparecer espontáneamente como consecuencia de la respuesta inmunológica del organismo. Y también puede que en un momento dado esté latente y no resulte contagioso y en otro momento determinado se reactive y se vuelva contagioso pero sin presentar ningún tipo de síntoma. Lamentablemente, no existe ninguna prueba que permita estar totalmente seguro de si se tiene o no cuando no se presentan síntomas.

Así que no os comportéis como la típica persona indecisa y pasota e informaos bien. Y si deseáis más información o queréis plantear una consulta concreta sobre la enfermedad, debéis hablar con vuestro médico con toda confianza.

Condilomas o verrugas genitales ocasionados por el VPH

Las verrugas… hay algo en esta palabra que resulta tan poco *sexy*… puede que tenga algo que ver con su asociación con los sapos o las brujas. Claro que a fin de cuentas tampoco son tan malas: sólo son

unas inofensivas pequeñas excrecencias carnosas que además de no doler ni siquiera resultan cancerosas… Pero no es oro todo lo que reluce, ¿verdad? (Para más información sobre las cepas de VPH que pueden resultar cancerígenas leed "El VPH y los cambios anormales en las células", p. 151.)

Las verrugas genitales suelen estar causadas por unas pocas variedades de VPH de amplia circulación (¡responsables de entre medio millón y un millón anual de nuevos casos!). Pero son supercontagiosas, y de hecho las dos terceras partes de personas que se encuentran expuestas a las verrugas genitales durante sus relaciones sexuales suelen desarrollarlas (por lo general en un período de unos tres meses). Y como era de prever, suelen afectar bastante menos a los hombres que a las mujeres. Finalmente, aunque pueden acabar desapareciendo por propia voluntad, no hay modo alguno de saber cuáles se van a quedar y cuáles no, así que lo mejor es tratarlas lo antes posible para mitigar su capacidad infecciosa.

Síntomas: las verrugas genitales son pequeños tumores cutáneos de forma circular y relieve plano, liso o rugoso, tamaño pequeño o grande, consistencia blanda o dura y color blanquecino o rosado. En ocasiones tienen el aspecto de un brote de coliflor en miniatura (qué monas, ¿no?) y pueden crecer en racimo o en formaciones aisladas, y por lo general en más de un lugar. Normalmente no son dolorosas ni escuecen, pero pueden provocar un leve picor. En los mozos pueden salir en el pene, en los testículos e incluso en la uretra, mientras que en las mozas pueden aparecer en la vulva, dentro o alrededor de la vagina y en el cuello uterino. Las instituciones para la igualdad de oportunidades de las verrugas también trabajan en la zona genital y dentro o alrededor del ano. En algunos casos –aunque poco frecuentes– pueden llegar a desarrollarse en la boca, la garganta e incluso la lengua.

Por lo general las verrugas pueden verse o palparse, pero recordad que no todos los bultos son verrugas. Algunos son secundarios a la sífilis, a las hemorroides, a los plicomas (tumores de piel benignos), al cáncer de piel o a determinadas afecciones del pene con complicados nombres que resultan demasiado difíciles de deletrear. Así que no juguéis a los médicos y consultad con uno de verdad.

¿Pueden empeorar? No siempre. Algunas veces desaparecen solas. Otras se quedan en el mismo estado. Pero en algunas ocasiones, mientras uno se dedica a lanzar conjuros para que se desvanezcan en lugar de darles el tratamiento que se merecen, pueden desarrollarse hasta bloquear la entrada de la vagina, el ano, la uretra o la garganta, y provocar dolores intensos y hemorragias que, además, contribuyen a aumentar el riesgo de contraer el VIH.

Afortunadamente, la mayoría de tipos de VPH responsables de la aparición de verrugas no suelen ser cancerígenos. Pero no os emocionéis demasiado, porque, como ya hemos dicho antes, podéis contagiaros con más de un tipo de VPH simultáneamente, y de hecho no es tan raro contraer al mismo tiempo los dos principales tipos de VPH, el "de bajo riesgo" y el "de alto riesgo", ya que vuestros genitales no suelen ser ni puntillosos ni exclusivistas. Por otro lado, un sistema inmunitario débil es terreno abonado para las verrugas, y de hecho la diabetes, el VIH/sida, la quimioterapia, la enfermedad de Hodgkin e incluso una dieta inadecuada y el estrés pueden favorecer la aparición de un floreciente campo de hermosas verruguitas.

Vías de contagio: el contacto directo con la piel durante el sexo anal, el sexo vaginal y (aunque muy raramente) el sexo oral con una persona que esté afectada son las principales vías de contagio. Y cuando hablamos de "sexo" no nos referimos únicamente a la penetración: basta con darse un buen revolcón. Si además vuestra pareja presenta la infección en la base del pene, los testículos, los labios de la vulva o las ingles, puede que los condones no os protejan adecuadamente. Y aunque por lo general ni los dedos ni los juguetes son susceptibles de darles cobijo, sí pueden funcionar como intrépidos transmisores de la infección entre vosotros y vuestra pareja.

Las verrugas genitales suelen transmitirse preferentemente cuando su propietario presenta síntomas (es decir, verrugas), pues en general su manifestación externa implica que el virus se halla activo. Pero el hecho de que no sean visibles no quiere decir que no puedan contagiarse, así que echadle una buena ojeada al asunto, porque es evidente que para una verruga es mucho más difícil crecer al aire libre en medio de un pene que dentro de un ano o una vagina húmedos y acogedores. Y recordad que la verruga no es el virus en sí, sino únicamente una reacción física ante su presencia, así que la infección puede morar en el nabo del vecino y no enseñar las orejas hasta que encuentre un nuevo hogar dulce y acogedor.

Por lo general las verrugas en las manos o en los pies no se contagian en forma de verrugas genitales y a la inversa, porque se trata de tipos distintos de virus bastante maniáticos con el tipo de piel que eligen para instalarse. Vamos, que no son tan nómadas.

Cómo saberlo con toda seguridad: el problema es que no existe ningún tipo de análisis de sangre que permita detectar los virus causantes de las verrugas genitales. ¡Sería demasiado fácil! Así que a menos que tengáis alguna verruga genital claramente visible, no podréis saber si tenéis el tipo de HPV que la provocó. Y como ya dijimos antes, incluso si se exponen a la luz del día, sólo un médico puede confirmar que se trata de verrugas y no de cualquier otra afección dermatológica. Así que preparaos para lo que sigue:

- Primero, el médico realiza una exploración visual, por lo general con motivo de la revisión ginecológica en el caso de las mujeres y casi nunca en el caso de los hombres porque, a menos que el paciente mencione que puede haber estado expuesto a ellas o presente un racimo del tamaño de la meseta en la cima de su cresta peneal, no suele ser objeto de tal exploración (por alguna razón incomprensible) y *ni siquiera si pide que le hagan un análisis estándar de detección de ETS*. De modo que, chicos, hablad claro: si creéis que habéis estado expuestos al VPH, comentadle al especialista que os preocupa el tema y que deseáis que os haga un análisis para comprobarlo.
- Luego, para poder verlas mejor o detectar las que aún no han hecho acto de presencia (es decir, si creéis que podríais estar contagiados pero no tenéis ninguna visible) el médico frota la piel con una solución de vinagre (ácido acético) durante cinco minutos y luego procede a verificar con una lupa de aumento considerable y un chorro de luz cegadora si la piel presenta manchas blancas. Pero no hay de qué preocuparse. Eso no duele nada.
- Si existe una duda razonable sobre si los tumores observados son verrugas genitales o no (es decir, si presentan un aspecto extraño o blancuzco), puede que el médico decida hacer una biopsia (cortar un trocito de piel) de la zona. Se trata de un sencilla operación ambulatoria que sólo requiere un poco de anestesia local. Puede resultar algo incómoda, pero no es nada que no se pueda aguantar.
- Si creéis que tenéis verrugas externas, aseguraos de que el dermatólogo también os examina por dentro, es decir: vagina, ano y meato urinario, porque al igual que a los adolescentes y a los moteros, a las verrugas les gusta ir en pandilla.

Cómo tratarlas: ya hemos dicho que se trata de un virus, así que ya sabéis cómo va el tema: no tienen curación. Puede que vuestro sistema inmunitario les dé una patada en el culo e incluso un susto de muerte, pero también puede que no lo haga. Existen distintos tratamientos que se pueden aplicar para extirpar las verrugas genitales visibles, eliminar los síntomas y reducir el riesgo de transmisión. El tratamiento de elección depende del tamaño, número y ubicación de las verrugas, así como también del coste, adecuación al caso y potenciales efectos secundarios. El tratamiento suele eliminar totalmente las verrugas pero hay gente (especialmente los fumadores y los seropositivos, que tienen una menor respuesta inmunológica) que siguen presentando brotes durante lo que les parece una eternidad. E incluso hay verrugas que simplemente se estabilizan, dejan de crecer y se quedan ahí para siempre.

La cirugía es uno de los tratamientos más utilizados, especialmente en el caso de que el afectado tenga verrugas por todas partes, verrugas muy escondidas y difíciles de tratar con productos químicos o verrugas especialmente testarudas y recurrentes. El tratamiento quirúrgico suele consistir en congelar la verruga con nitrógeno líquido (crioterapia), extirparla con un instrumento quirúrgico como un bisturí (excisión), quemarla con una corriente eléctrica (electrocauterización) o despacharla con una fuente luminosa intensa (terapia láser). Todas estas operaciones quirúrgicas requieren algún que otro tipo de anestesia (desde una pizca de anestesia local a una dosis de anestesia total) y por lo tanto suelen resultar dolorosas y bastante caras, aunque en general también son bastante rápidas y pueden realizarse en la misma consulta del especialista. Entre los tratamientos por vía tópica destinados a destruir la insidiosa verruga hay una serie de productos químicos recetados por el médico que se aplican directamente encima de la zona afectada y que eliminan la verruga progresivamente. Este método suele ser bastante doloroso y/o irritante para la piel. Y finalmente también está la inmunoterapia, que requiere tomar una medicación destinada a estimular la actividad del sistema inmunitario. La inmunoterapia es el tratamiento que tiene menos efectos secundarios y, además de ser indoloro, garantiza una menor recurrencia que el resto de tratamientos, razón por la cual siempre que sea posible debería ser la primera estrategia de ataque contra las verrugas. *Observación importante para los amantes de los remedios caseros:* Los medicamentos disponibles sin receta *nunca* deben utilizarse en la zona genital.

Cómo luchar por una buena causa: en resumidas cuentas: a) si mantenéis relaciones sexuales estáis irremediablemente expuestos a los virus responsables de las verrugas genitales, tanto si vuestra pareja tiene verrugas genitales como si no, aunque utilicéis un preservativo, y b) cuantas más parejas tengáis, más posibilidades tendréis de caer en las garras del VPH. ¿Quiere eso decir que estáis dispuest@s a dejar de practicar el sexo? Ya, nos lo imaginábamos. Así que ahí van algunas de las cosas que podéis hacer para reducir el riesgo de contagio de verrugas genitales:

• Si la persona con la que vais tiene verrugas genitales visibles, no la jodáis. Esperad a que se las hayan quitado totalmente para reducir el riesgo de contagiaros.

• Utilizad condones antes de proceder a cualquier tipo de contacto cutáneo para proteger la piel que se halla arropada por el látex. El resto de vuestra piel seguirá siendo una buena presa para cualquier virus, pero por lo menos la zona infecciosa del mástil permanecerá bien arrebujada, lo que siempre es mejor que nada. Los preservativos femeninos aún resultan una mejor protección para la mujer porque cubren toda la zona de los labios.

• Hay gente que cree que si se tuvo verrugas genitales en el pasado pero no recientemente no hace falta que se informe a los posibles nuevos polvos, pero nosotras creemos que se trata de un descomunal despropósito. Seamos honestos. Informad a vuestra pareja, y luego que cada uno decida por sí mismo.

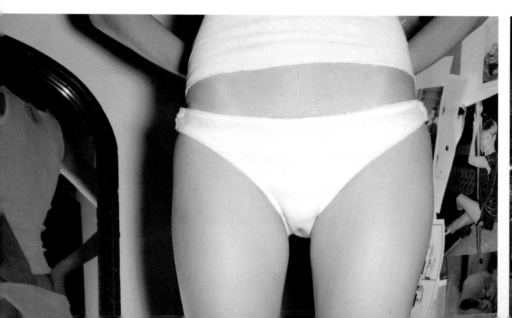

- Fortaleced vuestro sistema inmunitario con un estilo de vida sano para que las infecciones por VPH no tengan la más mínima posibilidad de meteros un gol.
- Y ya que sale el tema: no fuméis. Los cara-colillas tienen muchas más posibilidades de contraer verrugas y padecer brotes recurrentes como consecuencia de la disfunción que padece la respuesta por mediación celular de su sistema inmunitario ante el VPH.
- Puede que lavarse con agua y jabón después del sexo contribuya a reducir vuestras posibilidades de contagio, pero seguro que no elimina el riesgo.

El VPH y los cambios anormales en las células

Las cepas de VPH consideradas de alto riesgo que provocan cambios celulares subclínicos aún son más escurridizas que el resto, porque no pueden detectarse (eso es justamente lo que quiere decir subclínico: sin síntomas). Algunas son aún más siniestras y pueden llegar a derivar en un cáncer de los genitales. A efectos prácticos, cuando nos referimos al VPH y al cáncer nos referimos eminentemente al cáncer de cuello uterino (los hombres casi nunca suelen padecer graves problemas de salud como el cáncer de pene o de ano como consecuencia de los VPH de alto riesgo). Pero aunque algunas de estas infecciones subclínicas lleguen a desaparecer por sí mismas como resultado de la propia inmunización de la persona afectada al cabo de unos meses, otras pueden derivar en infecciones crónicas (aunque nadie sabe exactamente por qué). Afortunadamente, para que estos cambios anormales en las células acaben derivando en un cáncer tienen que pasar varios años, así que hacerse una citología anual puede contribuir a disparar la señal de alarma antes de que las cosas se descontrolen demasiado.

Síntomas: no existen síntomas visibles y en principio no duele nada. Éste es el motivo por el que es tan popular.

¿Puede empeorar? En las mujeres, el VPH suele provocar modificaciones celulares anormales en el cuello uterino (cambios precancerosos en el cuello del útero o displasia cervical), lo que, a su vez, da como resultado una lectura anormal de la citología o papanicolau. Si no se vigilan y no se tratan, estos cambios pueden desembocar en la gran C, es decir, en un cáncer, y eso es precisamente lo que debería preocuparos. Claro que también hay otras afecciones genitales graves que podrían convertirse en un problema serio, pero son menos frecuentes que un bistec de pato. Por otro lado, la gente que practica el sexo anal (o en algunos casos, las mujeres con una displasia cervical grave) presenta un mayor riesgo de desarrollar una displasia anal o un cáncer anal causado por el VPH.

Vías de contagio: el contacto piel a piel durante el sexo vaginal, anal y quizá oral, con una persona infectada es la mejor manera de contagiarse. (De nuevo, la definición de "sexo" que hemos utilizado es lo suficientemente amplia para que también quepa el fregoteo). La mayoría de personas que mantiene este tipo de "relaciones sexuales" puede exponerse a tipos subclínicos de VPH en algún momento de su vida, pero no todas las personas que se expongan a ellos son susceptibles de padecer cambios celulares anormales (especialmente los mozos). Algunos expertos creen que este tipo de VPH es menos contagioso que las verrugas genitales, y algunos incluso creen que la mayoría de infecciones de este tipo suelen ser tratadas con éxito por nuestro propio sistema inmunitario antes de que se conviertan en un problema serio (lagarto, lagarto). Pero incluso así resulta totalmente imposible saber si el VPH se ha eliminado completamente o si aún se halla en estado latente e indetectable.

Cómo saberlo con toda seguridad (si sois mujeres): si tenéis más de 17 años o sois sexualmente activas (lo que venga antes) y además sois poseedoras de una vagina, debéis, debéis y debéis practicaros un papanicolau anualmente. Ya sabéis cómo va: colocáis las piernas abiertas en los estribos e intentáis por todos los medios relajaros mientras vuestro ginecólogo os introduce un espéculo estéril en la vagina para ver las cosas un poco más claras y poder frotaros con gran delicadeza el cuello uterino con una espátula o un hisopo para recoger una muestra de tejido celular (¡uf, qué descanso!). Luego este tejido se manda analizar al laboratorio.

Evidentemente el papanicolau no puede reconocer por su nombre todas las infecciones causadas por el HPV, pero sí puede detectar un cambio anormal en las células antes de que se terminen agriando definitivamente (es decir, convirtiéndose en cancerígenas). También existe una versión nueva y mejorada del papanicolau conocida como frotis ThinPrep® Pap Test que obtiene muestras más amplias y por consiguiente más fáciles de leer, lo que proporciona resultados más fiables. Así que en vuestra próxima revisión ginecológica pedidlo.

De todos modos, el análisis de muestras es un asunto peliagudo, porque las anomalías, si las hay, a) no siempre se recogen junto a la muestra, y b) no siempre son tan fáciles de detectar. Si los resultados parecen sospechosos pero el diagnóstico no está claro también se puede realizar una prueba con una técnica que se conoce como "de captura híbrida" y que se utiliza para detectar en las células de las muestras analizadas la presencia de material genético del VPH, y determinar así si hay cambios inducidos por el VPH y que, por lo tanto, podrían ser potencialmente cancerosos. Algunos seguros médicos cubren esta prueba, así que preguntad a vuestro médico. Pero recordad que incluso si os sale un resultado positivo no quiere decir que exista un riesgo grave, porque podéis tener el VPH y que la citología nunca os dé anomalías, con lo cual no necesitaréis ningún otro tipo de tratamiento (aunque podéis ser potencialmente infecciosas, ¡qué asco!).

Cuando los resultados de la citología revelan la presencia de cambios celulares precancerosos (displasia) no se practica la prueba de la captura híbrida, porque se supone que dichos cambios son debidos al VPH, lo cual, por lo general, suele ser el caso. Si la displasia no es muy acentuada, puede que el especialista os pida que regreséis al cabo de unos meses más para realizar otro papanicolau y dar a estas células anormales la posibilidad de sucumbir a la presión de sus compañeras y regresar a la normalidad. (De hecho, más del 80 % de la displasia leve se resuelve espontáneamente en un período de entre 12 y 18 meses, y por lo general resulta bastante seguro esperar porque para desarrollar un cáncer de cuello uterino se tardan bastantes años). O puede que vuestro médico os pida que regreséis para realizaros una colposcopia, un procedimiento ambulatorio que consiste en echar una ojeada a vuestro cuello uterino con la ayuda de una lupa para ver dónde han marcado su territorio esas células cabronas. Durante la colposcopia por lo general también se practica una biopsia (un procedimiento algo incómodo consistente en extirpar una pequeña muestra de tejido uterino) con el fin de confirmar los primeros resultados del papanicolau y descartar cualquier tipo de cáncer.

Cómo saberlo con toda seguridad (si sois hombres): no hay un modo sencillo de saberlo con toda seguridad. La biopsia es la técnica más utilizada, pero puesto que el cáncer de pene es tan poco frecuente, es tan jodido obtener una buena muestra de tejido celular de la gruesa piel del pene y los análisis de VPH suelen dar resultados negativos (es decir, se sufre pero el análisis dice que no), muchas veces ni siquiera se practica esta prueba.

Cómo tratarlo: de verdad que nos sabe mal decirlo otra vez, pero *no* existe ninguna curación para el VPH, aunque afortunadamente –y nos complace decirlo– sí existen algunos tratamientos para las displasias cervicales por VPH moderadas y graves (los chicos con displasia no tienen esta suerte, pero claro, tampoco podrían saber si la tienen o no porque no es posible que la padezcan; y es que la ignorancia es una bendición: apiadémonos de sus pobres novias). Los procedimientos siguientes pueden contribuir a eliminar las células anormales incluso antes de que se vuelvan precancerosas, aunque puede que también contribuyan a eliminar *todas* las células con VPH durante el proceso (cruzad los dedos) y probablemente también a reducir su potencial contagioso, por lo menos durante un tiempo. Con respecto a qué tipo de tratamiento os conviene más dependerá de una serie de factores, como la ubicación, el tamaño y la gravedad de la displasia, la edad, el historial médico, los tratamientos anteriores y blablabla. Los tratamientos siguientes no sólo no os harán sentir demasiado bien sino que suelen tardar cierto tiempo en cicatrizar completamente (es decir, ayuno sexual durante varias semanas) pero desde luego son bastante mejores que tener un cáncer, y esencialmente consisten en la extirpación de parte del cuello uterino, ya sea mediante un electrodo (procedimiento de extirpación electroquirúrgico) o un bisturí (conización), en la congelación de las células con nitrógeno líquido (crioterapia), en la combustión del tejido problemático con una corriente eléctrica (electrocauterización) y en la limpieza total del área con la ayuda de un láser. Pero si sólo tenéis una displasia leve puede que vuestro médico decida dejarla en paz para que las cabronas de vuestras células se recuperen solitas.

Cómo luchar por una buena causa: para combatir los posibles estragos que puede causar el VPH debéis hacer como con las verrugas genitales: utilizar preservativos, no fumar y…

• Si la revisión médica ha detectado cualquier tipo de cambio anormal en vuestras células genitales, podéis comportaros como un angelito y no practicar más sexo hasta que os hayáis tratado correctamente o hasta que un nuevo análisis confirme que las células enfermas se han ido por su propio pie. Sin embargo, muchos médicos y especialistas creen que en la mayoría de los casos no se trata de un enfoque demasiado práctico, porque si tenéis una relación estable es posible que vuestra pareja también haya contraído el virus; y además, antes de que la displasia cervical se solucione espontáneamente u os sometáis a un examen completo y recibáis el tratamiento adecuado pueden pasar varios meses, y de todos modos es tan difícil establecer quién la tiene y si es contagiosa o no que lo máximo que suelen esperar los médicos es que os pongáis un condón y que no variéis mucho de pareja.

• Hay gente (incluso algunos médicos) que cree que si en el pasado tuvisteis cambios celulares anormales que indicaban la presencia del VPH, pero recientemente e incluso ahora no los tenéis, quiere decir que no hace falta que informéis a vuestras posibles parejas de polvo porque se trata de una variedad de VPH tan persistente que prácticamente no hay modo de darle esquinazo. Pero, una vez más, preferimos que cada cual se lo piense por sí mismo.

• Dadle marcha a vuestro sistema inmunitario con un estilo de vida sano para que las infecciones por VPH no tengan ni la más mínima oportunidad de entrar en acción. Y para intimidar al cáncer de cuello uterino lo mejor es una dieta con alto contenido en betacarotenos y vitamina B –conocida como ácido fólico–, es decir, frutas y verduras amarillas y naranjas (zanahoria, mangos, maíz, calabaza, tomates…), así como verduras de hoja verde (hojas o tallos de col rizada…), cereales integrales, legumbres y cacahuetes.

- Finalmente, y si os sirve de consuelo (creemos que sí), debéis entender que la mayoría de personas están expuestas a lo largo de su vida a una o varias variedades del VPH, y muchas ni siquiera saben que las padecen porque no presentan síntomas visibles ni notan ningún transtorno. Así que aunque de entrada os puede parece un verdadero problemón, tampoco tenéis que verlo como un *superproblemón*.

El herpes

¿Tenéis herpes? Bueno, bueno, podría ser que lo tuvierais porque uno de cada cinco estadounidenses está infectado y *menos de un tercio lo sabe*. ¿Lo sabéis seguro? ¿Y qué os hace creer que sois tan especiales, eh? Seguro que también jurasteis y perjurasteis que nunca seríais un cliente habitual de McDonald's. Pero no os preocupéis, estáis en buena compañía porque la mayoría de vuestros amigos también podrían formar parte del clan herpes (y además algunos de ellos *sí* son clientes habituales de McDonald's).

El herpes es un virus que puede provocar heridas dolorosas, contagiosas, supurantes y del tipo "ay, no te me acerques", tanto en los genitales como en la boca y de modo repetido. Existen esencialmente dos marcas de herpes: el virus del herpes simple 1 (VHS-1), que suele hallarse de cuello para arriba (labios, boca, cara, ojos), y el virus del herpes simple 2 (VHS-2), que se encuentra más cómodo en los genitales. Pero ninguno de los dos tiene ningún reparo en invadir el espacio personal del otro, así que el VHS-1 también se puede dejar ver por las regiones australes y el VHS-2 ha sido visto merodeando bastante al norte (aunque el VHS-1 es cuatro veces más popular que el VHS-2). En general, las heridas que aparecen por debajo de la cintura reciben el nombre de herpes genital, mientras que las que se encuentran por encima del cuello son más conocidas como pupas o calenturas, aunque también suelen denominarse herpes oral (especialmente si queréis impresionar al auditorio). Muchos expertos suelen atribuir el mestizaje entre ambos tipos de herpes a la práctica desenfrenada del sexo oral como si se tratara de un pasatiempo nacional prácticamente equiparable al fútbol.

Tan pronto como se contrae el herpes, éste pasa automáticamente a formar parte de la familia, con lo que además de no tener ni curación ni vacuna, es gratificado con el título de miembro vitalicio (salvo que no le dan ni tarjeta cliente ni le hacen regalos ni descuentos especiales). Pero a diferencia de vuestra familia política, al herpes sí que le podéis enseñar buenos modales, así que con un poco de práctica, paciencia y provechosa medicación podéis suavizar la intensidad y frecuencia de sus crisis y aprender a no tener una actitud demasiado solidaria, por lo menos en lo que al virus respecta. También podéis informaros consultando con vuestro médico de cabecera (seguro que es de lo más comprensivo) o en alguna de las páginas web que os recomendamos en el apartado "Recursos útiles" (p. 242).

Síntomas: el primer síntoma de que el virus ha dado en el blanco es una sensación de cosquilleo o picor y luego un escozor en el área afectada (p. ej.: vagina, labios, cuello uterino, pene, testículos, perineo, ano o boca), lo que suele aparecer al cabo de entre dos y veinte días de haber estado expuesto al virus, aunque en ocasiones puede tardar años en manifestarse, especialmente en los chicos (el herpes es un jodido y paciente invasor). Al cabo de un día de hormigueos, las llagas de herpes empiezan a sacar la cabeza, al principio en forma de pequeñas ampollas que tras reventar (guays) se convierten en úlceras purulentas y luego en costras. El proceso de transición entre el hormigueo y la costra suele tardar alrededor de una semana, pero puede que las llagas tarden hasta tres semanas en acabar saliendo por piernas, con o sin tratamiento. En principio, siempre que no les busquéis las cosquillas, no deberían dejar ninguna cicatriz.

Durante el primer brote (y también durante cualquier crisis grave, aunque la primera suele ser la peor y la que tarda más en curarse) puede que tengáis fiebre, los ganglios hinchados cerca de la zona afectada y un dolor generalizado en toda la zona infectada. Si vuestro caso es genital, puede que además os resulte doloroso orinar y os arda la uretra, tanto si sois chicos como chicas.

Últimas noticias: los síntomas del herpes suelen más evidentes en las mujeres que en los hombres, aunque nadie parece saber por qué. Cuando las chicas reciben una dosis de herpes en la zona genital, también suelen presentar llagas en el cuello uterino, pero sólo en el primer brote.

¿Puede empeorar? El herpes es como un diamante, es decir, para siempre, y cerca de la mitad de personas que lo contraen pueden sufrir varios episodios recurrentes a lo largo de muchos años (ya veis, es un regalo duradero) aunque con el tiempo los brotes se vuelven menos frecuentes y de menor intensidad. Pero cuanto más serio sea el primer brote, más probable es que se repita. Y además en la zona genital el VHS-2 es mucho más reincidente que el VHS-1. En cuanto a las personas destinadas a padecerlo recurrentemente, el segundo brote suele producirse entre tres y doce meses después del primero, y en la misma parte del cuerpo (pero como ahí abajo todos los nervios están conectados, puede que las llagas genitales amplíen un poco sus horizontes durante los nuevos brotes y visiten las nalgas o la parte interna de los muslos, por ejemplo). Puede que el primer año tengáis brotes mensuales o bien (dios no lo quiera) aún más frecuentes. Después de este primer año, probablemente sólo tengáis entre cuatro o cinco episodios anuales, dependiendo de la prevención que hayáis realizado (a continuación). La mayor parte de la gente deja de tener brotes recurrentes al cabo de entre cinco y seis años de haber sido infectada con el virus, aunque sigue siendo portadora de por vida. Después del primer brote, el virus pasa a considerarse como "latente", aunque sigue siendo contagioso y puede provocar un brote en cualquier momento (lo que, la verdad, no suena precisamente a "latente", ¿no?). Y si tenéis *mucha* suerte, puede que no volváis a tener otro brote *nunca más* en la vida, aunque aun así seguiréis siendo portadores del virus de por vida.

Vías de contagio: la palabra herpes deriva del griego y quiere decir "cosa que se arrastra", lo que sin duda le caracteriza perfectamente porque puede contagiarse sólo con que una llaga entre en contacto con las mucosas (p. ej.: ojos, boca, ano, glande, labios y vagina) o siempre que un dedo o un juguete hagan de transmisores entre la llaga y otra membrana mucosa (y suponiendo también que ese dedo o juguete entren directamente en contacto con una membrana mucosa sin pasar por la casilla de salida, porque el virus del herpes no puede sobrevivir más que unos pocos segundos en el mundo real). El herpes también se puede contagiar si una llaga abierta entra en contacto con una pequeña herida en la piel (p. ej.: un corte, una erupción o un rasguño), y del mismo modo también se puede contraer a través del sexo vaginal, anal y oral, además de fregándose cuerpo a cuerpo en bolas o incluso de darse el lote (depende de dónde viva el virus en su huésped). Así que aparte de un apretón de manos, casi todo lo demás puede contagiarlo. Por consiguiente no aceptéis caramelos de extraños y evitad las malas lenguas. Claro que tampoco se han documentado casos de contagio del virus por compartir objetos tales como asientos de váter, baños calientes, toallas, cepillos de dientes, pintalabios… Y todo eso gracias a la reducida esperanza de vida del virus tras abandonar un cuerpo desesperanzado.

Pero el VHS guarda dentro de sí dos secretos de lo más oscuro. Primero: más de la mitad de las personas que dan positivo de VHS *nunca en la vida tienen un brote*. Y dos: según estudios recientes, algunas personas pueden ser contagiosas algunos días al año aunque no tengan ninguna llaga (es lo que se conoce como liberación asintomática). Evidentemente no hay modo de saber cuáles son esos pocos días al año; sería demasiado fácil. Pero durante esos pocos días al año en que se es contagioso pero no se presentan los síntomas, es posible que se produzca una "liberación" del virus de los lugares en que normalmente salen las llagas (p. ej.: el pene, los labios…). Sin embargo, el virus también puede que se libere desde cualquier lugar de las cercanías, y aún está por llegar algo más de investigación sobre el tema. Sea como fuere, durante estos días aleatorios de liberación asintomática, el virus se puede propagar del modo en que normalmente lo hace durante los brotes, es decir, en caso de que cualquiera de sus áreas de afectación entre en contracto con las membranas mucosas (boca, genitales, etc.) de otra persona. Los expertos en herpes sostienen que a lo largo de un año de tirarse a alguien que tenga herpes genital pero que no presente síntomas, las posibilidades de pillarlo son aproximadamente de una sobre diez (dependiendo de la protección que se utilice). Y aunque en lo que respecta al contagio asintomático las investigaciones aún están en fase preliminar, por el momento parece que existe cierto consenso acerca de que es más frecuente durante los seis meses siguientes al primer brote y que, después de éste, cuantos más brotes tengáis más probabilidades tenéis de ser contagiosos, aunque no presentéis los síntomas.

Estas razones podrían explicar por qué la mayoría de contagios se producen en ausencia de sintomatología y sin que ninguna de las partes implicadas tenga conocimiento de ello. Claro que si lo pensáis bien, cuando se tienen llagas activas la última cosa de la que se tiene ganas es de revolcaros con alguien, a menos, evidentemente, de que seáis el mismísimo demonio. Pero aun así, parece que el herpes tenga la Visa Oro: se le abren todas las puertas. Y por cierto: el VHS-1 tiene menos probabilidades que el VHS-2 de transmitirse si no se presentan síntomas, y la mayoría de casos de herpes oral son de la marca VHS-1. Así que si sois el tipo de persona impulsiva que se da el lote con extraños en los sórdidos lavabos de un antro, tenéis menos probabilidades de pillar herpes que el tipo de persona impulsiva que se dedica a joder con extraños en los sórdidos lavabos de un antro.

Y ahí van algunas buenas noticias (seguro que creíais que no lo diríamos otra vez): si tenéis herpes oral, es bastante difícil que contraigáis "accidentalmente" la variante genital (p. ej.: tocándoos una pupa en la boca y luego restregándoos las manos por vuestras partes privadas antes de habéroslas lavado) y viceversa. La razón es la siguiente: cuando el VHS se encuentra inactivo, se dedica a vagabundear por las terminaciones nerviosas, ya sea en la base de la columna vertebral o arriba del todo, dependiendo de si vuestro VHS es de los que da brotes por debajo de la cintura o por encima del cuello. Así que si tenéis al VHS-1 instalado arriba de todo de la columna (es decir, el herpes oral) en principio vuestros genitales estarán protegidos contra cualquier posible infección por VHS-1, porque el resto del cuerpo (por debajo del cuello) habrá desarrollado anticuerpos. Aun así, los anticuerpos del VHS-1 no proporcionan ningún tipo de protección contra el VHS-2 y viceversa, por lo que los afectados por el herpes oral pueden contraer el herpes genital de otra persona. (Según estudios recientes, los anticuerpos del VHS proporcionan algo de protección frente a los virus de su misma familia, pero se trata de pruebas poco fundadas, por lo que mejor es no arriesgarse). Y recordad también que podéis contagiar "accidentalmente" a vuestra pareja con el tipo genital si tenéis un herpes oral (tocándoos la boca y luego visitando sus partes privadas sin lavaros antes las manos, o poniendo directamente vuestra boca en sus partes privadas).

Cómo saberlo con toda seguridad: si lográis llegar a la consulta del médico durante los primeros días en que os hayan salido las llagas os pueden sacar una muestra de fluido para hacer un diagnóstico, porque si la llaga ya se ha secado y ha formado una costra puede que sea demasiado tarde para analizarla, así que id al médico lo antes posible.

En caso de no presentar síntomas, podéis haceros un análisis de sangre para saber si sois portadores activos del virus del herpes. El hecho de tenerlo del tipo 1 o 2 no importa un carajo a la hora del tratamiento, razón por la cual la mayoría de médicos ni siquiera suelen tomarse la molestia de distinguir entre uno y otro. Pero si nunca antes habéis tenido un brote, la verdad es que siempre resulta agradable saber dónde tenéis más probabilidades de que os visiten las llagas (el diagnóstico de VHS-1 implica que es probable que la infección esté en la azotea, mientras el VHS-2 significa que probablemente lo tenéis en el sótano). Pedidle al médico que os haga un análisis en que aparezcan los nombres y apellidos del virus. Aunque igualmente no existe ningún análisis que os diga si tenéis la infección de cuello para arriba o de cintura para abajo, así que no os quedará más remedio que esperar a que os salgan llagas. ¿No decíais que os encantaban las sorpresas?

Cómo tratarlo: el herpes es como un mal moldeado: tenéis que aprender a vivir con él. Y no, no tiene curación. Así que miradlo por el lado bueno: no acabará con vosotros y tampoco es probable que acabe con vuestra vida sexual. Planteaos los brotes como valiosos momentos íntimos para poder poneros al día de todos los suplementos dominicales que fuisteis guardando "por si algún día..." o para dedicaros a aplicar feng-shui en vuestro dulce hogar...

Respecto al tratamiento tenéis dos opciones: o bien os medicáis diariamente, o bien os medicáis sólo durante el brote (es lo que se conoce como terapia supresiva en contraposición con la episódica). La primera modalidad sólo se recomienda si tenéis brotes bastante a menudo, como unas seis veces o más al año (la mayoría de médicos coinciden en que los brotes mensuales ya huelen a chamusquina). Si vuestros brotes son bastante esporádicos, entonces confiad en vuestra buena estrella y mantened a mano la medicación episódica. Aun así vale la pena que valoréis las dos opciones con el médico porque la terapia supresiva también reduce las probabilidades de contagiar el herpes cuando no tenéis llagas visibles. Y tanto monta, monta tanto si es 1 o 2: los tres principales medicamentos autorizados por las autoridades sanitarias, aciclovir (Zovirax®), famciclovir (Famvir®) y valaciclovir (Valtrex®), se pueden tomar por vía oral tanto como terapia supresiva como episódica, y tanto para el herpes oral como para el genital. Y además de reducir la gravedad y frecuencia de los brotes, resultan muy eficaces a la hora de acelerar el proceso de recuperación.

Cómo luchar por una buena causa (parte I: cómo intentar no contagiarlo): no tengáis *nunca* relaciones sexuales durante un brote genital, no practiquéis *nunca* el sexo oral durante un brote oral, no aceptéis *nunca* el sexo oral durante un brote genital y no os peguéis *nunca* el lote durante un brote oral. Nos importa un rábano la cantidad de condones que estéis dispuestos a poneros. No lo hagáis, y punto. Cruzad las piernas y pensad en los del Opus o en cualquier otra cosa que se os ocurra. Por cierto: acordaos de que un "brote" empieza en el instante mismo en que sentís ese horrible cosquilleo en las partes y no se termina hasta que se os han caído todas costras y la zona está totalmente curada (no vale arrancarse las costras, además de hacer trampas es de lo más ordinario). De hecho, ni siquiera os deberíais tocar las llagas si no queréis que se vayan extendiendo por todo el vecindario (como por ejemplo a los ojos si tenéis herpes oral o a los muslos si lo tenéis vaginal). Y en caso de tocároslas, lavaos las manos antes de que se entrometan en cualquier otro sitio.

¡Ah! Y evitad hacer cualquier tipo de donación de sangre y esperma durante el brote (según la Cruz Roja, no deberíais dar sangre durante las cuarenta y ocho horas antes o después de haberos tomado alguno de los tres medicamentos anteriores contra el herpes, así que si elegisteis el programa terapéutico supresivo, limitaos simplemente a no dar sangre y punto).

Entre brote y brote, tanto los preservativos como las barreras dentales os proporcionan cierta protección contra el tan temido contagio asintomático. Y si hablamos estrictamente de sexo penetrante, hay que tener en cuenta que si una mujer tiene herpes, la mejor protección para su pareja masculina es el condón porque protege la membrana mucosa más vulnerable que tiene, que es la uretra. Y si se trata de un mozo, la mejor protección para su pareja, tanto si es hombre como mujer, es la que le garantiza el condón *femenino*, al proporcionarle una buena cobertura de sus membranas mucosas más vulnerables: los labios, la vagina y el ano (y además el donante podría estar liberando el virus de sus pelotas, del culo…).

Existe, sin embargo, una enorme diferencia entre "algún tipo de protección" y "una protección total", así que aunque creáis que el riesgo que corre vuestra pareja es muy reducido, no toméis esa decisión por ella. Simplemente decídselo. (Puede que hayáis sido agraciad@s con una forma especialmente leve de herpes, pero eso no quiere decir que *vuestro* virus vaya a ser tan indulgente con *vuestra* pareja.)

Cómo luchar por una buena causa (parte II: cómo minimizar la recurrencia de los brotes): aunque no existe ningún modo conocido de prevenir totalmente la aparición recurrente de brotes, sí se puede hacer que el cuerpo muestre una menor receptividad ante el virus cuidándose mucho y fortaleciendo el sistema inmunitario, así que seguid una dieta equilibrada, evitad la comida basura y tomaos diariamente un suplemento multivitamínico. Y si no queréis hacer todo lo anterior, por lo menos aseguraos de que tomáis suficientes dosis de vitaminas (A, B, C y E), zinc, hierro y calcio. Y para acelerar la curación de los brotes, echad mano de la vitamina E.

Si sois del tipo "que les den a las autoridades sanitarias" y os va la automedicación también podéis tomar equinácea. En cuanto al chocolate, las bebidas carbónicas, los frutos secos (especialmente los cacahuetes), el arroz, el café, el té y cualquier otra cosa que pueda contener el aminoácido conocido como arginina, debéis saber que contribuyen notablemente a desencadenar los brotes, así que dejad de consumirlos o por lo menos disminuid su consumo. Y desde luego evitad cualquiera de los alimentos que aparecen en la lista anterior cuando tengáis un brote y tomad suplementos de lisina o alimentos con un alto contenido en lisina (como patatas, leche, pescado, hígado, huevos, levadura de cerveza, carne roja y cordero) para contrarrestar el efecto de la arginina. La exposición al sol también puede provocar la aparición espontánea de las llagas, así que poneos protección solar y meteos debajo de una sombrilla. No os rasquéis los genitales ni os froteís los labios con demasiado ímpetu, y tened cuidado con los pelos que pinchan, porque tanto en la cara como en el felpudo resultan altamente irritantes. La falta de sueño, el estrés y la menstruación también pueden desencadenar el fenómeno, así que, como dice el dicho, ante todo, mucha calma.

El virus de la inmunodeficiencia humana (VIH) y el síndrome de inmunodeficiencia adquirida (sida)

Éste sí que es la gran estrella, el putifar, la madre del cordero, el cabecilla de la pandilla. La única ETS de la historia que ha logrado tener su propio musical en Broadway. El terrorífico monstruo que *sí* se esconde debajo de vuestra cama.

Desde que se descubrió en 1981, el sida ha provocado millones de víctimas en todo el mundo, y otros millones más están esperando una curación. Se calcula que unos 3.000 españoles contraen anualmente el VIH, el virus responsable del sida, y puede que muchos de estos 3.000 no se hayan hecho la prueba y no tengan ni pajolera idea de que son portadores del virus (y en algunos casos, agentes de contagio). Hay actualmente unos 150.000 españoles que conviven con la enfermedad. En América Latina y en el Caribe la situación es mucho más grave, ya que hay unos dos millones y medio de infectados, y en 2003 murieron por esta enfermedad 120.000 personas. De hecho, uno de cada 250 estadounidenses está infectado con el VIH, proporción que en la ciudad de Nueva York es de uno de cada treinta adultos. Pero todo eso ya lo sabíais, ¿no?

Lamentablemente, las viejas noticias no suelen ser acogidas con demasiado interés y aquellos bonitos lacitos rojos han pasado a convertirse en una especie de jurásica moda progre. Es cierto que actualmente existe más gente que vive con el sida que personas que mueren como consecuencia de él, pero ello no justifica en absoluto un comportamiento irresponsable, porque si el sida no ocupa los titulares tan a menudo como lo hacía antes tiene más que ver con la falta de avances significativos sobre el tema que con la falta de malas noticias. Evidentemente, estaríamos encantadas si este apartado quedara obsoleto mucho más rápido de lo que nuestros editores pudieran actualizarlo (para una lista de recursos donde encontrar información sobre lo último en investigación, medicación y ensayos, leed más adelante). Pero de momento ya podéis ir esperando.

Esta sección sobre el VIH y el sida no pretende ser una guía especializada, así que si os da positivo seguramente necesitaréis mucha más ayuda de la que os podemos proporcionar aquí. Para más información sobre los últimos avances en medicación y tratamiento sobre el sida podéis consultar la información del Plan Nacional sobre el Sida en la web del Ministerio de Sanidad de España: *www.msc.es/sida*, y la de la Fundación Antisida de España *www.fase.es*. Y si deseáis más información sobre en qué centros podéis haceros la prueba del sida de manera anónima y gratuita llamad a la Fundación Antisida de España (FASE) 900 11 10 00 o poneos en contacto con la organización Stop Sida: *www.stopsida.org*. Asimismo, en la web del programa ONUSIDA, encontraréis (en inglés) una serie de valiosos y útiles recursos sobre distintos temas relacionados con el VIH/sida: *www.unaids.org*. Consultad también "Recursos útiles" (p. 242).

En el apartado siguiente os proporcionamos la información general básica que todo el mundo debería saber, o, mejor dicho, tener ya sabida. Así que tomáoslo como un curso de repaso. Y si es la primera vez que oís hablar del tema, empezad a plantearos si no os conviene salir de las catacumbas un poco más a menudo.

El VIH y el sida en clave divulgativa

Seguro que ya lo habéis visto mil veces en los típicos programas televisivos desgarradores o en las películas ganadoras de varios Oscar, así que ya sabéis de qué va: el virus de la inmunodeficiencia humana (VIH) debilita la capacidad del cuerpo para enfrentarse a cualquier enfermedad y puede dar lugar al síndrome de inmunodeficiencia adquirida o sida, que es la última fase de la infección del VIH. El VIH infecta y destruye los linfocitos (o células) T, que son un tipo de glóbulos blancos sin los cuales el sistema inmunitario no funciona (por eso para determinar el estado de la enfermedad y el daño que ha hecho en el sistema inmunitario se hace un recuento de los linfocitos T). A medida que el sistema inmunitario se va desmoronando, el cuerpo se vuelve cada vez más vulnerable a infecciones y enfermedades "oportunistas" (lo mismo que les sucede a las personas sometidas a la quimio y a las estudiantes universitarias de primer año que beben demasiado y se pasan de vueltas en una farra universitaria). El caso es que el sida es un síndrome vírico, es decir, un grupo de enfermedades, y son justamente todas estas enfermedades relacionadas con el sida (como la neumonía, distintos tipos de cáncer y la tuberculosis, el culpable número uno) las que al final acaban matando, porque al asediado y vilipendiado cuerpo ya no le quedan fuerzas para luchar.

Síntomas: al igual que en el caso de muchos otros virus, como el herpes, el VIH se instala en el cuerpo para siempre, y el tiempo medio que tardan en aparecer los síntomas son diez años. ¡Diez años! Eso quiere decir mucha jodienda y que uno se puede contagiar el primer día. Puede que los primeros síntomas –que incluyen entre otros febrícula, dolor de cabeza, cansancio, dolores musculares y ganglios hinchados– sólo duren unas semanas, y que ni siquiera reparéis en ellos o incluso los confundáis con una resaca o con una gripe especialmente machacona.

Otros de los síntomas que pueden manifestarse con el tiempo son una repentina y acentuada pérdida de peso sin razones aparentes, varios episodios de diarrea seguidos, pérdida del apetito, síntomas persistentes de gripe, aftas (unas llagas que salen en la boca o en la lengua en forma de úlceras blanquecinas), repetidas infecciones vaginales por hongos, EPI crónica (p. 168) y ganglios hinchados. O puede que durante años no tengáis ningún síntoma. Los síntomas de VIH a largo plazo son erupciones cutáneas, manchas violáceas o rojizas en la piel o en la boca, hematomas espontáneos, sangrado de las membranas mucosas o de las llagas, dificultades respiratorias, trastornos mentales (cambios visibles de personalidad o deterioro mental), pérdida del control y de la densidad muscular, entumecimiento o dolor persistente en manos y pies, y en algunos casos incluso parálisis.

¿Puede empeorar? ¿Tiene algún sentido preguntarlo? A casi la mitad de todas las personas con VIH se les diagnostica el sida (la fase final del VIH) al cabo de entre siete y diez años de haber contraído el virus. Y casi todas las personas infectadas con el VIH terminan enfermando de algún modo u otro como consecuencia de ello. La definición oficial del sida incluye la presencia de por lo menos una de las infecciones oportunistas relacionadas con el sida y/o un recuento de linfocitos T inferior a 200 (en el caso de una persona sana, el recuento de linfocitos T debería hallarse entre los 450 y los 1.200). Y hasta la fecha nadie se ha recuperado del sida. Siempre acaba resultando mortal. Fin de la historia.

Vías de contagio: lo que se contagia es el VIH, no el sida, y lo podéis contagiar desde el instante mismo en que os infectáis. Y además podéis contagiarlo de por vida. A pesar de la tenacidad con que se aferra a vuestro cuerpo, el VIH es un pobre y frágil virus que no quiere estar así, sin vosotros, y de hecho fuera del cuerpo se lo puede eliminar con un poco de agua y lejía común y corriente (fuera del cuerpo, claro está, así que evitad tragaros un cóctel de lejía). El VIH se transmite por vía sanguínea (incluyendo la sangre de la menstruación) y también a través del semen (incluyendo el de la preeyaculación), los fluidos vaginales y la leche materna, de modo que cuando uno de estos fluidos llega a vuestro flujo sanguíneo, el virus establece ahí su residencia fija. Tanto el coito vaginal como el coito anal sin protección también funcionan de perlas (el sexo oral también podría ser un peligro, pero mucho menor, porque las mucosas de la boca son mucho más resistentes). Y también resultan de gran ayuda los juguetes sexuales compartidos (y es que si el fluido corporal aún está húmedo cuando pasáis el juguete de manos, también pasáis la infección) así como las agujas infectadas o la presencia de cualquiera de los anteriores fluidos en un corte o herida. Las mujeres embarazadas también pueden transmitir el virus al feto durante el embarazo y hasta después del parto. Antes de saber todo lo que sabemos ahora (que, sinceramente, tampoco es mucho), el VIH también se transmitía a través de las transfusiones de sangre. Por suerte, hoy en día esto es prácticamente imposible. Y en cuanto a los otros fluidos corporales (suponiendo que no tengan sangre) en principio no pueden transmitirlo (p. ej.: lágrimas, sudor, orina y vómitos). Pero ya sabéis lo que Sherlock opina sobre hacer demasiadas suposiciones, así que no las hagáis. Y finalmente, recordad que la práctica prolongada del morreo también puede provocar pequeños cortes en vuestra boca.

El mito hetero

El 60 % de los casos mundiales de VIH están relacionados con la práctica heterosexual, y en muchos países occidentales el número de nuevos casos entre heteros ha aumentado tres veces más que el número de casos entre hombres gay. Así que, heteros, planteároslo.

El mito lésbico

No todas las bolleras lo son de nacimiento, ¿sabíais? Las hay que solían acostarse con hombres (no me digáis...). Y algunas de ellas también consumen drogas.
Algunas incluso es probable que se hagan las típicas visitas ginecológicas periódicas con menor frecuencia que la mayoría de chicas heteros (puede que crean que tienen menos riesgo, o que no encontrarán a ningún especialista que tenga superado el tema lésbico o que no acudan a la consulta del ginecólogo porque no tienen miedo de poder estar embarazadas.

Y ahora viene cómo *no* lo podéis pillar, a pesar de lo que vuestra paranoica tía María os dijo cuando planeabais un viaje mochilero por Europa: con los besos sin lengua, los estornudos, los apretones de manos, la comida compartida, los vasos compartidos, los váteres compartidos, dando sangre (las agujas sólo se utilizan una vez), las picaduras de insectos, los abrazos y mirando programas gays en la televisión. Tampoco se transmite por vía aérea o a través de la comida, porque el virus no puede sobrevivir durante mucho tiempo fuera del cuerpo.

Cómo saberlo con toda seguridad: sólo existe un modo posible: haciéndose la prueba. Si nunca os habéis hecho la prueba, dejad ahora mismo de leer este libro y pedid hora. Lo decimos muy en serio. Y no nos vengáis con el típico rollo de que os da miedo la respuesta. No hacérsela no sólo es ser un cagueta, sino un egoísta y un irresponsable de tomo y lomo. Y si no soportáis la idea de saberlo, muy bien, no os hagáis la prueba. Pero entonces no tengáis relaciones sexuales *nunca más*. Ni la puntita ni nada de nada. Ya, sabíamos que no podríais. Así que id a haceros la prueba de una santa vez. En el fondo sólo se trata de un análisis de sangre para que el laboratorio analice la muestra en búsqueda de anticuerpos del VIH que indiquen la presencia del virus. Normalmente los anticuerpos se manifiestan al cabo de entre cuatro y seis semanas de estar expuesto al virus, aunque andan vagando por ahí durante un período de hasta seis meses. Puede que necesitéis algún tipo de apoyo antes o después de la prueba, así que si vuestro médico no es del género comunicativo, poneos en contacto con alguno de los servicios que os hemos mencionado antes.

También puede que tengáis el mismo médico de cabecera desde hace treinta años o que prefiráis haceros la prueba con unas mínimas garantías de confidencialidad o que no deseéis que los resultados aparezcan en el historial médico de vuestra mutua. Pero ninguno de estos supuestos constituye una excusa válida para no haceros la prueba, porque tenéis varias opciones a elegir. Como ya dijimos antes, existen organizaciones y centros sanitarios donde podéis haceros la prueba de un modo anónimo y gratuito. Muchos de ellos os garantizan la confidencialidad del análisis y de los resultados, y otros os aseguran un total anonimato para que vuestros resultados no se utilicen bajo ningún concepto (depende de cómo y dónde os hagáis la prueba, claro). Pero el hecho de que sea anónimo no quiere decir que tengáis que pasar por esto a solas, y de hecho no deberíais ir a buscar los resultados sin compañía, incluso aunque estéis al 99,9 % segur@s de que os va a dar negativo. Así que pedid a alguien cercano que os acompañe.

Cómo tratarlo: no existe curación ni vacuna (nos suena que ya lo dijimos antes, ¿no?). Sin embargo, el proceso infeccioso del VIH se puede ralentizar tomando una medicación antisida bastante cara conocida como "cóctel" (suena *fashion*, ¿no?) que consiste en una combinación de inhibidores de la proteasa (unos fármacos que bloquean la enzima que permite al virus reproducirse) y de antirretrovirales (como el tan vilipendiado AZT –sobre todo si en su día visteis *Rent*–, que evita que el virus se replique, pero en una fase distinta). Los cócteles de fármacos, que empezaron a utilizarse a principios de la década de 1990, supusieron una importante revolución para el tratamiento del VIH, porque en general el virus se vuelve resistente a los fármacos individuales con bastante rapidez. El cóctel no afecta a las células que ya están infectadas, pero sí contribuye a reducir el nivel de carga viral (es decir, la concentración del VIH en la sangre).

Las enfermedades oportunistas también se pueden tratar, aunque no siempre con éxito, y podéis aportar vuestro granito de arena llevando una vida sana y dándole un empujoncito a vuestro sistema inmunitario. Y lo que aún es más importante, debéis comunicarlo a todas las personas con las que hayáis mantenido relaciones sexuales (a menos de que tengáis la total y absoluta seguridad de quién os lo pasó, en cuyo caso sólo tendréis que comuni-

Atención, ¡no bajéis la guardia!

A finales de los noventa, el número de nuevos casos de VIH empezó a aumentar por primera vez con respecto a los últimos diez años anteriores. Podéis darle la culpa a la desidia de las autoridades, a los anuncios descaradamente optimistas de los medicamentos para el sida, a la mala educación sexual, a un súbito aumento de la imbecilidad de la población o a lo que os dé la gana, pero eso no cambia las cifras.

carlo a vuestras posteriores parejas). Y luego rezad para que la prueba les dé negativo.

Cómo luchar por una buena causa: no tenéis forma de saber si alguien tiene el VIH. ¿Tenemos que repetirlo otra vez más? No tenéis forma de saber si alguien tiene el VIH. De hecho, *ni siquiera las personas que lo tienen* lo saben la mitad de las veces. Según cálculos del prestigioso Centro para el Control de Enfermedades Infecciosas de Estados Unidos, alrededor de una de cada tres personas con VIH viven en la más completa ignorancia de su estado. Así que preguntad. Y utilizad condones de todos modos. Porque la gente tiene mucho morro, la gente miente, y la gente no se hace la prueba todo lo a menudo que debería. (Por cierto, los diafragmas no sirven absolutamente nada, porque permiten al virus introducirse a través de las paredes vaginales.) Y, por lo que más queráis, si realmente no podéis pasar de las drogas, por lo menos invertid en vuestras propias agujas. Y no compartáis ningún tipo de objeto personal que pudiera estar manchado de sangre, como cepillos de dientes, maquinillas de afeitar, agujas de tatuaje...

Y de hecho, si hablamos del VIH (o si hablamos de sexo, que en definitiva es como hablar del VIH) no existe el sexo *totalmente* seguro. Lo que sí existe es un sexo *más* seguro. Así por ejemplo, no se han documentado casos de transmisión de VIH por masturbación mutua, masajes, besos y mamadas con condón o barrera dental. Y del mismo modo se han producido *muy pocos* casos como consecuencia de morreos prolongados, sexo oral sin protección y sexo vaginal o anal *con* protección. Así que si os permitís el lujo de practicar el coito vaginal o anal *sin* protección realmente os lo estáis buscando. Claro que es mucho más divertido que un simple "masaje erótico", pero justamente ahí radica el riesgo. Así que ya decidiréis vosotros cuál es el nivel de riesgo que deseáis asumir.

Y por cierto, no existe ninguna prueba sólida de que el nonoxinol-9 proporcione algún tipo de protección frente al VIH (p. 178). Actualmente, miembros de la comunidad científica están trabajando en la síntesis de un microbicida tópico (así es como se conocen estos ungüentos en el mundillo) que sea más eficiente. Pero de momento ya podéis ir esperando.

Y una última cosa: incluso si tanto vosotros como vuestra pareja habéis dado positivo en la prueba del VIH no deberíais dejar de tomar precauciones, porque podría ser que vuestra pareja tuviera una cepa de VIH que se haya vuelto resistente a determinado tipo de medicación y que vosotros os reinfectarais con esta cepa como consecuencia de mantener relaciones sexuales continuas y sin protección, con lo que el curso de vuestro propio tratamiento se vería seriamente afectado. Y a todo eso aún hay que añadirle que algunas ETS son más nocivas para las personas con VIH. Así que ya veis, el amor libre no existe.

La hepatitis

La hepatitis, que es la última de las infecciones de tipo vírico de mayor fama a nivel internacional, se puede encontrar en una amplia gama de versiones alfabéticas: A, B, C, D y E. Aunque cada una de ellas posee unas características distintas en lo que se refiere a su transmisión, gravedad y consecuencias (si las tiene), todas ellas afectan el hígado. Las dos primeras son las que se mencionan cuando se habla de sexo, y la hepatitis B (VHB) es la que se lleva la palma en términos de transmisión sexual. Así, mientras que la hepatitis A no suele ser demasiado problemática a largo plazo, la B puede provocar daños hepáticos irreversibles, cáncer de hígado e incluso la muerte.

Al igual que la B, la hepatitis C es otra de las malas de la película, pero raramente se transmite a través del contacto sexual (especialmente cuando se utilizan métodos de barrera de forma correcta y sistemática y no hay presencia de sangre o lesiones en la práctica sexual, razón por la cual la hemos omitido en este capítulo).

La hepatitis A (VHA)

Anualmente se declaran 1,4 millones de casos de infección por hepatitis A en todo el mundo, aunque se calcula que su incidencia real es entre tres y diez veces más alta. De hecho, en Europa esta cifra es de más de 250.000 casos anuales. Y todo como consecuencia de la ingestión de excrementos infectados. Va en serio.

Síntomas: la mayoría de personas infectadas con el virus de la hepatitis A presentan, entre los quince y los cincuenta días después de haber estado expuestas al virus, algunos de los desagradables y eventualmente debilitadores síntomas siguientes, que pueden durar hasta cinco semanas: estado gripal, dolor abdominal, orina de color oscuro e ictericia.

¿Puede empeorar? De hecho, raramente empeora mucho, y, aunque en algunos casos los síntomas pueden perdurar durante prácticamente un año, siempre acaban desapareciendo.

Vías de contagio: el virus penetra en el organismo de la persona sana cuando ésta consume cualquier cosa contaminada con las heces o la sangre (ni que sea un poquito) de una persona infectada. El virus puede sobrevivir en los restos microscópicos de las heces de una mano, tenedor o ano hasta cuatro horas a temperatura ambiente, razón por la cual comer en chiringuitos mugrientos o practicar el sexo oral (especialmente el beso negro) son dos de las vías de contagio más habituales. El sexo anal, los besos en la boca o las agujas compartidas también pueden aumentar vuestras posibilidades de contraerla.

Cómo saberlo con toda seguridad: haceos un análisis de sangre para detectar la presencia del virus, que suele manifestarse al cabo de unas cuatro semanas después de la infección. Ya veis, está chupado, ¡que no cunda el pánico!

Cómo tratarla: la hepatitis A tiene cura, pero si os dedicáis a guardar cama y a alimentaros correctamente seguro que os sentiréis mejor. Para prevenir la manifestación de la enfermedad también podéis poneros una inyección de inmunoglobulina (una solución estéril de anticuerpos preparada a partir de plasma humano) durante los catorce días posteriores a la exposición al virus VHA. Pero ya sea con o sin ello, la mayoría de personas se recuperan en un período de seis meses, si no antes. Y una vez recuperada, una persona que haya padecido la hepatitis A queda totalmente inmunizada y no la vuelve a pillar ni a contagiar nunca más.

Cómo luchar por una buena causa: preguntadle a vuestro médico de cabecera sobre la nueva vacuna combinada que os protege de la A y la B y te permite matar dos virus de un tiro. Y utilizad siempre métodos de barrera, especialmente en caso de practicar sexo oral y anal.

La hepatitis B (HBV)

La hepatitis que está más estrechamente relacionada con la transmisión sexual, la B, puede causar problemas hepáticos crónicos e incluso la muerte. De hecho, se calcula que en España hay más de 60.000 casos anuales, de los que una quinta parte exigen asistencia médica. Entre el 5 y el 10 % de adultos y casi el 90 % de recién nacidos (y aquellos que no han sido tratados durante la primera hora posterior al parto) que tienen la hepatitis B la contraen de sus madres infectadas continuarán siendo portadores del virus durante el resto de su vida (estos son los casos "crónicos"). Los portadores crónicos son los que presentan problemas a largo plazo y los que suelen ser contagiosos aunque sean asintomáticos. El restante 90 o 95 % de adultos se recuperan totalmente y dejan de ser contagiosos (este tipo de infecciones se denominan "agudas").

Síntomas: la hepatitis B presenta los mismos síntomas que la A (estado gripal, orina oscura, dolor abdominal y articular), además de urticaria, defecaciones de color arcilloso y/o artritis durante la primera fase de la infección. Si presentáis los síntomas (y ya es un gran qué, porque más de la mitad de todos los adultos infectados nunca los presentan), empezarán a manifestarse de manera más progresiva que en el caso de la hepatitis A (al cabo de entre seis y doce semanas desde la exposición inicial al virus).

¿Puede empeorar? A diferencia de la hepatitis A, la hepatitis B puede volverse crónica y derivar en cirrosis (cicatrices en el hígado), cáncer de hígado, insuficiencia hepática y muerte.

Vías de contagio: el virus de la hepatitis B tiene una concentración en sangre cien veces más elevada que el VIH, lo que hace que sea mucho más contagioso. Su transmisión se produce cuando el semen, las secreciones vaginales, la sangre (incluyendo "la visita"), las heces o la saliva de una persona infectada entran en contacto con las mucosas o el flujo sanguíneo de una persona sana. Estamos hablando, en la mayoría de los casos, de sexo vaginal, oral y anal sin protección (el 60 % de los casos se transmite por vía sexual), así como de compartir canutos de esnifar o agujas, de hacerse un tatuaje o un piercing con material infectado y de ser hijo de una madre infectada. En casos muy aislados, el VHB puede contraerse como consecuencia de un morreo salvaje, una mordedura o una transfusión sanguínea (aunque las precauciones que toman los bancos de sangre hacen que actualmente por esta vía sea prácticamente imposible). Sin embargo, no hay que preocuparse por la comida, la bebida o contactos casuales como un abrazo o un apretón de manos.

Cómo saberlo con toda seguridad: durante los catorce días posteriores a la exposición al VHB se administra una dosis de inmunoglobulina contra la hepatitis B (IgHB) combinada con la vacuna de la hepatitis B (suponiendo que no os la hubierais puesto antes) para evitar que se manifieste la enfermedad. En cuanto a los casos agudos (recién adquiridos) no existe ningún tratamiento, aunque la hepatitis vírica aguda suele tener un curso bastante limitado (de entre cuatro y ocho semanas) y luego desaparece definitivamente (es decir, que no deriva en problemas hepáticos graves ni es contagiosa) ¡Genial! Para los casos crónicos actualmente existe una medicación específicamente formulada para tratar la hepatitis B crónica llamada lamivudina (Epivir®), y también se administra un agente antiviral llamado interferón para contribuir a detener la replicación del virus.

Cómo luchar por una buena causa: la hepatitis B se puede prevenir mediante vacunación y cualquier persona tiene la opción de vacunarse o no. Aunque en teoría protege durante por lo menos doce años, las personas que presentan un riesgo elevado deberían hacerse un análisis cada cinco años para ver si necesitan un recordatorio de la vacuna. Y es que basta con una tanda de vacunas para asegurar una protección permanente.

Infecciones bacteriológicas

Las buenas noticias son que las infecciones bacteriológicas –como la clamidiasis y la gonorrea– se pueden curar, y las malas noticias son que a menudo suelen producirse sin presentar síntomas visibles y suelen contagiarse fácilmente y de modo involuntario. O sea, que si no reciben el tratamiento adecuado, os pueden joder vivos. Y además los medios de comunicación no hablan de ellas porque su curación suele ser rápida y sencilla. Pero eso no quiere decir que no tengáis que preocuparos.

La gonorrea

La gonorrea (popularmente conocida como "purgaciones") es la ETS más vieja del mundo y de hecho sólo es superada en la ceremonia de nominación de Miss Infección Bacteriológica por la clamidiasis. La Organización Mundial de la Salud estima que cada año se producen en el mundo 25 millones de nuevos casos de gonorrea, mientras que otros expertos sostienen que esta cifra se puede elevar a 50 millones. La gonorrea infecta la uretra, los ganglios linfáticos inguinales, el recto, los ojos, la boca, la garganta y/o los órganos reproductivos.

Síntomas: el 80 % –ochenta, dijimos ochenta– de las mujeres y el 10 % de los hombres con gonorrea no presentan ningún tipo de síntoma (o sea, cero patatero). Pero el hecho de que tengáis el aspecto y la sensación de estar libres de toda ETS no quiere decir que realmente no la tengáis, gilipollas. Así que si sois una de las pocas y afortunadas personas a las que les ha tocado el gordo de los siguientes síntomas, puede que empiecen a manifestarse levemente al cabo de entre dos días y un mes desde el inicio de la infección y que, si no os sometéis a tratamiento, acaben explotándoos en las partes.

En las mujeres, que a menudo suelen desarrollar los síntomas durante o inmediatamente después de la menstruación, suele manifestarse mediante la presencia de una secreción vaginal amarillo verdosa, dolor durante el coito o un examen pélvico y constantes ganas de orinar acompañadas de escozor/dolor al hacerlo, dolor abdominal o pélvico, vulva sensible o hinchada, irregularidades en el período menstrual y/o un sangrado vaginal anormal.

Los hombres, que en principio tienen más probabilidades de presentar los síntomas, pueden experimentar una secreción purulenta de la uretra así como dolor y escozor al orinar. La gonorrea rectal aún es más pérfida, pues el 90 % de las personas afectadas no sienten ardor o escozor en el ano, ni secreciones ni dolor al hacer sus necesidades. Y hablando de husmear en la puerta trasera, os informamos de que también se puede contraer por vía oral, aunque de momento sólo se han documentado tres casos en toda historia de la gonorrea, así que no hace falta que os dé la cagalera la próxima vez que os duela la garganta.

¿Puede empeorar? La gonorrea no se deja vencer fácilmente. Si no recibe un tratamiento adecuado, en las chicas la gonorrea puede dar lugar a la enfermedad pélvica inflamatoria (EPI, p. 168), a una cistitis ("Las infecciones urinarias", p. 201), a una cervicitis mucopurulenta (CMP), a una secreción amarillenta del cuello uterino, a un embarazo extrauterino (ectópico) que puede llegar a ser mortal, o a un aborto espontáneo. Si estáis embarazadas, las infecciones pueden llegar a provocaros un parto prematuro, o bien conjuntivitis, artritis e infecciones bacteriológicas en el bebé, así como la inflamación puerperal del cuello uterino. En cuanto a los mozos, pueden desarrollar una epididimitis (inflamación del epidídimo, una especie de tubo enrollado situado en la parte posterior de los testículos), esterilidad, prostatitis (inflamación de la próstata) y cicatrices en el tejido uretral que dan lugar a un estrechamiento o –dios no lo quiera– a la obstrucción del meadero. Entre otras posibles complicaciones de la enfermedad –sin discriminación por sexos– se encuentran lesiones cutáneas, artritis, esterilidad, problemas cardiovasculares o cerebrales y un mayor riesgo de contraer el VIH. Cerca del 1 %

de los afectados puede padecer artritis gonocócica o infección gonocócica diseminada, es decir, la propagación de la gonorrea a través del sistema circulatorio por todo el cuerpo.

Vías de contagio: la gonorrea se transmite a través de contacto sexual oral, vaginal o anal sin protección. Posiblemente logre infiltrarse a través de la penetración (del pene o de la lengua en la vagina, la boca o el recto) o durante el intercambio de fluidos corporales, pero una práctica tan habitual como montar a pelo y en pelotas también contribuye notablemente a llevar la gonorrea de paseo. Y recordad que las "purgaciones" son contagiosas desde el momento en que os exponéis a ellas y hasta que se ha finalizado el tratamiento, tanto si presentáis los síntomas como si no.

Cómo saberlo con toda seguridad: puede que la tengáis y no lo sepáis (es decir, que seáis asintomáticos durante meses seguidos), de modo que la única manera de saberlo es hacerse un análisis periódico para asegurarse. El procedimiento más habitual suele ser o bien un análisis de orina (ya sabéis, mear en un vasito) o un frotis (la obtención de una muestrecilla del cuello uterino, uretra, recto o garganta). Si creéis que tenéis una purgación anal necesitaréis someteros a un análisis específico.

Cómo tratarla: de hecho, lo difícil del asunto es detectar si la tenéis, pero curarla es coser y cantar: basta con una sola dosis de antibióticos (o una inyección, según) para que al cabo de una semana estéis limpios como una patena. Tanto vosotros como vuestra(s) pareja(s) deberíais recibir tratamiento simultáneamente y prescindir del sexo durante por lo menos una semana o hasta que los síntomas empiecen a remitir, sea lo que sea que tarde más. Y en caso de que hayáis descubierto que teníais purgaciones gracias a los síntomas (p. ej.: si al orinar os dolía como si mearais lava), cualquier pareja sexual que hayáis tenido durante el último mes también debería recibir el tratamiento (pues sí, eso quiere decir que *tenéis* que decírselo). En caso de que se os haya detectado durante una revisión de rutina, tenéis que verificar en vuestra agenda los dos meses anteriores, y si sois un dechado de civismo, incluso un año entero. Y si se os están purgando los bajos, no os extrañéis si al mismo tiempo recibís un tratamiento para la clamidiasis, porque al igualito que el hambre y las ganas de comer, siempre suelen ir juntitas (la clamidiasis se halla presente en el 35 % de los casos de gonorrea), y siempre resulta mucho más barato tratar la clamidiasis que hacer los análisis para detectarla. Además, las dos infecciones presentan síntomas muy parecidos y algunos médicos tienen la mala costumbre de confundirlas. Y por cierto, no hay que olvidar que *no todos* los antibióticos tienen las mismas propiedades, así que no os creáis que porque os habéis tomado la dosis que tocaba os habéis librado de *todas* las infecciones bacteriológicas.

Cómo luchar por una buena causa: tan pronto como el capullito asome por debajo de la ropa interior e independientemente de hacia dónde se dirija, echadle un condón por encima. Y si estáis viajando hacia los mares del sur, llevaos una barrera dental para el viaje.

La clamidiasis

No, la clamidia no es una flor, sino una ETS de tipo bacteriológico a la que le gusta flirtear con penes, vaginas, anos, uretras, cuellos uterinos, gargantas y ojos. La clamidiasis (infección causada por la bacteria *Chlamydia trachomatis*) es una de las ETS más comunes en los países occidentales (en un país como Estados Unidos hay la friolera de dos millones de casos anuales) pero también es una de las ETS a la que le gusta menos darse a conocer a través de sus síntomas. Es especialmente frecuente entre personas sexualmente activas por debajo de los veinticinco años y causa estragos entre los adolescentes. (Aparentemente los adolescentes practican el sexo sin protección. ¡Quién lo habría dicho!)

Síntomas: el 40 % de los hombres y el 85 % de las mujeres infectadas no presentan ningún tipo de síntoma, lo que la convierte en una enfermedad aún más secreta que la gonorrea. Y en caso de tener alguno suele manifestarse al cabo de entre cinco días y tres semanas desde el momento de la infección. En el caso de las chicas los síntomas suelen consistir en la presencia de un flujo vaginal más abundante de lo normal (sea lo que sea "normal"), sangrado vaginal entre los períodos, coito doloroso y/o sangrado después del coito, dolor abdominal, febrícula, ganas de ir constantemente al baño, micción dolorosa, náuseas, inflamación de cuello uterino y cervicitis mucopurulenta (una secreción maloliente y amarillenta del útero). Los mozos pueden experimentar una secreción de pus de consistencia acuosa o lechosa y muy dolorosa en el pene, punzadas o escozor, y dolor y/o hinchazón en los testículos. Los síntomas son casi idénticos que en el caso de la gonorrea y normalmente bastante leves. Las complicaciones, sin discriminación por sexos, incluyen la posibilidad de que se propague al recto y a los ojos, caso en que pueden enrojecerse, escocer y supurar.

¿Puede empeorar? En las mujeres, si la clamidiasis no se trata, puede extenderse a las trompas de falopio y a los ovarios y derivar en la enfermedad pélvica inflamatoria (EPI) (a continuación), que puede provocar esterilidad. De hecho, la clamidiasis es la principal causa de EPI en Estados Unidos y la responsable de casi medio millón de casos anuales. Muchas mujeres sólo saben que están infectadas cuando descubren, demasiado tarde, que son estériles, y además las mujeres afectadas por clamidiasis tienen entre tres y cinco veces más de posibilidades de contraer el VIH en caso de estar expuestas a él. Y mientras los chicos pueden padecer artritis y esterilidad como consecuencia de una clamidiasis sin tratar, lo más probable es que no se vean afectados, y de hecho sólo el 1 % de los casos de clamidiasis que no se tratan deriva en el síndrome de Reiter (inflamación de las articulaciones), y alrededor de un tercio de éstos deriva en artritis reumatoide. Por su parte, en los hombres la esterilidad puede ser consecuencia de una epididimitis, un pomposo término médico para referirse a una considerable hinchazón de los testículos, lo que es otro de los síntomas –especialmente dolorosos– de una clamidiasis avanzada.

Vías de contagio: incluso en esto la clamidiasis sigue el ejemplo de su colega gonorrea, ya que se transmite esencialmente a través del coito anal o vaginal, aunque ni siquiera hace falta que exista intercambio de fluidos corporales: basta un simple contacto genital directo para contagiarla. Tanto el sexo oral como los juguetes sexuales compartidos resultan también unos buenos transmisores.

Cómo saberlo con toda seguridad: igual que para la gonorrea (más arriba).

Cómo tratarla: igual que para la gonorrea (más arriba).

Cómo luchar por una buena causa: lo dicho.

La enfermedad pélvica inflamatoria (EPI)

Para decirlo crudamente, la EPI es como la podredumbre: una infección progresiva que causa estragos en el sistema reproductor de la mujer, es decir, el útero, las trompas de falopio y los ovarios (o sea, toda la zona pélvica). En Estados Unidos es la primera causa de infertilidad entre la población femenina, con más de 100.000 casos anuales de EPI causantes de problemas de esterilidad. Asimismo, cada año se diagnostican casi un millón de nuevas víctimas, aunque los expertos calculan que existen varios millones más que ni siquiera se detectan, especialmente en chicas entre los 15 y los 25 años. Pero la EPI no es quien lleva la voz cantante, sino más bien los coros, ya que de hecho suele ser consecuencia de una ETS o de una infección vaginal mal tratada o simplemente no tratada (o sea, la típica segundona). Más información sobre otras infecciones vaginales, en "Salud para ellas", p. 199.

Síntomas: la EPI puede ser totalmente asintomática. O sea, podéis tenerla y sentiros perfectamente bien y luego, al día siguiente, os despertáis con el cuerpo totalmente descompuesto. Además, si llegáis a presentar los síntomas, suelen ser tan leves que los podéis confundir perfectamente con los típicos problemillas asociados con la posesión de una vagina. En algunos casos, sin embargo, los síntomas pueden ser tan intensos que lo único que podéis hacer es padecerlos intensamente. Y lo que en general os dará la pista es lo siguiente (hay que prestar especial atención sobre todo a los dos primeros, los más habituales): una secreción anormal o "apestosa", ya sea de la vagina o de la uretra; un dolor sordo y una marcada hinchazón en el abdomen (primero, en un lado sólo); dolor o sangrado durante o después del sexo; reglas largas y dolorosas (más de lo normal) e incluso con alguna falta; sangrado irregular (conocido también como "pérdidas"); un dolor más intenso durante la ovulación; ganas de orinar constantemente, escozor y dificultad en vaciar totalmente la vejiga cuando se orina; un acceso repentino de fiebre o una febrícula intermitente y, si se tercia, unos cuantos escalofríos; hinchazón de los ganglios linfáticos (normalmente en la zona inguinal, pero puede ser en cualquier otro lugar); pérdida de apetito; náuseas o vómitos; dolor en los riñones o el hígado; dolor y pesadez en la zona lumbar o en las piernas; cansancio; disminución del apetito sexual, y depresión. ¡Ah!, se nos olvidaba: los hombres *no* pueden contraer la EPI.

¿Puede empeorar? Pues sí, y puede emperorar muchísimo. Casi el 10 % de las mujeres con EPI no puede tener hijos como consecuencia de las cicatrices y de las lesiones en las paredes de las trompas de Falopio. Además, si sufrís un episodio de EPI tenéis más posibilidades de volver a tenerla porque puede que el brote inicial se haya cargado todas vuestras defensas contra la enfermedad. Finalmente, la EPI también favorece los embarazos extrauterinos (ectópicos). Por no hablar del dolor crónico en la zona pélvica.

Vías de contagio: los microorganismos responsables (hay varios relacionados con la EPI) penetran en la vagina y ascienden por el cuello uterino hasta alcanzar el útero y las trompas de falopio (o sea, igual como lo haría un mochilero que quisiera recorrer toda Europa). Por ejemplo: los microorganismos relacionados con la gonorrea y la clamidiasis se introducen en la vagina por vía sexual (no necesariamente se requiere penetración) a través de una persona infectada o de un juguete, y luego ¡ancha es Castilla! Pero también se pueden contagiar a través del cunnilingus, aunque con mucha menos eficacia. Algunas veces diversos organismos que se hallan presentes de forma natural en vuestro chichi se vuelven malos y deciden emprender una cruenta ofensiva contra vuestro tracto genital. Y luego el uso de DIU, duchas vaginales y la presencia de la menstruación contribuyen a darles un empujoncito para que vayan subiendo por el conducto genital. Así que si tenéis algún tipo de infección vaginal, especialmente una de transmisión sexual, haced que os la traten correctamente si no queréis que acabe derivando en EPI.

Cómo saberlo con toda seguridad: el diagnóstico de la EPI es una verdadera pesadilla. Puede que tengan que pasar entre dos días y dos meses antes de que os diagnostiquen una infección cualquiera como EPI (en caso de que lo llegue a ser, porque es muy fácil confundirla con una apendicitis, un embarazo extrauterino, la rotura de un quiste ovárico… y sigue la lista). Y además, como hay muchos organismos que pueden provocar la EPI, no existe ningún tipo de prueba específica para detectarla, y su diagnóstico se suele basar esencialmente en la presencia de determinados síntomas y en antecedentes en otras infecciones como la gonorrea o la clamidiasis o problemas de infertilidad. Normalmente basta un examen pélvico o un análisis microscópico y/o un cultivo del flujo del cuello uterino para realizar el diagnóstico, pero existen casos más peliagudos en los que se requieren otras pruebas, como una ecografía, una tomografía axial computerizada (TAC) u otros métodos más invasivos.

Cómo tratarla: pues con antibióticos, mucho descanso, caldo de pollo y *nada* de sexo. Como los médicos no siempre están seguros de cuáles son los organismos que provocan la enfermedad, suelen recetar una serie de antibióticos, como penicilina, ampicilina y/o tetraciclina, y luego hacen volver al paciente al cabo de unos días para ver si alguno de ellos ha funcionado, y, si no, recetan otra cosa (en los casos más graves, y en uno de cada cuatro, puede que haga falta recurrir a la cirugía para extirpar los abscesos o el tejido dañado, o intentar reparar o extirpar los órganos reproductivos).

Y como de costumbre, también hace falta que vuestras eventuales parejas sexuales se hagan los oportunos análisis aunque no tengan síntomas. Tampoco a ellas les está permitido el sexo hasta que todo el mundo esté limpio y reluciente.

Cómo luchar por una buena causa: como la EPI puede ser asintomática, lo mejor es que habléis con vuestro médico para que os examine por si acaso. Pero en cualquier caso debéis someteros a análisis periódicos para detectar la gonorrea y la clamidiasis, porque por lo general suelen ser los sospechosos habituales de las infecciones causantes de la EPI. Utilizad métodos de protección de barrera (o sea, nada de contacto piel a piel). Y nada de duchas vaginales. (¡Cómo si necesitaráis otra excusa más para no hacerlo…!)

La sífilis

En algunas partes del mundo la sífilis (conocida también como el "Mal de Venus") es una ETS muy común, y se calcula que en el año 1999 se produjeron en el mundo 12 millones de casos entre adultos, de los cuales 11 millones se dieron en países del tercer mundo. Sin embargo, recientemente se ha producido un espectacular aumento de los casos de sífilis en los países de Europa del Este, así como en Europa occidental y en Estados Unidos; aunque parecía que su incidencia había disminuido durante la década de 1990, a partir de 2000 ha vuelto a aumentar drásticamente, especialmente entre los hombres homosexuales y bisexuales (un 73 % del total). Aunque los expertos consideran que se puede combatir con antibióticos, si se deja vagar a sus anchas esta plaga puede permanecer alojada en el cuerpo de por vida y provocar un grave deterioro y desfiguración físicos, trastornos neurológicos e incluso la muerte. ¿Os suena divertido?

Síntomas: la infección tiene cuatro etapas con síntomas diferentes que se pueden ir superponiendo o aparecer de manera intermitente. Pero durante la mayor parte de su proceso infeccioso la sífilis no presenta ningún tipo de síntoma visible. En la etapa primaria aparece una (o más) úlceras indoloras parecidas a un grano y del tamaño de un guisante que se conocen como chancro y que salen al cabo de entre nueve y noventa días en el lugar por el que la bacteria se os metió en vena, o sea, los genitales, el cuello uterino, el ano, los labios, los pechos e incluso las yemas de los dedos. A veces ni siquiera se presenta a la cita. Pero cuando el chancro saca la cabeza es increíble y asquerosamente contagioso, y le da el tele-le hasta que consigue meterse en vena a otra persona. Al cabo de entre una y seis semanas suele curarse por sí mismo, con o sin tratamiento, pero la bacteria sigue suelta, engordando y paseándose por todo vuestro cuerpo como Pedro por su casa. La segunda etapa (sífilis secundaria) se caracteriza por los síntomas que os explicamos a continuación, que se manifiestan al cabo de entre tres y seis semanas después de salir el chancro y que pueden ir apareciendo y desapareciendo de manera intermitente durante un período de hasta dos años. Estos síntomas consisten esencialmente en una erupción cutánea indolora en forma de manchas rugosas de color café rojizo parecidas a una moneda en cualquier parte del cuerpo, especialmente en las palmas de las manos y en las plantas de los pies, que contienen bacterias activas y muy contagiosas; otros síntomas son estado gripal, pérdida de cabello y de peso, y unas llagas grisáceas en la boca, la garganta y el cuello uterino.

¿Puede empeorar? La tercera etapa, conocida como latente, tiene lugar entre las otras fases (o puede coincidir con ellas), no presenta síntomas (excepto por unas pequeños bultos llamados tumores que os pueden salir en piel, huesos y órganos internos) y dura entre diez y veinte años. Al cabo de unos años de estar en estado latente sin presentar síntomas secundarios, dejáis de ser contagiosos. Finalmente está la etapa terciaria, cuando las cosas empiezan a ponerse interesantes. Las dos terceras partes de los casos de sífilis que no se tratan se resuelven finalmente sin mayores problemas, pero —y se trata de un pero gordo— en la tercera parte restante la bacteria de la sífilis sigue haciendo de las suyas, invadiendo órganos vitales como el corazón y el cerebro, y provocando "pequeños" problemillas como ceguera, insuficiencia cardíaca, parálisis, disfunciones del sistema nervioso central, incapacidad mental y, finalmente, una muerte aterradora. Las buenas noticias son que, llegados a este punto, la sífilis no resulta infecciosa, y que ni siquiera hace falta llegar a este extremo teniendo en cuenta los tratamientos médicos de los que disponemos actualmente.

Vías de contagio: éstas son las vías por las que *no* se contagia: el asiento del váter, los pomos de las puertas, la ropa compartida y los cubiertos. (Se trata de una bacteria bastante frágil que no puede vivir en estos entornos.) Y éstas son las vías por las que *sí* se contagia: a través del sexo vaginal, anal y oral, del contacto íntimo, de los besos y del embarazo. La sífilis es más contagiosa durante la etapa primaria, cuando las llagas, verrugas o erupciones cutáneas de la persona infectada entran en contacto con la boca, genitales, ano o rasguños de una persona sana (razón por la cual se considera la sífilis como una enfermedad de transmisión *sexual*).

Cómo saberlo con toda seguridad: existen tres principales modos de detectarla: mediante un análisis de sangre (pues la incubación puede tardar hasta noventa días), mediante el análisis de una muestra de una úlcera (lo que se conoce como microscopía de campo oscuro) y, finalmente, en caso de existir problemas en el sistema nervioso central (¡pobre!), mediante un análisis del líquido cefalorraquídeo y del fluido espinal.

Cómo tratarla: en cualquiera de las distintas etapas infecciosas se puede parar los pies a la sífilis de modo definitivo, pero los daños que haya producido hasta ese momento (como cardiopatía o ceguera) no se pueden subsanar. En general, el tratamiento de elección consiste en una inyección o dos de penicilina en vuestro trasero o en el de vuestra pareja, pues sin eso puede que ambos os vayáis pasando la bacteria del uno al otro como si fuera una malvada pelota de tenis.

Cómo luchar por una buena causa: los condones de látex suelen proporcionar una buena protección durante el coito vaginal, anal y oral, pero *no garantizan una protección total*, porque las úlceras y erupciones contagiosas pueden hallarse en cualquier parte del cuerpo.

Infecciones parasitarias

La definición en términos estrictamente biológicos de un parásito es la de "un organismo que crece, se alimenta y se aloja en un organismo distinto sin contribuir en nada a la supervivencia de su huésped". Pero nosotras preferimos la segunda acepción del término: "Cualquier persona que suele aprovecharse de la generosidad de los otros sin ofrecer nada útil a cambio". Pues eso es lo que son exactamente las ladillas y la sarna, esos bichos asquerosos que dan ganas de rascar con sólo pensar en ellos. (La candidiasis y la tricomoniasis también son enfermedades parasitarias, pero trataremos de estas sabandijas más adelante, en el capítulo "Salud para ellas", p. 199). Las buenas noticias son que, siempre que estéis atentos a lo que sucede en vuestros bajos, lo peor que os puede pasar es que os den arcadas.

La pediculosis púbica (ladillas)

Estas minúsculas sanguijuelas invaden cada año por millones los desprevenidos genitales de la gente alimentándose de sangre humana como en una mala película de vampiros. Les encanta colgarse del vello púbico, pero también se pueden instalar en las pestañas, en las cejas o en el vello de las axilas.

Síntomas: una picazón insoportable en los genitales o alrededor del ano que suele empezar al cabo de cinco días del contagio (aunque hay gente que no siente ningún tipo de escozor); febrícula intermitente; sensación de agotamiento; irritabilidad (qué pasa: a vosotros también os jodería si tuvierais todas vuestras partes infestadas de bichos), y/o piojos y/o liendres (pequeñas bolsas de huevos) en el vello púbico. Los huevos suelen eclosionar al cabo de una semana.

Vías de contagio: la vía más frecuente suele ser un contacto sexual o íntimo (no sólo coital); en algunas ocasiones, las sábanas, ropa, tapicería y asientos de váter infectados (aunque las patas de estos bichos no están hechas para andar por encima de superficies lisas como la cerámica, así que resulta prácticamente imposible por esta vía). En general, si a una persona le cae encima una ladilla, se muere al cabo de uno o dos días, pero lo realmente injusto es que sus liendres pueden vivir durante siete días. Por otro lado hay que evitar rascarse, pues contribuye a transportar las ladillas a otras partes del cuerpo. Así que aguantaos las ganas de hacerlo.

Cómo saberlo con toda seguridad: las ladillas son una de las pocas ETS que os podéis autodiagnosticar sin ayuda de nadie, especialmente si tenéis una buena vista y una buena lupa. Pero en caso de no saberlo con total seguridad o de no poder soportar la visión de los bichos, id al médico.

Cómo tratarla: podéis adquirir, tanto para vosotros como para vuestras parejas de dormitorio o para cualquier persona con la que hayáis mantenido un contacto estrecho y muy personal (aunque ninguna de ellas presente síntomas), un champú antipiojos de los que se venden sin receta médica. Después de lavaros con el champú, la mayor parte de las liendres quedarán colgadas de los mechones de vuestras partes bajas, con lo que os bastará con un peine fino o con los dedos para deshaceros definitivamente de ellas. Y luego lo mejor es que os pongáis ropa limpia y cambiéis las sábanas (¡pues no!), y también que lavéis y sequéis con la secadora toda la ropa, las sábanas y las toallas que hayan estado cerca de vosotros durante la última semana. Lavad también en seco todo lo que no se pueda lavar a máquina. Y pasad la aspiradora a fondo por todas partes.

Cómo luchar por una buena causa: los condones no os protegen, así que haced alguna otra pregunta un poco más inteligente.

La sarna

Los responsables de esta infección cutánea son unos minúsculos bichitos a los que les gusta el calor y los lugares bien perfumados como vuestras partes pudendas; suelen alojarse debajo de la piel, donde ponen sus huevos y dejan sus caquitas antes de irse. También producen secreciones que, al cabo de unas semanas, provocan una violenta reacción alérgica. Al cabo de unos diez días sus huevos eclosionan y dejan ir una nueva estirpe de parásitos. O sea, como Alien pero en pequeño.

Síntomas: un picor insoportable, especialmente por la noche. Para detectar los bichos observad si tenéis unos pequeños bultitos marrón rojizo, como picaduras o granos, o pequeñas líneas en forma de espiral. La erupción puede aparecer en cualquier parte del cuerpo en que haya piel caliente y húmeda, como pliegues de la piel, ropa ajustada o joyas. Los síntomas pueden tardar hasta un mes en manifestarse.

Vías de contagio: teniendo en cuenta que los síntomas pueden tardar bastante en declararse, puede que tengáis la sarna, no lo sepáis y la contagiéis. De hecho, desde un apretón de manos hasta una paja son suficientes para contagiarla, aunque el último caso suele ser el más frecuente. Además, los fieles ácaros de la sarna pueden sobrevivir hasta veinticuatro horas instalados en las sábanas, toallas o muebles de vuestra casa esperando a que vosotros o vuestros compañeros de piso regreséis al dulce hogar.

Cómo saberlo con toda seguridad: la sarna suele confundirse muy a menudo con un eccema, una urticaria o una reacción alérgica. Y como los ácaros son demasiado pequeños para que los podáis distinguir a simple vista, no hace falta que os molestéis en intentar diagnosticaros. De todas maneras necesitaréis que un médico os recete la medicación apropiada.

Cómo tratarla: tomad la medicación que os han recetado (aseguraos porque vuestras parejas y otras compañías caseras también tienen su parte) y luego haced lo mismo que para las ladillas ("Cómo tratarla" en el apartado anterior). La erupción y el escozor aún tardarán unas dos semanas en desaparecer después del tratamiento, pero eso no quiere decir que siga siendo contagiosa. De hecho, si todas las partes infectadas han recibido su correspondiente tratamiento simultáneamente y habéis desinfectado a fondo vuestro entorno vital, podéis celebrarlo con unos ricos polvorones al cabo de veinticuatro horas de haber iniciado el tratamiento.

Cómo luchar por una buena causa: si os pica, no os rasquéis. Id al médico.

muros
de contención

condones, condones
y más condones

capítulo 13

Acabáis de leer el capítulo de
enfermedades de transmisión sexual
de cabo a rabo.
¿Qué tenéis que hacer ahora?
Pues ir directo a la condonería.

EN el ámbito de la salud pública existe una perversa tradición, la de abogar por políticas de planificación familiar restrictivas y apocalípticas, que desde siempre ha ido subordinada a la religión. La falta de información sobre los condones, por ejemplo, se ha convertido en una estrategia muy extendida entre los radicales antiabortistas de todos los colores. La salud de las mujeres y los adolescentes es el precio de rumores infundados que no vacilan en incluir mentiras flagrantes, como que "la educación sobre el sexo seguro fomenta la promiscuidad", que "el VIH se puede filtrar a través de los poros del látex" o que "los preservativos pueden provocar un cáncer cérvico-uterino". ¡Qué cantidad de gilipolleces!

Los datos probados científicamente son irrefutables. Se sabe que un programa de educación sexual objetivo y un fácil acceso a los condones ayudan a reducir los índices de enfermedad y de embarazo no deseado entre los adolescentes que practican el sexo. Asimismo, el uso apropiado y sistemático de los preservativos reduce el riesgo de transmisión del VIH en una proporción de 10.000 a 1 (en los estudios que demostraban que el VIH se puede filtrar a través del látex se usaron partículas cien millones de veces más pequeñas que el VIH que se halla en el semen). Si bien es cierto que los preservativos no cubren toda la piel de la zona genital y que sigue siendo posible contraer algunas infecciones (como el herpes y el VPH), sí que cubren aquellas zonas del pene que sirven de vehículo a la mayoría de las enfermedades e infecciones de transmisión sexual. De hecho, se ha demostrado que uno de los principales factores de riesgo a la hora de contraer las infecciones por VPH, responsables del cáncer cérvicouterino, es no usar condón.

Al reducir el intercambio de los fluidos corporales por los que más se contagian las enfermedades de transmisión sexual (semen, secreciones vaginales, saliva y pus), los condones son prácticamente el único anticonceptivo conocido que sirve de protección contra ellas. (Los diafragmas y los espermicidas también pueden proteger contra ciertas infecciones, pero muchísimo menos que los condones.) Cuando no tenéis que preocuparos por las ETS ni por la posibilidad de un embarazo no deseado, los condones os permiten concentraros mucho mejor en lo que está en vuestras manos: es decir, el placer de vuestra pareja. Además, los condones son accesibles, baratos y desechables, y tienen muy pocos efectos secundarios, por no decir ninguno. Por si fuera poco, si escogéis los más gruesos podéis hacer que el sexo dure más. Así que ¡a por ellos!

Primer paso: cómo usar los condones

Los condones deben entrar en la escena amorosa *antes* de cualquier tipo de contacto genital (las incursiones a pelo aumentan las probabilidades tanto de pillar una ETS a través del contacto con la piel o con las secreciones corporales como de un embarazo porque puede haber semen que sale antes de la eyaculación, p. 186). Antes de poner el condón se debe bajar el prepucio y sacar el aire de la punta o del último centímetro usando el pulgar o el índice. A continuación se debe poner encima del glande, dejando un poco de espacio para la recolección futura de posibles fluidos, y desenrollarlo por la verga hasta la base –o hasta donde llegue– procurando eliminar las posibles burbujas de aire. (Si queréis que la piel del frenillo goce de más movilidad, empujadla hacia arriba hasta que el glande quede por debajo del condón.) También podéis añadirle unas gotas de lubricante a base de agua o silicona por fuera y por dentro para garantizar la seguridad y el placer comunes. Para encuentros en la primera fase del tipo salvaje y/o anal, buscad un condón de los gruesos. Acordaos de que las burbujas de aire, un condón demasiado apretado o una fricción demasiado seca aumentan el riesgo de que se rompa (o sea, de que haya mal rollo).

En caso de que se rompa el condón, algo grave pero poco probable, no os dejéis llevar por el pánico; utilizad uno nuevo inmediatamente. Aún no se dispone de un dictamen definitivo sobre si el uso posterior de espermicida puede reducir las posibilidades de embarazo, pero por si acaso es mejor no emplear productos para la higiene íntima porque eso puede agravar el problema haciendo que el esperma se precipite a su encuentro con el óvulo.

En cuanto a las ETS, aunque se ha demostrado que los espermicidas pueden matar algunas bacterias y virus, también pueden causar una irritación de la zona que, a su vez, *favorece* la propagación de algunas infecciones (como el VIH). Así que hablad con vuestro médico durante las veinticuatro horas siguientes sobre la posibilidad de utilizar un anticonceptivo de emergencia (informaos sobre el método de seguridad para condones fallidos, p. 194) y someteos a un análisis de ETS (p. 143). Pero no os durmáis: cuanto antes hagáis algo, mejor os sentiréis.

Segundo paso: cómo disfrutar con los condones

Si seguimos oyendo quejas sobre que los condones son fastidiosos, incómodos y cortarrollos, acabaremos vomitando, ¿vale? ¿No será más bien que en toda vuestra puñetera vida no habéis comprado más que los típicos profilácticos no lubricados, de cinco céntimos y dos centímetros de grosor que se encuentran en las máquinas expendedoras? ¡Vaya, así que los condones no entran en vuestras ardientes fantasías de contactos intensos y a pelo! Ya vemos. Pero seguro que las supurantes úlceras genitales y las ayudas estatales para recién nacidos tampoco forman parte de vuestros sueños, ¿verdad? En fin, que si convertís el condón en parte esencial de vuestra vida sexual, resultará de lo más *sexy*. ¿Hay algo más excitante que arrodillarse delante de la pareja, mirándola fijamente a los ojos, y rasgar el envoltorio del condón como si hicierais un mini *strip-tease* y enfundárselo suavemente en su erecto y palpitante mástil? Como dijo en cierta ocasión un famoso deportista: "La mitad de este juego es mental en un noventa por ciento". Así que si pensáis que es excitante, lo será.

Claro que durante la mayor parte del siglo XX la principal prioridad de la industria de los profilácticos no era procurar placer, y hubo muy pocos progresos tecnológicos en ese terreno. Pero, por suerte, la tan cacareada competencia económica internacional consiguió aportar finalmente alguna innovación al negocio. Hace unos diez años, los japoneses amenazaron con seducir a los consumidores estadounidenses con sus últimos inventos ultrafinos, haciendo que a su vez los fabricantes yanquis espabilaran y si los yanquis espabilan… El resultado es que ahora existe un montón de nuevos materiales, formas y tamaños que no sólo están concebidos para proteger sino también para dar placer. ¿Quién lo iba a decir?

Así que la clave del asunto está en prestarle atención al placer, experimentar con marcas distintas y buscar variedades más delgadas que proporcionen una sensación más íntima y natural, siempre y cuando tengan el visto bueno de las autoridades sanitarias y hayan pasado los mismos controles de seguridad que las marcas más gruesas. Si os sigue costando resignaros al condón cuando os vayáis a tirar a alguien, echadle un poco de práctica: masturbaos con un condón puesto para que vuestro alegre pene se vaya preparando para la ocasión. En cuanto a vosotras, mujercitas, no lo dejéis en manos de vuestras parejas; atreveos a dar vuestra opinión y sobre todo tened siempre a mano unas buenas provisiones. Un consejo para todos: nada de ser rácanos, ¿vale? Al fin y al cabo se trata de las joyas de la familia. Seguro que se merecen lo mejor. ¿O no?

Formas

Una vez —en 1993, para ser exactos— un médico estadounidense de origen indio llamado A.V.K. Reddy se atrevió a ver más allá de su pito y diseñó un preservativo que debía servir para dar el máximo placer. ¡Qué ingenioso! Pues el resultado fue el Pleasure Plus®, un condón patentado que dispone de una bolsa asimétrica de látex estriado que coincide con la línea del tan sensible frenillo (ya sabes, ahí donde el tallo se junta con el capullo). Más espacio quiere decir menos presión sobre las terminaciones nerviosas y más material quiere decir más estimulación. Las mujeres incluso se pueden beneficiar del abultamiento que se halla en la base.

Algún tiempo después, la empresa de Reddy quebró y perdió los derechos sobre el Pleasure Plus®, que fueron adquiridos por otro fabricante, de modo que el cirujano tuvo que volver a empezar de cero. A nosotras nos gusta pensar que simplemente fue porque no pudo acallar las voces que le invadían constantemente como en la peli *Campo de sueños* y que le repetían sin cesar: "Si lo fabricas, vendrán". Así que lo fabricó. Aunque su nueva versión, el Inspiral®, parece más bien una escultura en forma de globo hecha bajo los efectos del ácido, su protuberante bolsa discurre en espiral por encima del glande para garantizar una sujeción más holgada y una mayor sensibilidad. Desde luego lo diseñó pensando en el pene, pero parece que a las mujeres también las vuelve locas. Pese a que es una de las marcas de preservativos de látex más caras del mercado, si le añadís un poco de lubricante es probable que acabéis dispuestos a pagar el doble por conseguir uno.

Y ahora parece que todas las marcas importantes se han fijado en eso del "placer" y han empezado a producir condones de látex que se ensanchan a medio camino del nabo hasta la puntita y vienen con franjas de estrías en la mitad inferior del mástil, haciendo que estas costillitas pensadas para el placer femenino funcionen como la seda, ya que durante la penetración encajan con el tercio inferior de la vagina, justo en el lugar indicado. Además, la forma holgada en la parte superior del nabo también contribuye a dibujar una bonita sonrisa en el rostro del hombre.

Materiales

Sea cual sea el material que se os ocurra, seguro que en algún momento se han hecho condones con él, ya se trate de papel aceitado, de papiro empapado en agua, de vejigas de pescado, de tela, de cuero, de concha de tortuga, de cuerno, de tejido muscular humano, de calabaza seca, de tripa de cordero... De hecho, aún se fabrican unos con tejidos animales para los alérgicos al látex, los preservativos "de piel de cordero", que son unas capuchas de tacto natural que evitan que se escape el semen, aunque desafortunadamente son demasiado porosos para detener la filtración del VIH. Así que a menos que tengáis una relación monógama y un negativo en VIH, que lo zurzan (al condón de cordero, claro).

Los condones se convirtieron en "gomas" cuando a mediados de la década de 1840 empezaron a fabricarse con látex, un tipo de caucho más resistente y de poro más pequeño que aún sigue siendo hoy en día el material preferido por fabricantes y consumidores, pues además de proteger contra posibles embarazos y contra la transmisión del VIH, resulta muy barato. Sin embargo el látex también tiene sus inconvenientes, empezando por su olor, que es como de neumático. Además, si se utiliza con lubricantes elaborados a base de aceite, se desintegra; aparte de que produce la impresión de que se lleva un calcetín de lana y de que es propenso a romperse bajo condiciones de extrema presión (por ejemplo, si está demasiado apretado o no tiene suficiente lubricación). Claro que son ganas de buscarle tres pies al gato, sobre todo teniendo en cuenta la increíble libertad sexual que los condones de látex permiten.

La última bendición en el mundo de los condones es el poliuretano. ¿Oís el coro de ángeles? Se trata del material del futuro, una especie de sueño erótico a lo Walt Disney, puro plástico. Las ventajas del poliuretano se cuentan por miles: muchísimo más delgado, inodoro, insípido, transparente, muy respetuoso de la belleza de cualquier tipo de erección, mucho menos sensible a la luz y al calor, compatible con cualquier tipo de lubricante (incluyendo los que se hacen a base de aceite), mucho mejor conductor del calor que el látex (un factor esencial para el placer masculino), y además hipoalergénico. Pero —siempre hay un pero— no es tan elástico como el látex, así que si se estira demasiado se rompe fácilmente (otra buena razón para utilizar lubricante, que siempre reduce las probabilidades de rotura). Aunque existen pruebas de laboratorio que demuestran que el esperma y los virus (incluyendo el VIH) no pueden atravesar la pared de un preservativo de poliuretano (es 100 % impermeable), aún no se ha elaborado un protocolo para determinar con exactitud la eficacia de dicho material frente a las ETS y el riesgo de embarazo, por lo que por el momento no se puede aconsejar sin reservas para dichos supuestos. (Sólo las personas alérgicas al látex reciben el visto bueno.) Aun así, *www.condomania.com*, una de las mayores tiendas *online* especializadas en preservativos de EE UU, ha estado vendiendo las principales marcas comerciales de condones de poliuretano sin haber recibido hasta la fecha ningún tipo de queja con respecto a su eficacia.

Lubricantes

Existen los preservativos lubricados, los lubricados con espermicida y los no lubricados. Los primeros suelen estar recubiertos de una capa de lubricante hidrosoluble o, lo que es más habitual, suelen venir con lubricante a base de silicona (recordad, sin embargo, que los lubricantes a base de silicona pueden dañar los juguetes de silicona, así que cuando hagáis un intercambio de juguetes, aseguraos de usar sólo condones con lubricación hidrosoluble). La mayoría de los condones lubricados suelen contener también un espermicida para evitar el riesgo de embarazo, lo cual resulta fantástico si esto es esencialmente lo que os preocupa. Pero si también os preocupan las ETS, pasad totalmente de esta clase de condones, porque el nonoxinol-9, que es el espermicida que suelen utilizar la mayoría de los fabricantes, se ha relacionado en algunos estudios con la irritación vaginal, que a su vez puede contribuir a propagar determinadas infecciones como el VIH. En cuanto a los condones no lubricados, seguramente son la mejor opción, porque os permiten elegir el tipo de lubricante que más se adecue a vuestras necesidades, a vuestro condón y a vuestros juguetes. Por si aún no está del todo claro, somos unas defensoras empedernidas de los lubricantes: basta con una gotita dentro del condón adecuado, una gotita por fuera y tendréis el paraíso al alcance de vuestro capullo. Para más detalles, leed Para que no chirríe", p. 225.

Tamaños

Ya lo dijimos antes: lo que importa no es el tamaño de la embarcación sino la fuerza de las olas. Así que si deseáis una navegación tranquila y fluida, debéis preocuparos por equipar adecuadamente vuestra embarcación: experimentad con distintas tallas de largo y ancho y con múltiples formas para conseguir la que mejor se ajuste a vuestro miembro –bastan un par de milímetros para marcar la diferencia–, porque un condón demasiado apretado no sólo se puede romper más fácilmente sino que además puede estrangular las terminaciones nerviosas del pene, reduciendo drásticamente su sensibilidad. Si es demasiado corto, además de dejar mucha más piel al descubierto y expuesta a posibles infecciones, se saldrá con mayor facilidad (aunque éste es un problema que generalmente sólo afecta a los hombres que poseen instrumentos de dimensiones porno). Leed siempre el etiquetado, porque hay fabricantes que utilizan la expresión "talla grande" para referirse al diámetro más que a la longitud, así que comprobad que estáis hablando de lo mismo.

En caso de querer que vuestro capullito de alhelí esté más holgado y pueda sentir mejor el roce con el material, elegid un condón que tenga la punta más ancha y el resto más estrecho (en general los diámetros aparecen en la etiqueta o con la leyenda "estrecho" o "ajustado"). Aseguraos de que no os queda demasiado holgado porque tanto vosotros como vuestro ornamento (por no hablar de vuestra pareja) podéis veros inmersos en aguas turbias. Y sí, tenéis razón: en el mundo de los condones no existe el término *pequeño*. Listos que son.

Para subir puntos: sabores, colores y texturas

Sabemos perfectamente que no queréis ni oír hablar de ello, pero podéis contagiar y contraer enfermedades varias (como la gonorrea, la clamidiasis, el herpes genital, la sífilis, el VPH y el VIH) si practicáis el sexo oral sin protección ("ETS", p. 143 y "Barreras dentales", p. 182). También es cierto que, cuando lo chupas, el látex tiene un sabor tan emocionante como las gomas de borrar (por no hablar de que el espermicida puede adormecer momentáneamente la lengua). Ahí es donde entran los métodos de barrera sabrosos. Claro que como las marcas que tienen sabores sólo se hallan disponibles en látex, es probable que sigáis teniendo la impresión de chupar una goma de borrar, pero por lo menos tendrá un poco más de gracia. Los podéis encontrar de fresa, vainilla, chocolate, naranja, mandarina, plátano, uva, menta e incluso ¡cava! Y aunque los condones de poliuretano que saben a plástico no suelen venir con sabores, siempre los podéis condimentar con un producto comestible como el Fruitlube® o el Wet®, además de con chocolate fundido o nata montada, porque los aceites que tienen estos alimentos no dañan el poliuretano (a diferencia del látex). Sea cual sea el producto que le pongáis a vuestro condón, absteneos de meterlo en vaginas sensibles para evitar posibles reacciones alérgicas o infecciosas.

Y si queréis una noche loca, probad a utilizar un condón con textura. Los tradicionales con estrías parecen más bien pajitas para sorber (ah, vale, si no acabáis de verle el parecido entrecerrad un poco los ojos). En principio los condones estriados han sido especialmente concebidos para procurarle placer a la parte no penetrante, pero puede que no os funcionen (vale, sí, puede que no, aunque puede que lo único que necesitéis sea un puro efecto placebo). Puede que un condón extraestimulante os funcione bien aun-

Que no se queden con vosotros: cómo elegir un condón

¿Quiénes somos nosotras para dar por supuesto lo que os gusta y lo que no, o lo que os funciona y lo que no? Bueno, pues somos Nerve, y daremos por supuesto lo que nos dé la gana. A continuación os presentamos algunos de los mejores condones del mercado, elegidos entre un montón de tiendas legales de condones. En lugares como www.condomglobe.com, www.condonilandia.com, www.todocondon.com o www.condobazar.com os ofrecen máxima discreción, la mejor información sobre sexo seguro y una enorme variedad donde elegir. (Antes de comprar, comparad bien los precios, porque las tiendas más grandes suelen ser las más caras.)

* Pleasure Plus®: el pionero de la revolución del placer ("Formas", p. 177). Doce unidades en una práctica caja de aluminio.
* Inspiral®: el hijo de Pleasure Plus ("Formas", p. 177) y una de las marcas de látex más caras del mercado. Pero sus fans dicen que vale la pena.
* Trojan her Pleasure®: la última aportación a la fiebre del látex multiformas ("Formas", p. 177).
* Kimono Micro Thin®: a pesar de ser un 38 % más delgado que los condones del montón, (...)

que nosotras no nos casamos con ninguna marca en concreto. O bien probad con los preservativos ultradelgados con pequeñas protuberancias o bultitos por fuera, por dentro o por ambos lados, una gama de condones 20 % más delgados que la media provistos por dentro de varias hileras de "puntos sensibles" para darle placer al hombre. Incluso existen condones que van recubiertos por dentro con un lubricante para "retrasar el clímax", especialmente indicado para los que tienen problemas de resistencia o aspiran a un desempeño maratoniano. (Los preservativos de látex Durex Retardante® y Control Retardante® contienen un desensibilizador a base de benzocaína en el lubricante.)

Y finalmente, sea cual sea el condón que decidáis utilizar, aseguraos de que está aprobado por las autoridades sanitarias y que no se trata de la típica "novedad" que se vende desde hace veinte años en cualquier gran almacén.

El condón femenino

Para la mujer independiente que desee tener un control absoluto sobre las ETS y contar con un eficaz método anticonceptivo (o para la imbécil que esté dispuesta a acostarse con un hombre que se niegue a ponerse un condón) existe el llamado condón femenino, que consiste en una flexible funda de poliuretano prelubricada con un anillo elástico en el extremo cerrado que se inserta en la vagina por detrás del hueso púbico.

La funda se adapta a las paredes de la vagina y el extremo abierto, provisto de otro anillo elástico, se encaja por fuera. Cuando se termina la faena, basta con darle una vuelta, cerrar el envase y sacarlo suavemente. Vaya, como una bolsa de basura para recoger los detritos de vuestro fiel animal doméstico.

Ventajas del condón femenino

* No se necesita receta médica ni intervención, y se puede conseguir en farmacias y en algunas condonerías en una práctica y cómoda talla única.
* Os lo podéis poner hasta ocho horas aproximadamente antes de empezar la faena.
* Como está hecho de poliuretano es superdelgado, superresistente, buen conductor del calor, inodoro y compatible con todo tipo de lubricantes.

- El miembro masculino puede entrar en la vagina antes de estar completamente erecto (a diferencia de los preservativos masculinos que sólo se pueden envainar en un sable bien templado).
- Como tiene más espacio donde moverse (es bastante más ancho que un condón convencional) tiene menos posibilidades de romperse.
- Permite a mujeres y hombres alternar la responsabilidad de llevar un condón a lo "cariño, esta noche te toca a ti".
- El anillo exterior cubre parte de los labios mayores, lo que implica un menor contacto directo y, por consiguiente, mayor protección frente a las ETS.
- El anillo exterior estimula el clítoris.
- Después de que el pene haya derramado la leche, puede quedarse retozando un ratito porque no existe riesgo de que el preservativo femenino se salga, como suele suceder con los condones masculinos tradicionales.

Inconvenientes del condón femenino

- En caso de que el pene tenga mala puntería, puede errar la entrada del capuchón y acabar metido entre la vagina y el condón, lo que lamentablemente da al traste con el objetivo principal del invento.
- Es algo más caro que los condones tradicionales.
- La textura crujiente del poliuretano hace que sea algo ruidoso, aunque vuestros gemidos deberían contribuir a apagar el ruido.
- Puede que tener la boca de una bolsa de plástico colgando de vuestro chichi no sea de lo más estético y placentero del mundo.

Como sucede con cualquier novedad para la vagina, puede que os haga falta un poco de práctica para metéroslo y acostumbraros a él, pero si habéis utilizado un diafragma alguna vez os parecerá coser y cantar. Puede que el mete-saca lo haga moverse un poco, pero no lo bastante para que os distraiga de vuestra tarea. Aseguraos sólo de ponerle un poco de lubricación extra, ya sea dentro del condón o en el pene para evitar que el impetuoso miembro empuje el anillo exterior hacia dentro. Si se utiliza correctamente, su eficacia anticonceptiva es sólo algo más reducida que la de un preservativo masculino. Además, podéis utilizarlo sobre la marcha, durante el período, cuando os apetezca un cambio o incluso en el culo, ya sea femenino o

(...) esos esbeltos kimonos de látex cumplen las más duras exigencias de resistencia y seguridad de la normativa internacional, lo que los convierte en los favoritos tanto de los consumidores como de los laboratorios. Para una versión idéntica del mismo condón pero con estrías y botoncitos para el placer de sus receptoras, prueba con el Sagami Type E®.

* Crown Skinless®: los japoneses Crown, lisos, transparentes, y ligeramente lubricados, son los preservativos de látex más delgados del mercado (0,05 mm) lo que demuestra que el amor sí se puede comprar con dinero. Además, los podéis humedecer con unas gotas de vuestro propio lubricante a base de aceite o agua.

* Trojan Magnum XL®: el campeón indiscutible de la categoría de pesos pesados, el Magnum es el preservativo más grande del mercado (hasta un 30 % más grande que los condones de látex convencionales). Tiene la base acampanada, lo que no quiere decir que cualquiera se lo pueda poner, aunque si pertenecéis a los afortunados de tamaño medio, os quedará (y lo sentiréis) como un calentador de danza.

* Durex Avanti®: el primer condón para hombres (...)

(...) de poliuretano.
No sólo es el más delgado
del mundo (apenas 0,04
mm) sino también el más
ancho y uno de los más
cortos. Pero aunque el
Avanti® alardea de ser
un buen conductor del
calor, resistente y
compatible con
lubricantes a base de
aceite, puede resultar
algo difícil acostumbrarse
a su crujiente textura.
* Trojan Supra®: es el
otro preservativo
de poliuretano, y para
ponerse a la altura del
Avanti®, Trojan utilizó
una fórmula de
poliuretano para uso
médico llamada
Microsheer® que resulta
más suave, más cómoda y
transparente, lo que lo
convierte en el primer
condón totalmente
invisible. Lástima
que los cabeza hueca de
Trojan lo fastidiaran
ofreciéndolo únicamente
en la versión con
nonoxinol-9.
Vaya inútiles.

masculino (aunque en EE UU aún no se ha aprobado oficialmente para el juego anal, ya se tiene noticia de parejas que le quitan el anillo interior y lo insertan por el ano junto a su sonda preferida para explorar las profundidades). Finalmente, aunque el deseo de proporcionar a vuestros genitales la máxima protección posible resulta de lo más aconsejable, también existe lo que se conoce como sobre-protección, así que intentad evitar complementar un preservativo femenino con otro masculino si no queréis que terminen pegándose y se salgan juntitos.

Barreras dentales

Pues sí, hay mucha gente que las utiliza, por lo menos la gente inteligente. Como ya dijimos antes, el sexo oral se presta para que se transmitan infecciones como la gonorrea, la clamidiasis, el herpes genital, la sífilis y el VIH en ambas direcciones. Desde hace años se usan en la cirugía oral unos rectángulos de látex que se conocen como barreras dentales. Con el tiempo, estos artilugios fueron sabiamente adoptados por los sexólogos para mantener a raya las enfermedades que se podían contagiar en los ágapes oral-vaginal y oral-anal. Otros usan película de plástico transparente (que además no sabe a látex) o un guante o preservativo de látex abierto por la mitad cuando quieren echarle el diente a algo jugoso.

Pero ya puestos, ¿por qué no hacerlo bien? Y es que las barreras dentales están especialmente pensadas para chupar las glyde Dam®, son las únicas aprobadas por las autoridades sanitarias para el sexo oral; son unos delgados rectángulos de 25 x 15 centímentros hechos de látex natural disponibles en varios sabores y colores (fresa, arándano, vainilla o cola) y sin glicerina, lo que quiere decir que no son susceptibles de provocar infecciones vaginales por hongos. ¡Y son bastante baratas! Basta con colocar la barrera en la zona que se pretenda degustar y utilizar una cara para cada comida (no son como una almohada, no vale darle la vuelta para pillar el lado fresco). Es de un solo uso, así que cuando hayáis terminado, tiradla. No guardéis los restos para otra ocasión.

Para más información sobre otros métodos anticonceptivos, leed el siguiente capítulo.

libre elección

métodos anticonceptivos y de emergencia

capítulo 14

¿De dónde vienen los niños?
Pues más de la mitad de las veces,
del País de la Mala Contracepción.

TODOS los métodos que os vamos a proponer tienen sus ventajas y sus inconvenientes sea en precio, en consecuencias, en comodidad o en eficacia y adecuación a vuestro estilo de vida, y lo que resulta ideal para una pareja de recién casados tal vez no le funcione a una joven guerrera que desee complementar su condón con otro sistema. Todos los métodos anticonceptivos que os ofrecemos, salvo la esterilización, son reversibles, o sea, que siempre podéis cambiar de parecer, ya sea al cabo de unos minutos, como en el caso del diafragma, o al cabo de cinco años, como en el caso del Norplant®.

No hace falta decir que este capítulo trata de sexo heterosexual. Y *no* trata de enfermedades e infecciones de transmisión sexual, así que aunque uno o dos de los métodos que proponemos proporcionan una mínima cobertura frente a las ETS, sólo deberían utilizarse sin condón en caso de disfrutar de una relación de pareja estable y monógama y de que ambos miembros se hayan hecho los correspondientes análisis. Si no es vuestro caso, entonces sólo deberíais usar los anticonceptivos como una medida extra de seguridad en caso de rotura de condón, porque la mayoría de ellos resultan 100 % eficaces para la prevención de un embarazo no deseado si se utilizan en combinación con un preservativo (para poneros al día sobre condones y barreras dentales, consultad el capítulo "Muros de contención" p. 175). En caso de que os falle el doble escudo protector, al final del capítulo encontraréis una guía sobre las opciones de emergencia a las que podéis recurrir. Tened en cuenta que las siguientes páginas sólo son una guía general sobre las principales opciones disponibles. Cualquier tipo de decisión que afecte a vuestra actividad reproductora debéis consultarla con un médico de confianza.

(Observación: los índices de eficacia de los métodos anticonceptivos que se presentan a continuación se han extraído del informe de la Planned Parenthood Federation of America –la mayor federación independiente estadounidense dedicada a la difusión y la mejora de la cultura reproductiva y la planificación familiar en Estados Unidos– correspondiente a junio de 2002.)

El *coitus interruptus*
(la marcha atrás)

Cómo funciona: le vais dando, dando y dando... y luego, justo antes de que él se corra, la saca.

Promedio de resultados: como nadie es perfecto, existe un tremendo 19 % de posibilidades de embarazo. Claro que si el mozo tiene un riguroso sentido del tiempo, el riesgo es de sólo un 4 %. En definitiva, la idea de la marcha atrás es la siguiente: en principio, el lubricante natural que se expulsa a través de la uretra antes de la eyaculación para ir preparándole el terreno al semen no contiene espermatozoides, aunque es posible que quede en la uretra un resto de semen del último orgasmo, el cual puede acabar saliendo antes de la eyaculación en el asalto siguiente. Sin embargo, como los pezqueñines que se quedan rezagados son muy pocos y suelen despejarse con una buena meada, si la marcha atrás se practica de un modo total y absolutamente correcto, lo que rara vez ocurre, puede resultar más eficaz que un diafragma o un espermicida. Ya. Tampoco nosotras nos lo creemos.

Ventajas: no tiene efectos secundarios, no requiere accesorios y permite ver la vía láctea en directo.

Inconvenientes: requiere un autocontrol sobrehumano, un profundo conocimiento de uno mismo y una gran dosis de confianza, porque la mujer prácticamente no tiene control sobre lo que ocurre (si es que tiene alguno), y además el orgasmo del hombre se ve ensombrecido por cierto pánico indeseable.

Ideal para: una pareja de casados que alberguen la secreta esperanza de ser víctimas de un afortunado accidente.

Métodos de planificación naturales
(la madre naturaleza es sabia)

Cómo funciona: aunque un óvulo sólo suele ser fértil durante un día más o menos, a lo largo del ciclo menstrual hay varios días en que la mujer queda expuesta a concebir, concretamente seis días antes de la ovulación y unos dos o tres días después (porque un óvulo puede vivir hasta tres días seguidos y el esperma puede sobrevivir dentro de una mujer entre dos y tres días, y en casos muy excepcionales hasta una semana entera), así que lo mejor es evaluar con el ginecólogo cuáles son esos días "de riesgo". Podéis hacerlo con el método sintotérmico, que es una combinación entre el método de la temperatura basal (o sea, tomaros diariamente la temperatura para ver cuándo sube, teniendo en cuenta que la ovulación suele aumentar la temperatura basal en dos décimas de grado centígrado), el método Billings (que consiste en examinar el flujo uterino, ya que durante la ovulación se vuelve más líquido y viscoso) y el método Ogino-Knauss (también llamado "método del ritmo" o "calendario", que consiste en ir anotando vuestros ciclos menstruales en un calendario, porque si sois muy regulares os permite predecir mejor la ovulación). Así que para controlar vuestros días "de riesgo" podéis usar cualquiera de los métodos anteriores. Para mayor seguridad, algunas mujeres toman como período de riesgo el que empieza con el período y termina cuatro días después de la ovulación.

Promedio de resultados: este método tiene una eficacia de entre un 75 % y un 99 %, dependiendo de la cantidad de métodos distintos que combines y de cuál sea el método de prevención que se use durante los días "fértiles", aunque varios estudios han demostrado que suele resultar menos efectivo en mujeres solteras.

Ventajas: no tiene efectos secundarios y está libre de toda culpa católica (sobre todo si el método complementario elegido es la abstinencia). Vamos, como un regreso al edén.

Inconvenientes: requiere mucho entrenamiento, cuidado, paciencia y dedicación, y es mucho menos eficaz si tenéis un ciclo más bien irregular, si vuestra pareja no coopera mucho o si vuestras dotes administrativas son más bien desastrosas; además, tanto el estrés como un estado febril pueden dar al traste con vuestro ciclo o cambiar los resultados del termómetro.

Ideal para: alguien que esté en una relación estable, que en su día hubiera sido el primero de la clase y que además sea un apasionado de las ciencias naturales.

La píldora (la píldora)

Cómo funciona: es uno de los anticonceptivos más populares del mundo occidental y consiste en una dosis de hormonas sintéticas –parecidas a las que producen los ovarios de una mujer– que se toman por vía oral a razón de una al día. Existen esencialmente dos versiones: las píldoras que sólo contienen progestágeno y las combinadas, y ambas se comercializan en blísters mensuales. La píldora de progestágeno contiene –¡acertaste!– progestágeno, una hormona que contribuye a espesar el moco del cuello uterino con el objeto de inhibir la fertilización y la implantación del óvulo (en algunos casos también inhibe la ovulación). Se comercializa en cajas de 28 píldoras y todas contienen su correspondiente dosis de hormonas, así que es necesario tomárselas todas. En cuanto a la píldora combinada, suele consistir en una mezcla de gestágenos y estrógenos destinados a espesar el moco cervical e inhibir la ovulación. Suele venir en cajas de 21 o 28 días de pauta. En el primer caso se deben tomar las 21 píldoras y luego hacer una semana de descanso para que venga la regla, y en el segundo caso, aunque en general las siete últimas píldoras no llevan hormonas y sólo son un recordatorio (para no perder la costumbre de tragar) a menudo también llevan un suplemento de hierro, así que lo mejor es no tirarlas, sobre todo si sois vegetarianas. Sea cual sea la píldora que elijáis, la Tía Regla os visitará durante la cuarta semana. En general se supone que la píldora empieza a hacer efecto al cabo de una semana, pero para mayor seguridad muchos médicos recomiendan usar un método complementario durante por lo menos un mes. No es necesario descansar de tomar la píldora, no importa cuánto tiempo la hayáis estado tomando.

Promedio de resultados: el uso típico de la píldora (o sea, contemplando el error humano) tiene un índice de fracaso del 5 %. Si la tomáis cada día a la misma hora, este porcentaje se ve reducido a menos de un 1 % (aunque sólo el 28 % de las mujeres consiguen ese grado de perfección con la píldora). Si os saltáis uno o más días debéis consultar el prospecto de vuestra píldora para prever vuestro plan alternativo, porque suele variar entre una marca y otra.

Ventajas: períodos regulares y menos abundantes y dolorosos, además de un síndrome premenstrual más llevadero; menores posibilidades de padecer anemia por carencia de hierro así como EIP; una piel más limpia, protección frente al cáncer del cuello uterino y de ovarios, osteoporosis y artritis. Si empezáis a tomar la píldora un domingo, habrá menos probabilidad de tener la regla durante el fin de semana.

Inconvenientes: los efectos secundarios incluyen dolor de mama, náuseas o vómitos, pérdidas entre los períodos menstruales, menor apetito sexual y cambios de humor o estado depresivo. La mayoría de ellos suelen desaparecer al cabo de unos meses, pero si no es así se debe pedir al ginecólogo otro tipo de píldora (hay una gran variedad). Otro incómodo efecto secundario es la posibilidad de aumentar ligeramente de peso debido a una serie de factores como la retención de líquidos durante el primer mes, o un aumento del volumen de las caderas, muslos y pechos debido al estrógeno los primeros meses; las hormonas también pueden afectar el apetito durante todo el tiempo en que estéis tomando la píldora, y en general también pueden agravar los estados depresivos cosa que, a su vez, suele incidir en el apetito, aunque todo lo anterior no es nada comparable con lo que vuestro cuerpo puede llegar a experimentar durante los nueve meses de embarazo.

En caso de tomar la píldora oral combinada está totalmente prohibido fumar, aunque seáis de las que sólo fuman cuando salen de copas, porque aumenta considerablemente el riesgo de padecer problemas cardiovasculares y trombosis. De todos modos, no deberíais fumar bajo ningún concepto, si no podéis pasar de los pitillos cancerígenos, probad la píldora de progestágeno.

Los vómitos y la diarrea, así como determinados medicamentos (consultadlo con vuestro ginecólogo) pueden reducir la eficacia de la píldora. De hecho, todos los medicamentos que se metabolizan a través del hígado suelen reducir la eficacia de la píldora, así que si estáis tomando algún medicamento de ese tipo es mejor que os aseguréis usando algún otro tipo de método anticonceptivo.

La píldora *no* aumenta el riesgo de padecer cáncer de mama, y tampoco existen pruebas concluyentes de que lo haga con el cáncer del cuello uterino. Tampoco provoca malformaciones en el feto, aunque seáis de las desafortunadas que se quedan embarazadas a pesar de tomar la píldora. Lo cierto es que la mayoría de estas preocupaciones pertenecen a otros tiempos en que la píldora anticonceptiva solía contener una dosis hormonal mucho más elevada.

Ideal para: cualquier mujer no fumadora y no embarazada con un historial médico libre de antecedentes de enfermedades coronarias, derrame cerebral o problemas hepáticos. Los riesgos de la píldora son mucho menores que los de quedarse embarazada (lo mismo que ir en avión comparado con ir en coche).

La menstruación

En la vida hay tres cosas que no tienen escapatoria posible: la muerte, los impuestos y la regla. Esta maldición femenina que se traduce en punzadas, gemidos, hinchazón y llanto es, por desgracia, inevitable. ¿O no? Además, es totalmente normal. Bueno… ¿lo es *realmente*? Porque el caso es que muchas mujeres no piensan así (incluyendo bastantes *ginecólogas*) y practican lo que se conoce como la pauta "sin descanso", es decir, se toman las cajas de 21 píldoras *encadenadas*, sin hacer el preceptivo descanso de siete días y saltándose directamente la regla. Por si fuera poco, mantienen esta pauta durante meses, incluso años, sin tener la regla ni una sola vez. Vaya, así que os parece horrible y lo consideráis como un crimen contra natura. Bueno, la verdad es que la teoría clásica que sostiene que toda esa sangre derramada cumple una higiénica función mensual ha sido objeto de cierta polémica últimamente, sobre todo teniendo en cuenta que, con el tiempo, la cantidad de sangre que eliminan las mujeres que toman la píldora es en la práctica irrisoria. De hecho, hoy en día las mujeres tienen la menstruación con bastante más frecuencia de lo que solían tenerla las de hace varias generaciones, en particular si consideramos el tiempo que se pasaban embarazadas o amamantando. Lo de hacerlo sin descanso no está al alcance de todo el mundo porque sólo funciona con píldoras monofásicas (las que contienen la misma dosis hormonal en cada píldora), y no con las trifásicas (como las que se recetan para el acné), así que lo mejor es preguntarle al ginecólogo de qué tipo es la que estáis tomando. E incluso en este caso algunas mujeres no pueden engañar a sus cuerpos y siguen teniendo pérdidas o la menstruación. Así que si sois de las que necesitan que la Tía Regla les recuerde que no tienen bombo, este método no está hecho para vosotras. Aunque sigue siendo una opción a tener en cuenta para un posible viaje de dos meses en tienda de campaña o si prevéis que la regla os va a venir justo durante la luna de miel. Y está especialmente indicado para mujeres que padezcan endometrosis, anemia, dismenorrea y migrañas durante el período. Sea lo que fuere, antes de despediros de la Tía Regla, consultadlo con el especialista.

El parche (Ortho Evra®)

Cómo funciona: el Ortho Evra® es el primer parche transdérmico anticonceptivo aprobado por las autoridades sanitarias, y consiste en un tratamiento hormonal no invasivo que se aplica mediante un parche que se adhiere a las nalgas, el vientre, el torso (delante o en la espalda, pero no sobre los pechos) o el brazo, y que libera una dosis constante de progesterona y de estrógenos. Éstos pasan a través de la piel al flujo sanguíneo durante siete días seguidos, inhiben la ovulación y aumentan la densidad del moco cervical. Cada parche se lleva durante una semana seguida y se remplaza el mismo día de la semana durante tres semanas consecutivas; la cuarta semana se descansa para tener la regla. Al igual que la píldora, el primer parche se coloca o el primer día de la regla o el primer domingo inmediatamente después del período. Durante por lo menos la primera semana debéis complementarlo con otro método anticonceptivo que no sea hormonal. En general, el parche consigue mantenerse en el lugar en que se coloca incluso aunque os bañéis, nadéis, hagáis deporte o lo llevéis en un ambiente húmedo.

Promedio de resultados: tiene una eficacia de entre el 95 % y el 99 %.

Ventajas: se trata de un método no invasivo por lo que sólo es necesario acordarse de cambiarlo una vez por semana.

Inconvenientes: sólo está disponible en beige y no es posible decorarlo con autógrafos; además, puede que hacia el final de la semana acabe teniendo un aspecto algo roñoso. A algunas mujeres les puede provocar dolor en los pechos, cefalea, reacción alérgica en el lugar de aplicación, náuseas, infección del sistema respiratorio superior y dolores menstruales o abdominales. Entre sus efectos secundarios más graves se halla el riesgo de padecer una trombosis, un derrame cerebral o un infarto, peligros que acechan especialmente a las fumadoras.

Ideal para: una ex fumadora convencida de que los parches de nicotina son una curación milagrosa.

La inyección (Depo-Progevera®)

Cómo funciona: el médico os pone una inyección de progestágeno en el culo o en el brazo cada tres meses. Al igual que para las píldoras que sólo contienen progestágeno, este método aumenta la densidad del moco cervical e inhibe la ovulación. Si os ponéis la inyección durante los cinco primeros días del período estaréis protegidas de inmediato, pero si no, tendréis que usar otro método anticonceptivo complementario durante por lo menos una semana.

Promedio de resultados: tiene una eficacia del 99,7 %.

Ventajas: no requiere ningún tipo de ritual antes del sexo ni ejercitar diariamente la memoria; resulta especialmente indicado para las personas sensibles a los estrógenos. Al igual que la píldora, contribuye a reducir la dismenorrea y ofrece cierta protección frente al cáncer de ovario, el cáncer del cuello uterino y la anemia.

Inconvenientes: sus efectos secundarios más habituales son un sangrado irregular (reglas largas y abundantes alternadas con la total ausencia de sangrado) y la caída del cabello (que puede llegar a ser bastante notable y parece afectar con mayor intensidad a las mujeres de raza negra). También puede provocar dolores abdominales, cefaleas, depresión, aumento del apetito y de peso, y aumento o disminución del apetito sexual (aunque lo último suele ser lo más frecuente). Si bien la mayoría de las mujeres que toman Depo-Progevera® no necesitan período de descanso, *sí* existe una ligera posibilidad de que dé lugar a una pérdida temporal de densidad ósea, lo que aumenta el riesgo de desarrollar osteoporosis. También se recomienda evitar este medicamento en caso de tener antecedentes de enfermedades hepáticas. Pero la mayor lata de este método es que se trata de un tiovivo del que no os podéis apear porque sus efectos secundarios suelen durar hasta que la inyección deja de tener efecto (o sea, hasta un total de 14 semanas) y además, la que quiera quedarse embarazada, puede tener que esperar hasta dieciocho meses desde la última inyección.

Ideal para: la típica chica desmemoriada que no teme practicar un poco de sexo con regla incluida de vez en cuando.

El implante subcutáneo (Norplant® o Implanon®)

El Norplant@ no se comercializa en España.

Cómo funciona: un cirujano os anestesia una pequeña parte del brazo (el que utilicéis menos) con un analgésico local y luego os practica una pequeña incisión para introducir seis delgados y flexibles implantes de unos cuatro centímetros de longitud. El procedimiento suele tardar menos de treinta minutos (de hecho son algo más complicados de sacar que de meter). Una vez dentro, los implantes liberan en el cuerpo una hormona llamada levonorgestrel o etonogestrel, según se trate de Norplant® o Implanon®, que aumenta la densidad del moco cervical e inhibe la ovulación.

Promedio de resultados: tiene un índice de eficacia del 99,95 %, lo que lo convierte en uno de los métodos anticonceptivos reversibles más fiables del mercado (sin contar la abstinencia, por supuesto... ¡joder con la abstinencia! Siempre sale ganando).

Ventajas: dejando a un lado que se trata de un procedimiento relativamente invasivo, tanto para implantarlo como para extraerlo, durante casi ¡cinco años! no hay que preocuparse de nada. Además, está especialmente indicado para personas sensibles a los estrógenos.

Inconvenientes: su efecto secundario más frecuente es la presencia de una regla irregular, aunque también existe la posibilidad de padecer cefaleas, depresión y pérdida o aumento de peso, además de la presión o el dolor pélvico intenso que afecta a algunas mujeres. También puede que deje una cicatriz o una mancha clara o, en casos muy excepcionales, que se infecte el lugar en que os pusieron los implantes (en algunos casos incluso se pueden ver por debajo de la piel, ¡qué asco!). Y para sacarlos puede hacer falta más de una sesión con el médico.

Ideal para: las que no creen en teorías conspirativas sobre gobiernos que se aprovechan de operaciones quirúrgicas rutinarias para implantar a la población dispositivos de control mental.

El espiral o DIU (dispositivo intrauterino)

Cómo funciona: el DIU es un pequeño dispositivo de plástico o cobre en forma de T que un especialista debe introducir en el cuello del útero durante la menstruación. Su presencia evita que el esperma intime demasiado con el óvulo y que los óvulos fertilizados establezcan una relación demasiado estrecha con las paredes del útero. Su funcionamiento es inmediato y deja de funcionar en cuanto se retira. Una vez colocado, el DIU tiene un cordel que cuelga útero abajo y que sirve para que su portadora compruebe periódicamente que el dispositivo se halla en su sitio (de no ser así se debe utilizar otro método anticonceptivo de salvaguarda y llamar inmediatamente al ginecólogo). Al cabo de tres meses de usarlo deberíais haceros una revisión, y luego seguir controlándolo durante la revisión anual.

Promedio de resultados: los DIU con baño de cobre tienen una eficacia del 99 % y la versión con levonorgestrel (progestágeno) un 98 %, y sólo los implantes, los inyectables y la esterilización superan al DIU en eficacia, pues incluso es mejor que la píldora.

Ventajas: no requiere ningún tipo de ritual antes del sexo ni ningún memorial diario y además no modifica los niveles hormonales del cuerpo (incluso la versión de progestágeno sólo actúa a nivel local en las paredes del útero). Por su parte, el DIU con progestágeno también contribuye a reducir los dolores menstruales.

Inconvenientes: cuando se introduce puede producir un dolor parecido a las punzadas de una regla dolorosa, pero con un poco de descanso y un analgésico se irán bastante rápido. También podríais padecer una perforación de la pared uterina durante la intervención, aunque eso es muy poco frecuente. Una vez dentro, los DIU pueden provocar dolores menstruales más intensos, pérdidas y reglas más abundantes. Además, si tenéis antecedentes de enfermedad pélvica inflamatoria, clamidiasis o gonorrea no deberíais utilizarlo, y tampoco si os enrolláis con mucha gente, porque la presencia de un cuerpo extraño en vuestro útero da a las sabandijas de las ETS algo más a lo que aferrarse, lo que puede aumentar las posibilidades de que acaben proliferando y provocándote una EIP de narices.

Ideal para: quien tenga una relación monógama y estable y sin ninguna ETS acechando; no es aconsejable para culos inquietos (p. 143).

El anillo (NuvaRing®)

Cómo funciona: se trata de un anillo transparente y flexible que se introduce en la vagina y que libera una dosis baja y continua de estrógeno y progestágeno. Después de que lo haya recetado el ginecólogo, se debe esperar al inicio del período, introducirlo, dejarlo durante tres semanas seguidas, sacarlo cuando vuelva a comenzar el período y remplazarlo por uno nuevo.

Promedio de resultados: entre un 98 % y un 99 % de eficacia si se utiliza correctamente, lo que implica un perfecto desempeño metiéndolo y sacándolo.

Ventajas: a diferencia de la píldora, sólo hace falta que os acordéis de él una o dos veces al mes (cuando lo introducís y cuando lo sacáis, dos operaciones relativamente fáciles), y además sus reducidas y continuas dosis hacen que no tengáis demasiadas pérdidas durante el ciclo y que cuando dejéis de utilizarlo la ovulación se vuelva a regularizar muy rápidamente.

Inconvenientes: no podéis fumar, y en caso de poseer antecedentes de trombosis, de hipertensión arterial, de cáncer o de cardiopatías está totalmente contraindicado; además también puede provocar infecciones vaginales, cefaleas, aumento de peso y náuseas.

Ideal para: aquéllas que no tienen manías a la hora de meterse los dedos ahí donde no suena.

El diafragma (el gorrito)

Cómo funciona: es una especie de capuchón de látex con un borde flexible que se introduce en la vagina para proteger el cuello uterino y evitar que el esperma y el óvulo se peguen como lapas. Para ir adquiriendo práctica se debe acudir al médico, que os enseñará cómo ponerlo y sacarlo correctamente y cómo recubrirlo con espermicida en crema o gel (vamos, igualito que un estilista, sólo que para la vagina). El diafragma puede dejarse puesto hasta un máximo de veinticuatro horas, pero si lleva más de seis horas puesto (o emprendéis un segundo asalto) debéis aliñarlo con una dosis extra de espermicida sin sacarlo. Es que trabajan en pareja: mientras el diafragma les cierra el paso a los espermatozoides, el espermicida aprovecha para noquearlos (p. 193). Debéis dejarlo puesto durante por lo menos seis horas después del coito.

Promedio de resultados: si se usa correctamente, este método sólo tiene un índice de error del 6 %. Pero si habéis escuchado bien, hemos dicho que se trataba de ajustar un capuchón de goma dentro de la vagina, por lo que en la cruda realidad el índice de error es de hasta un 20 %.

Ventajas: puede durarte años y no tiene apenas efectos secundarios, además de ofrecer cierta protección frente a la clamidiasis, la gonorrea y la enfermedad pélvica inflamatoria; se puede introducir algunas horas antes de una sesión de polvos mágicos para que el espectáculo sea fluido y sin interrupciones, y contribuye a reducir el riesgo del cáncer del cuello uterino, además de no importunar el sistema hormonal femenino ni a los miembros de la pareja en plena faena (suponiendo que se haya colocado correctamente).

Inconvenientes: debéis irlo controlando periódicamente para comprobar que no tenga agujeros o grietas (para hacerlo, examinadlo a contraluz o llenadlo de agua); el método de introducción requiere mucha práctica; puede aumentar el riesgo de cistitis y no resulta aconsejable en personas alérgicas al látex o a los espermicidas; en algunas posturas (y con algunos penes) se puede desplazar, por lo que requiere un buen tono muscular (los famosos ejercicios de Kegel); el uso de espermicida hace que el tema resulte bastante pringoso y además últimamente el espermicida no ha sido objeto de demasiados cumplidos (leed más adelante).

Ideal para: las amantes de las gorras y sombreros.

El espermicida (pringue total)

Cómo funciona: las cremas, óvulos, geles, películas y espumas, conocidos en general como espermicidas, funcionan para el esperma como un *spray* paralizante. El espermicida suele colocarse en el fondo de la vagina por lo menos diez minutos antes del sexo (aunque no más de una hora antes) y paraliza a los renacuajos hasta que ha pasado el peligro, disolviéndose finalmente dentro de la vagina. La espuma bloquea la entrada del útero con pequeñas burbujas mientras que las cremas, los geles, las películas y los supositorios se funden formando una gruesa capa que obstruye la entrada del útero. El término *espermicida* también se emplea para hacer referencia al ingrediente principal de los productos antes citados, y de hecho muchos preservativos vienen recubiertos de dicha sustancia para reforzar su índice de seguridad. Si se quiere proceder a un segundo o tercer asalto siempre se debe renovar la capa de pringue, y después de la faena se debe dejar entre unas seis y unas ocho horas mínimo.

Promedio de resultados: si se utiliza de modo correcto, el espermicida tiene un índice de error del 6 %, aproximadamente, porcentaje que asciende a un tremendo 26 % en su utilización más típica (menos correcta, por lo que sólo debería utilizarse en combinación con un preservativo (masculino o femenino) o un diafragma.

Ventajas: proporciona *un poquito* de protección frente a la clamidiasis y la gonorrea, y se puede obtener en la mayoría de farmacias y establecimientos especializados; también funciona como lubricante por lo que en un momento dado podéis convertir su aplicación en uno de vuestros "pases mágicos" preferidos.

No existen pruebas concluyentes de que el espermicida después del coito constituya una medida de emergencia anticonceptiva eficaz (p. ej., en caso de rotura del condón). Podéis probarlo, pero deberéis hablar de todos modos con el ginecólogo sobre métodos anticonceptivos de emergencia ("Otros recursos", p. 196).

Inconvenientes: aparte de resultar algo pringoso, puede aumentar el riesgo de contraer el VIH (o de contagiarlo, en caso de ser seropositivo), y según recientes estudios, el nonoxinol-9, que es el principal ingrediente de la mayoría de los espermicidas, puede resultar muy irritante para las paredes de la vagina, además de aumentar las posibilidades de que una mujer contraiga el VIH de una pareja infectada. Así que sólo deberíais utilizar el espermicida como método anticonceptivo si tenéis una relación estable y monógama y ambos sois seronegativos.

También podéis usar espermicidas a base de octoxinol-9, pero además de ser difíciles de encontrar tampoco existen pruebas concluyentes de que este principio activo sea menos irritante para la vagina. Por otra parte, en España las presentaciones en forma de gel, espuma y película son bastante difíciles de conseguir.

Ideal para: los que disfrutaban dibujando con los dedos cuando niños o para todos aquellos adictos a cremas, ungüentos y demás sustancias untables.

La esterilización (la solución final)

Cómo funciona: tanto para mujeres como para hombres, se trata de un procedimiento quirúrgico de efectos permanentes. En las damas consiste en seccionar mediante cirugía por vía abdominal las trompas de Falopio a la altura en que los óvulos son fertilizados por el esperma, lo que se conoce como ligadura tubárica o de trompas. Se trata de un método de eficacia inmediata aunque bastante invasivo, razón por la cual suele practicarse durante una cesárea (porque los médicos ya están con las manos en la masa), aunque también puede practicarse después de un parto vaginal mediante una pequeña incisión por debajo del ombligo. En algunas ocasiones también se practica con un laparoscopio (una pequeña sonda que se introduce a través de la pared abdominal). En los caballeros suele consistir en seccionar los conductos que transportan el esperma de los testículos a la próstata y se conoce como vasectomía. Se trata de una intervención ambulatoria bastante sencilla aunque, a causa de los restos de esperma que pueden quedar en dichos conductos, suele tardar unas quince eyaculaciones en resultar efectiva (luego basta con un sencillo análisis clínico del semen para comprobar que se han agotado las existencias). Existe una *ínfima* posibilidad de que dichas operaciones sean reversibles, pero tampoco existen garantías de que la operación tenga éxito, así que lo mejor es no contar con ello y plantearse esta alternativa como una opción definitiva y sin vuelta atrás.

Promedio de resultados: eficaz entre 99,5 % y un 99,9 %.

Ventajas: además de que permite dejar de pensar (por fin) en métodos anticonceptivos, se trata de una operación a la que puede someterse cualquier persona y no tiene efectos secundarios ni repercusión alguna sobre vuestra vida sexual.

Inconvenientes: es *totalmente irreversible* (aunque con un ligero índice de error) y también existe la posibilidad de padecer sangrados y hematomas postoperatorios. En el caso de las mujeres, si se quedan embarazadas corren el riesgo de padecer un embarazo extrauterino (en las trompas de Falopio), y en el caso de los hombres, puede dar lugar a una infección o un trombo en la zona de los testículos así como a pérdidas temporales de esperma y a la expulsión de "grumos" de esperma, todo lo cual requerirá un tratamiento adecuado. Por cierto, ¿dijimos ya que es irreversible?

Ideal para: aquéllos que hayan decidido que definitivamente no quieren (más) niños, en caso de que un embarazo ponga en peligro su vida (o la de la pareja), si no se quiere transmitir una enfermedad hereditaria y si uno lo tiene *muy muy* claro.

¡Se rompió el condón!: anticonceptivos de emergencia

Utilizar un anticonceptivo de emergencia no es practicar un aborto. Se trata de un método *a posteriori* destinado a evitar un embarazo y/o un aborto no deseados, aunque no deberíais recurrir habitualmente a él sino en momentos especialmente jodidos (p. ej., en caso de que el preservativo se os rompa y el método complementario también se joda). O sea, es como un superhéroe que os rescata del desastre (aunque eso no quiere decir que tengáis que esperar a que aparezca en escena, así que lo mejor es que vayáis en su busca en cuanto podáis, después del desdichado accidente: o sea, ese mismo día). Además de tratarse de un método totalmente seguro y eficaz, informamos a los Sres. Antiabortistas de que *no hace* que las mujeres (adolescentes incluidas) dejen por ello de usar los métodos anticonceptivos convencionales.

Los anticonceptivos de emergencia no previenen los embarazos extrauterinos, que pueden resultar fatales, así que debéis consultar al médico si experimentáis alguno de estos síntomas durante más de tres días seguidos después de haberlos utilizado: dolor abdominal agudo, pérdidas (especialmente después de una regla muy poco abundante o una falta), mareos y desfallecimiento. Otra de las cosas contra la que no va a protegerte un anticonceptivo de emergencia son las ETS. Así que nada de bromas, ¿vale? Claro que es fácil olvidarse de que las circunstancias que hacen que recurráis a un anticonceptivo de emergencia también os dejan expuestas a una posible infección, especialmente si se trata del típico rollo de una noche.

En cuanto a los anticonceptivos poscoitales, tenéis dos alternativas (bueno, tres si también contáis el tan socorrido "Jesusito, que no me haya quedado embarazada"): la píldora poscoital y la colocación de un DIU de emergencia.

La píldora poscoital o del día después

Cómo funciona: este método se conoce erróneamente como "píldora del día después", ya que de hecho puede utilizarse hasta setenta y dos horas después de un coito sin protección, y consiste esencialmente en una superdosis de anticonceptivo oral que evita que el óvulo se fertilice y se implante en las paredes del útero. La píldora poscoital puede ser recetada por un médico, aunque existen varias píldoras anticonceptivas corrientes que se pueden utilizar con la misma finalidad a pesar de que los fabricantes no lo pongan explícitamente en el folleto (es lo que se conoce como método de Yuzpe y es totalmente legal que un médico recete este tipo de píldora con otra pauta de uso y unas instrucciones concretas sobre cómo tomarla en caso de emergencia).

Promedio de resultados: tiene una eficacia anticonceptiva de entre el 75 % y el 98 % (aunque, evidentemente, no existe modo alguno de saber en qué casos habría dado lugar de todos modos a un embarazo no deseado). Cuanto antes la toméis, más seguro es que funcionará.

Ventajas: ¿hace falta que lo volvamos a repetir? No se trata de un abortivo, y de hecho, si ya estáis embarazadas, tomar la píldora del día después no perjudicará al feto. Si vuestro ginecólogo es enrollado puede que os dé la receta antes de que os pase nada para que la tengáis a mano y podáis tomarla vosotras mismas en caso de metedura de pata. También podéis conseguirla en un centro de planificación familiar. Casi todo el mundo puede usarla, incluso aquellas mujeres que tienen contraindicada la píldora anticonceptiva a largo plazo.

Inconvenientes: los efectos secundarios más habituales de la píldora del día después suelen ser un día o dos de náuseas (la mitad de las mujeres) y/o vómitos (una cuarta parte de las mujeres) aunque también os pueden recetar algo para mitigar estos efectos. Pero si tanto os preocupan los efectos secundarios, pedidle al médico que os dé la versión de progestágeno solo –comercializada como Norlevo® o Postinor®– que, aunque seguramente no os hará vomitar, suele requerir receta médica. Otros efectos secundarios de la píldora poscoital pueden ser punzadas intensas, pechos hipersensibles, cansancio, sangrado, dolor abdominal, cefalea y mareos, aunque suelen ser menos intensos con la versión de progestágeno. Finalmente, la píldora también puede incidir en la duración y regularidad del siguiente período.

Ideal para: cuando el preservativo se rompe o se sale, cuando la marcha atrás resulta malograda, cuando os olvidáis de la píldora durante más de dos días seguidos o el diafragma se sale antes de tiempo, tras una borrachera espectacular con metedura de pata incluida o, en el peor de los casos, cuando se ha sido forzada sexualmente sin protección.

El DIU de emergencia

Cómo funciona: este método puede utilizarse hasta al cabo de cinco días de practicar el sexo sin protección y consiste en que el ginecólogo os pone un DIU para inhibir la implantación en el útero de un óvulo fertilizado. Luego se puede dejar para que sirva como método anticonceptivo (o si lo preferís, también podéis pedir al médico que os lo saque).

Promedio de resultados: tiene una eficacia del 99,9 %, un dato estadístico que nos encanta.

Ventajas: os da más tiempo de ir al médico después de haber practicado el sexo sin protección que en el caso de la píldora del día después.

Inconvenientes: si no sois del club DIU os resultará un poco más duro que tragaros unas cuantas píldoras, y entre los efectos secundarios podéis experimentar punzadas intensas, malestar abdominal, sangrado vaginal, infecciones varias, y en casos *muy, muy* extremos la posibilidad de una perforación uterina. Asimismo, los DIU aumentan el riesgo de padecer enfermedad pélvica inflamatoria e infertilidad (p. 168), razón por la cual no resulta un método anticonceptivo nada aconsejable para mujeres que tienen un elevado riesgo de contraer ETS (p. ej., mujeres con muchas parejas y muy pocas dotes de comunicación).

Ideal para: no resulta *nada ideal* si padecéis una ETS (o sois susceptibles de padecer una) ni si tenéis antecedentes de enfermedad pélvica inflamatoria o de otras infecciones relacionadas con vuestro aparato reproductor. En caso contrario, cualquier posible accidentada puede recurrir a él.

Otros recursos

Para más información sobre métodos anticonceptivos de emergencia, id a un centro de asistencia primaria o al centro de planificación familiar o asociación de contracepción más cercano. En el apartado "Recursos útiles" (p. 243) encontraréis direcciones útiles.

Advertencia

No en todos los países se comercializan ni están aprobados por las autoridades sanitarias los mismos fármacos, y muy a menudo la marca comercial de los productos que contienen los mismos principios activos puede variar.

Todos los fármacos descritos en este capítulo deben ser recetados por vuestro médico, quien también os aconsejará sobre el método anticonceptivo más adecuado para cada caso.

salud para ellas

higiene y cuidados básicos

Si hay algo que aprendimos en el capítulo sobre enfermedades de transmisión sexual (ETS) es lo siguiente: cuando se trata de infecciones, las más jodidas siempre son las mujeres. Es que ésta es la naturaleza misma de la jungla: un lugar húmedo y lleno de oscuras cuevas que son un verdadero paraíso para todo tipo de parásitos rastreros y microscópicos. A pesar de que, como les gusta decir en el mundillo de la cirugía transexual, resulta más fácil "hacer un agujero que tallar una flauta", para mantener sana una vagina se requieren bastantes más cuidados que para darle alegría a un pájaro carpintero, porque mientras el pito es de por sí un instrumento bien lubricado, las almejas requieren mucho cariño y delicadeza. Así que vamos a presentaros algunas de las cosas que pueden funcionar mal y algunos de los modos en que podéis evitar que se averíen, junto con un anexo relativo a la sierra que se erige al norte del Valle Vaginal, más conocida como Montes Gemelos.

La vaginitis

Ésta es una de las palabras menos *sexys* del mundo y se suele emplear como término genérico para designar todas las catástrofes que le pueden suceder a una mujer en sus regiones australes. Básicamente hace referencia a cualquier tipo de inflamación vaginal provocada por bacterias, hongos (p. ej., la candidiasis), parásitos y virus. Dos de las variedades de vaginitis más comunes son la tricomoniasis y la vaginosis bacteriana, y entre otros de los miembros de esta esperpéntica familia se hallan la vulvitis y el síndrome de dolor vulvar crónico o vulvodinia, por lo que lo más probable es que cualquier cosa que empiece con "v" pertenezca al clan. En algunos casos la vaginitis se transmite por vía sexual, y en otros es consecuencia de una irritación provocada por un polvo salvaje, un jabón de mala calidad, ciertos medicamentos, una dieta desequilibrada, etc. Sus síntomas suelen manifestarse de forma encadenada y consisten sobre todo en una secreción vaginal anormal y un agudo escozor, aunque para un diagnóstico más preciso se debe acudir a un especialista. En cualquier caso, para proteger vuestro florido chichi de esta mafiosa pandilla no hace falta conocer todas estas sonoras palabras que empiezan por "v" (para saber más, leed "Los cuidados del conejito", p. 202).

La candidiasis vulvovaginal (infección por hongos)

La *Candida albicans* conocida también como monilia no es ningún bicho monstruoso, sino simplemente un hongo semejante a la levadura, y aunque es cierto que la levadura es un producto divino (con ella se hace el pan y la cerveza, dos productos vitales) es evidente que en la vagina queda tan bien como un pedo en una misa. Normalmente cualquier conejo sano tiene cierta proporción de dicho hongo, aunque las buenas bacterias lo mantienen a raya. Pero cuando el sistema está hecho polvo (para más ejemplos, leed el apartado "Los cuidados del conejito", p. 202) estos hongos proliferan como setas. Hasta que una se siente totalmente asediada. El caso es que la candidiasis es una de las infecciones más corrientes entre las mujeres de menos de treinta y cinco años, lo que no excluye ni las vírgenes ni las reprimidas, ya que de hecho todas las mujeres la pillan por lo menos una vez en la vida y algunas es posible que bastante más que eso. ¿Qué más podemos decir? Sí, la vida es muy jodida. Aunque siempre nos quedan el pan y la cerveza…

Entre los síntomas más frecuentes de la candidiasis se hallan un intenso escozor en las partes, una secreción blanca, espesa y cremosa (que no suele oler muy mal, aunque eso no resulta un gran consuelo cuando tienes las bragas llenas de requesón, ¿verdad?), una intensa rojez en los labios mayores, llagas y escozor al orinar. Sin embargo, no siempre se manifiestan todos estos síntomas, así que si no os escuece que os sentís morir, es probable que no se trate de una candidiasis vulvovaginal.

La candidiasis se puede contraer a través del coito o del sexo oral sin protección, aunque suele ser consecuencia de un sistema inmunitario débil. Por lo general, el pH de la vagina suele ser bastante ácido, mientras que la *Candida albicans* se siente mejor en un entorno que sea poco ácido, así que cualquier cosa que reduzca el pH de la vagina (como el semen o la menstruación, por ejemplo) es susceptible de provocar una candidiasis. También los antibióticos suelen ser sospechosos habituales porque contribuyen a diezmar a las buenas bacterias que se encargan de mantener los hongos a raya. Además, como un conejito cálido y húmedo es terreno abonado para los hongos, debéis evitar los tejidos que contribuyen a retener la humedad (como los elásticos y sintéticos), aunque si sois de las que no pueden vivir sin ellos vais a necesitar mucha más ayuda de la que podemos ofreceros.

En caso de sufrir una candidiasis, la mayoría de las mujeres suelen diagnosticarse ellas mismas porque les resulta mucho más fácil y rápido ir a la farmacia que pedir cita al médico (claro, ¿a quién le gusta perder tres horas en la sala de espera con los hongos atormentándole los bajos?). En general, tanto los óvulos vaginales que se pueden conseguir sin receta (o cualquier otra cosa indicada que os metáis ahí dentro) como las cremas intravaginales suelen zanjar el tema en el espacio de entre tres y cinco días. En cualquier caso, evitad los tratamientos de un día porque además de no eliminar totalmente la infección, puede que faciliten la aparición de otra infección mucho más difícil de controlar. Del mismo modo, en caso de padecer candidiasis recurrentes (p. ej., cada dos meses o más) o crónicas (p. ej., si los tratamientos habituales no funcionan) debéis acudir al ginecólogo, y lo mismo si cuando la tenéis también experimentáis dolor en la zona de los ovarios o algo de fiebre, ya que la presencia de infecciones frecuentes puede indicar que vuestro sistema inmunitario está débil como consecuencia de una posible infección en otra parte del cuerpo (p. ej., cáncer, VIH o algo menos dramático como por ejemplo una diabetes).

También puede que seáis víctimas de una funesta infección vaginal mucho menos común o de un herpes, que de hecho se comporta como la candidiasis y, aunque parece curarse con los medicamentos habituales contra los hongos, lo único que hace es hibernar durante un mes antes de volver a despertarse. E incluso puede que seáis víctimas de una candidiasis especialmente escurridiza que requiera únicamente un tratamiento de choque recetado por el médico. Para más información sobre cómo protegeros de las infecciones por hongos, consultad "Los cuidados del conejito" (p. 202).

Las infecciones urinarias (IU)

Las infecciones urinarias son el peor dolor conocido por el hombre. Eh..., rectifiquemos: de hecho las IU son el peor dolor conocido por la *mujer*. (Está bien, que quizá no son el *peor* dolor conocido, pero intentad hacérselo comprender a una chica que tenga una; y luego salid por piernas.) Por lo general suelen estar provocadas por unas bacterias que se alojan en el ano llamadas *Escherichia coli* y que se propagan a la uretra y a la vejiga y pueden llegar incluso hasta los riñones. La infección de la vejiga, más conocida como cistitis, es el tipo de IU más frecuente en la mujer porque como su uretra es mucho más corta que la del hombre y las bacterias tienen que hacer un viaje más corto hasta llegar a la vejiga, resulta mucho más propensa a infectarse. Además, la uretra de la mujer también es vecina de rellano de su ano, a diferencia del ojete del hombre, que vive en las afueras de la minga. Entre los síntomas de la cistitis están un escozor intenso y un dolor que te cagas en el chichi cuando meas y un escozor intenso y un dolor que te cagas en el chichi cuando no meas; unas ganas constantes de orinar aunque hayas cambiado el agua al canario y la posibilidad de que se te escape y te orines encima, así como la presencia de sangre o pus en la orina y una ligera fiebre. Vamos, la peor pesadilla imaginable para una primera cita. Los síntomas se manifiestan al cabo de un día o dos después de que la *E. coli* se te haya apalancado en casa. En caso de no tratarse correctamente, la cistitis puede provocar un intenso dolor abdominal o lumbar y acabar derivando en pielonefritis (una infección del riñón y de las vías urinarias).

Para propagar la *E. coli* ni siquiera hace falta jugar con caquitas, y de hecho basta con cualquier tipo de coito, incluso con una sesión vaginal especialmente impetuosa en la que los jugos vaginales transportan cosas arriba y abajo o una sesión de sexo anal. Sobre todo se debe vigilar a los intrusos que meten la cola por la puerta delantera después de haber hecho una incursión por la trasera sin limpiarse antes. Claro que también puede ser culpa de unos malos hábitos higiénicos al limpiarse, así que chicas, recordad: siempre es necesario limpiarse de delante hacia atrás y con papel que no hayáis usado. Como la vagina es una criatura hipersensible, las que tienen una pareja nueva también corren un mayor riesgo, porque como su conejito tiene bastantes más dificultades a adaptarse al entorno bacteriológico del recién llegado, puede padecer una cistitis de padre y muy señor mío.

En algunos casos es posible experimentar los síntomas típicos de una IU (o una versión leve de dichos síntomas) sin necesidad de una infección, especialmente en caso de beber te, café o alcohol en grandes cantidades, de estar deshidratada, de tener el síndrome premenstrual, de utilizar un diafragma (si su borde exterior ejerce una presión demasiado fuerte sobre la uretra a través de la pared vaginal), de haberse tomado un baño perfumado, de acabar de ser aporreada en el punto G o en la esponja uretral durante una intensa sesión de sexo, o de sentirse baja de energías o estresada en general. Estos leves síntomas impostores los podéis diagnosticar y medicar vosotras con la ayuda del farmacéutico, que os puede aconsejar algún tipo de analgésico indicado para este tipo de infecciones. Tomarse este tipo de milagrosos medicamentos tiene algo de experiencia mística, aunque tiñan momentáneamente la orina de un naranja intenso (como la fenazopiridina, que deberíais evitar ya que recientemente se ha asociado con serias disfunciones renales). En cualquier caso, evitad las especias fuertes como el curry o el chile, y bebed lo suficiente para vaciar el agua del canario por lo menos una vez cada hora (y a poder ser bebed sólo agua, que es lo mejor). En caso de que el dolor no desaparezca al cabo de veinticuatro horas, tenéis que ir al médico, porque si se trata de una verdadera cistitis bastará con una tanda de antibióticos para dejaros como nuevas.

Nos encantaría enseñar al mundo entero a cantar una canción que hable de amor, y acto seguido nos encantaría librar al mundo entero de las IU, así que cualquier chica que incluya los siguientes consejos en sus quehaceres diarios contribuirá un poco a que, un día no muy lejano, nuestro sueño se haga realidad:

- Cuando tengáis que ir, id. Haced pis cuando tengáis ganas, no os aguantéis. E intentad vaciar totalmente la vejiga cada vez que meéis.
- Orinad antes y después del sexo: sirve para expulsar las bacterias que pueden causar una IU.
- Bebed zumos de fruta naturales (especialmente de arándano) y tomad mucho yogur. No va a curaros una IU ni a mitigar el dolor, pero su consumo diario entre cuatro y ocho semanas seguidas os protegerá contra futuras infecciones (estos alimentos contienen una serie de sustancias químicas que evitan que las bacterias se instalen en vuestras vías urinarias).
- Algunas mujeres especialmente propensas a las IU suelen tomar antibióticos para prevenir las infecciones cuando mantienen relaciones sexuales, aunque lo cierto es que el consumo continuo de antibióticos puede derivar en episodios recurrentes de candidiasis vaginal, con lo que al final el asunto se acaba convirtiendo en *La decisión de Sophie* de la vagina.
- Para más detalles sobre cómo evitar las IU, ver el apartado siguiente.

Los cuidados del conejito o lo que se debe hacer cuando se pone mustio

Aunque no podáis hacer gran cosa contra los estragos que provocan las hormonas en vuestro cuerpo, sí existe en Vaginalandia un montón de factores que tienen un papel importante y que vosotras mismas podéis mantener bajo control. Los siguientes consejos os ayudarán a oler como es debido (sin necesidad de utilizar un ambientador con perfume a rosas) y también a que vuestro cuerpo mantenga a raya las cistitis, candidiasis y otras variantes de la vaginitis.

Conoced vuestra fragancia personal. No hace falta que apliquéis aromaterapia en las partes porque cada cual tiene su propio olor único e intransferible, así que deberíais aprender a venerar el vuestro como a un amigo de verdad. Familiarizaos con él (sin romperos el cuello) y tomad nota de las sutiles variaciones que experimenta vuestro *bouquet* en distintas situaciones y momentos como consecuencia de la excitación sexual o de los cambios hormonales. Así, por ejemplo, durante la ovulación podéis exhalar un olor más intenso para atraer a los machos y vuestra vagina puede segregar mucho más flujo para proteger y guiar a los espermatozoides hasta el útero (¡oh, qué seductor, el flujo, qué *sexy*!). Conclusión: cuanto más familiarizadas estéis con vuestro ciclo oloroso, más fácil os resultará percibir anomalías que puedan indicaros la presencia de alguna infección en los bajos.

La vagina da sus campanadas de aviso. La presencia de una secreción anormal es el signo más evidente de que tenéis una infección vaginal, así que debéis saber lo que es para vosotras una secreción "normal". (Por última vez, chicas: cuando se trata de las partes sacrosantas no existe ningún valor universal para la "normalidad"). Tener secreciones vaginales suele ser de lo más normal, pues la vagina y el cuello uterino están recubiertos de mucosas (parecidas a las que tenéis en la boca o la nariz) que segregan sustancias, y por lo general un flujo normal suele consistir en una secreción traslúcida o ligeramente lechosa, viscosa o aglutinada, y blanca o ligeramente amarilla cuando se seca. Así que si sabéis qué es lo "normal" en vuestro caso podréis reconocer las anormalidades "reales" (p. ej., una segregación de fuerte olor acre que os provoque un picor, escozor o irritación anormales) ya que, a su vez, estas anormalidades pueden ser síntomas de ETS como la tricomoniasis, la vaginosis bacteriana, la vulvitis, la candidiasis, la gonorrea y la clamidiasis.

De lo que se come se cría. Un consumo excesivo de azúcar, cafeína, hidratos de carbono refinados, carne roja, alcohol o nicotina pueden hacer que vuestro cuerpo huela mal, porque estos elementos suelen irritar la vejiga y hacen que vuestro conejito sea más propenso a criar hongos, mientras que si os alimentáis correctamente, vuestra pareja tendrá más ganas de comeros enteritas.

Agua corriente. Bebed ocho o más vasos de agua al día y evitad consumir refrescos azucarados que pueden favorecer una proliferación de malos bichos.

Puede que os encante el *look* de *Un paso adelante,* pero a vuestra vagina no le hace la menor gracia. Así que evitad la ropa ajustada (especialmente la ropa elástica muy *fashion*) así como las medias y la ropa interior sintética porque dificultan la circulación de aire en las partes, creando un hábitat cálido y húmedo ideal para que proliferen las bacterias (razón por la cual también suelen tenerse más infecciones en climas cálidos y húmedos). Ese tipo de tejidos también pueden irritar la uretra, así que aunque está claro que la ropa interior de algodón no es la más *sexy* del mercado, seguro que es la más guay en caso de vaginitis (¿Necesitáis otra excusa para pasar de usar bragas o dormir en pelotas?) Y en caso de veros obligadas a llevar tangas de leopardo, aseguraos de que tienen la entrepierna (o lo que quede de ella) de algodón.

No al estrés. No dejéis que vuestra vagina se estrese, así que relajaos, daos unos masajes, dormid a pierna suelta, practicad yoga o compraos un *punching ball.*

Lavaos detrás de los labios cada mañana. Literalmente, sacadle brillo a la almeja, a vuestro ojo ciego y a todo lo demás. Hay expertos que recomiendan hacerlo con parafina líquida no perfumada porque reseca menos que el jabón, pero creemos que es mejor hacerlo con un jabón suave, neutro y sin perfume. Cuando tengáis la suerte de practicar algo de sexo, acostumbraos a orinar y lavaros bien después de la sesión para evitar posibles cistitis.

Haced que él también se lave el pajarito. Aunque no es ningún remedio infalible, seguro que no resulta perjudicial hacer que los chicos se enjuaguen bien el aparato antes de proceder al sacrosanto acto.

Los productos para la higiene íntima tienen consecuencias fatales. Sólo se trata de superfluos productos inventados para resolver problemas inexistentes y ganar una pasta. Al igual que los oídos o los gatos, los conejitos se lavan a sí mismos. (De hecho los bastoncillos de algodón también son fatales. Sí, ya sabemos el gustito que dan, pero el oído es una criatura delicada y los bastoncillos pueden dañar el canal auditivo y apelmazar aún más el cerumen.) Vuestra vagina ya dispone de sus propias bacterias-soldado encargadas de luchar contra las infecciones, mientras que los productos para la higiene íntima lo que hacen es limpiar por igual los buenos y los malos, con lo que logran desestabilizar el pH de la vagina y dejar a vuestro conejito totalmente indefenso frente a cualquier infección. Además, esos productos pueden provocar reacciones alérgicas o propagar infecciones al útero y a las trompas de Falopio, dando lugar a problemas aún más graves como la enfermedad pélvica inflamatoria o EPI, (p. 168). Seguro que entonces ya no os sentís *tan* frescas y ligeras. Eso mismo se puede aplicar a los desodorantes íntimos en *spray,* así que ya podéis devolver el desodorante íntimo a su legítimo fabricante y ¡que se lo meta por ahí!

Las fragancias son para el popurrí. Ponerse desodorante en las partes suele ser una idea nefasta, ya se trate de tampones, de compresas, de papel higiénico, de ropa interior comestible, de bolsitas de lavanda, etc. Asimismo, el talco es altamente perjudicial para la salud, así que si no podéis evitar los productos perfumados de ese tipo (aunque deberíais hacerlo) por lo menos manteneos alejadas de todos las que contengan talco, porque algunos estudios recientes los han relacionado con el cáncer de ovario. Así que, ¿para qué arriesgarse? Algunos expertos recomiendan utilizar harina de maíz en su lugar (de hecho en muchos polvos para bebés se utiliza como sustituto) aunque otros sostienen que contribuye a fomentar la candidiasis. (Así que, ¿para qué arriesgarse?)

Limpiaos después de ir al baño. Evitad el papel higiénico perfumado o de color. No lo olvidéis: de delante hacia atrás, pero nunca a la inversa.

A veces el semen es un huésped molesto. El pH de la vagina suele ser bastante ácido por lo que cualquier cosa demasiado alcalina (p. ej., el semen) puede perjudicar su delicado equilibrio y favorecer la proliferación de bacterias. En caso de ser víctimas de candidiasis recurrentes intentad utilizar el preservativo (aunque tanto vosotras como vuestras parejas estéis utilizando otro método anticonceptivo).

Lubricaos con cuidado. Usad preferentemente lubricantes estériles e hipoalergénicos como el Liquid Silk® (p. 228) y evitad en lo posible otros productos elaborados con parafina o petróleo como la vaselina, porque además de permanecer en vuestro cuerpo durante más tiempo de lo que pensáis, pueden mantenerse pegados a las paredes vaginales durante varios días seguidos proporcionando cobijo a todo tipo de bacterias. Pero en cualquier caso lubricaos bien, porque un coito en seco suele provocar una irritación de la vagina que puede acabar derivando en una infección.

Manteneos frescas como rosas. El mayor enemigo de la vagina es un sistema inmunitario débil (razón por la cual tanto las cistitis como las candidiasis son tan frecuentes en personas que tienen deficiencias inmunitarias, como los seropositivos). Así que tomad vitaminas, dejad de fumar, id al gimnasio de una vez y atiborraos de verduras.

Algo más que punzadas y susceptibilidad. Los cambios hormonales que experimenta vuestro cuerpo, así como la presencia de gran cantidad de sangre alcalina, hacen que durante la regla seáis más propensas a contraer algún tipo de infección. (¡Viva la regla!) Así que, cuando llegue el día indicado del mes, estad alerta. Algunos expertos sostienen que los tampones dejan respirar más la vagina que las compresas gruesas, mientras otros alegan que las compresas resultan menos irritantes para la vagina, así que lo mejor es usar lo que mejor funcione, asegurándoos de cambiaros los tampones o las compresas cada equis horas y de asearos los bajos por lo menos dos veces al día.

No es culpa mía sino tuya. Si la infección se vuelve recurrente puede que tu vuestra pareja os esté infectando, aunque no presente síntomas evidentes, así que usad métodos de barrera y haced que vuestra pareja reciba el tratamiento indicado (puede que ello requiera visitar a un médico porque en general para las candidiasis no existen tratamientos para chicos sin receta médica, así que necesitará que un especialista le recete algo).

No hace falta preocuparse, es mi anticonceptivo. Algunas píldoras anticonceptivas pueden fomentar las infecciones en ciertas mujeres, al igual que los diafragmas y algunos tipos de espumas, por lo que encontrar el método anticonceptivo más compatible con vuestra propia naturaleza es como encontrar a vuestra media naranja (para más información, p. 185). Acordaos: después de una infección deberíais cambiar el diafragma.

Una mente con dos cabezas: las gemelas blandas

Quién habría dicho que ese montón de tejido adiposo, fibroso y repleto de ganglios pudiera tirar más que dos carretas, llegar a controlar los medios de comunicación, hacer tambalear civilizaciones enteras y reducir las mentes humanas (mujeres incluidas) hasta convertirlas en flanes de puro huevo. La mayoría de las chicas, incluso antes de que les empiecen a brotar sus tetas gallegas, son perfectamente conscientes de la obsesión mundial por los pechos, lo que puede llegar a complicar considerablemente la relación con su par de melones, por no hablar de la relación entre sus melones y los extraños chicos llenos de acné que quieren magreárselos a toda costa, porque aunque las erecciones en clase de mates pasan, su deseo mamario es eterno. El poder de los pechos, ya sea su poder de dar vida o su potencial erótico y su apetecible suavidad de mimosín puede ser extremadamente turbador, pero muy a menudo dicho poder se ve ensombrecido por ordinarios motes, expectativas totalmente irreales y cargantes reposiciones de *Los vigilantes de la playa*. Así que inclinémonos ante el altar de los senos y dediquemos algo más de tiempo a conocer el interior de las chicas.

Con las pechugas al aire

La mayoría de los pechos no constituyen un conjunto perfectamente simétrico, y muy a menudo el izquierdo puede llegar a ser mayor que el derecho hasta en una talla. Algunas veces también es más alto que el derecho o apunta un poco más hacia el suroeste, algo completamente natural. Entre los factores que inciden en el tamaño global de los pechos están la edad, los genes, el volumen de tejido mamario, el aumento o pérdida de peso, el embarazo, el grosor o elasticidad de la piel del pecho, posibles cambios hormonales (especialmente los provocados por el ciclo menstrual) y la menopausia, aunque muchas veces lo único que hace falta para marcar la diferencia es un sujetador mínimamente decente.

Tanto el pezón como la areola (el círculo que rodea el pezón) se pueden encontrar en todo tipo de tallas y colores, y casi siempre vienen en un tono rosa o marrón algo más oscuros que el resto de la piel. La mayoría de las areolas tienen unos pequeños bultitos en la superficie que contienen las glándulas sebáceas encargadas de segregar el lubricante destinado a proteger los pezones durante la lactancia (del bebé, no de la pareja). También es habitual que la areola esté rodeada de pelos que pueden proliferar con los años o si se toma la píldora. (Pues sí, ya veis, no estáis solas, y además es perfectamente normal que los arranquéis con pinzas si no os gustan, aunque si lo hacéis frotaos luego con una toallita para evitar que se os queden enquistados.) Los pezones pueden ser cilíndricos, planos, redondos e incluso invertidos, y la mayoría de ellos se ponen firmes y totalmente atentos en respuesta a estímulos tales como los vientos del Ártico, un roce casual o una buena peli porno. (Así que ahí va un importante mensaje para catorceañeros: no, los pezones erectos no sólo no son un signo automático de excitación sino que incluso hay mujeres que los tienen permanentemente en ese estado sólo porque sí.) La estimulación de los pezones cataliza la producción de una hormona llamada oxitocina que, a su vez, desencadena una sensación de hormigueo en las partes bajas. A medida que una mujer se hace mayor, sus pechos van perdiendo densidad (menos tejido mamario y más tejido adiposo) y la piel se le dilata considerablemente (así que a cada cual le corresponde pillar lo bueno y lo malo del asunto).

Los únicos pechos que realmente no tienen demasiada personalidad son los falsos, y de hecho una de las cien maneras con que puedes identificar a una mujer siliconada es por sus dos impasibles globos (inmóviles incluso con viento huracanado) que, aunque son blandos, no son ni suaves ni esponjosos.

Autoexploración de mama

A partir de los 20 o de los 30 años deberíais examinaros los pechos por lo menos una vez al mes (el mejor momento es la semana que sigue a la menstruación, que es cuando están menos sensibles) para detectar cualquier posible bulto o anomalía. Ya. Sabemos perfectamente que esto lo habéis oído bastantes más veces que "¡vaya tetas!" al pasar al lado de una obra en un tórrido día de verano, pero el caso es si lo hacéis o no. Porque, y va en serio –una de cada ocho mujeres padece un cáncer de mama a lo largo de su vida– la autoexploración de mama es bastante más importante que lavarse los dientes (¿lo hacéis, no?) y a los ojos de vuestra pareja suele ser bastante más divertido. Consultad la página de la Asociación Española Contra el Cáncer: *www.aecc.es*, o bien pedidle a vuestro médico de cabecera o a vuestro ginecólogo que os hagan una demostración de cómo examinaros los pechos la próxima vez que tengáis visita. En el apartado "Recursos útiles" (p. 242) encontraréis más direcciones.

La mamoplastia de aumento

La mayoría de los hombres juran y perjuran que, en una cita a ciegas, podrían distinguir sin dudarlo un instante entre los Melones Genuinos y los Globos de Silicona, aunque es obvio que lo que en el fondo quieren es que las chicas se levanten la camiseta. Claro que si se resolviera por el método manual no habría modo de equivocarse, porque es evidente que no existe posibilidad alguna de confundir el tacto *nature*. Tal vez no persigáis un resultado tan efectivo. Pero prometednos que no vais a poneros implantes sólo porque alguien os ha pedido que lo hagáis, ¿vale? Y por lo menos tened un poco de orgullo: si os habéis propuesto rellenar vuestro sujetador de por vida, dignaos pagar esos dinerillos vosotras. Y, por lo que más queráis en este mundo, realizad la intervención en un centro que disponga de los correspondientes permisos y que trabaje con implantes salinos –mejores que los de silicona– aprobados por las autoridades sanitarias. En realidad, el procedimiento es bastante seguro y sólo debería tardar entre una y tres horas (sin necesidad de hospitalización) y dejaros una cicatriz mínima. E incluso si luego se os llegaran a deshinchar los implantes (¡qué pasa: no es tan raro!) vuestro cuerpo reabsorbería la solución salina sin mayores consecuencias para vuestra salud y sólo tendríais que someteros a una intervención quirúrgica para que os extrajeran esas tristes bolsas vacías. Porque los realmente peligrosos son los implantes de silicona (de hecho, en Estados Unidos su uso médico no está aprobado por las autoridades sanitarias). En cuanto a dar el pecho, siempre y cuando vuestro cirujano no os introduzca los implantes a través del pezón, no deberíais tener problemas. En principio, los únicos efectos secundarios deberían consistir en un dolor insoportable durante el postoperatorio, un ligero riesgo de ver reducida la sensibilidad del pezón hasta el entumecimiento y una sensación de por vida de llevar puestas un par de boyas. Así que antes de dejaros llevar por la fiebre de las tetas grandes, meditad bien vuestra decisión durante por lo menos el mismo tiempo que tardarías en plantearos si tatuaros o no el nombre de vuestro novio en las nalgas (muchas chicas se han arrepentido de ambas decisiones). Si queréis información actualizada, podéis consultar con expertos sobre las prótesis de mama, algo que os recomendamos encarecidamente antes de que os pasen por el bisturí.

Y en cuanto a todos esos sospechosos anuncios que pasan por la tele a las tantas de la madrugada haciendo publicidad de bombas de pecho, geles, pastillas, sujetadores para "musculación", y crece-tetas milagrosos, sólo os vamos a decir dos palabras: Wonder Bra. Es la única cosa (aparte de las prótesis, embarazos y aumento de peso) que podría ensanchar la figura de tantas chicas sin ángel.

La mamoplastia de reducción

"¡Menos tetas y más carretas!" Éste es el grito de batalla de muchas mujeres que toda la vida han sufrido de melones demasiado grandes para su delicada complexión física, ya fuera por el dolor que les causaba, por problemas de espalda, por propia conciencia o por la angustia vital que les generaba ser objeto de miradas indiscretas y silbidos provocadores (de hecho éstas son las mujeres que les dicen a las que eligen el aumento de mama: "Cuidado con lo que deseas"). Después de la operación, tal vez tengáis menor sensibilidad en la zona, y existe la posibilidad de que no podáis dar el pecho. En total, la intervención suele tardar entre una y tres horas y puede que requiera una noche de hospitalización, en función del tipo de anestesia que os pongan. En cuanto a las cicatrices, suelen ser algo más pronunciadas que en el caso de los implantes (especialmente si sois fumadoras) y nunca acaban de desaparecer del todo, aunque tal vez os parezca que igualmente vale la pena. Y recordad: cuidado con lo que deseáis.

salud para ellos

higiene y cuidados básicos

EN primer lugar, detestamos tener que soltarlo así, pichaflojas (y lo de pichaflojas os lo decimos con todo el cariño del mundo) pero el tamaño *sí* importa. Ya está, ya lo dijimos. Pero en palabras del gran Einstein –y es evidente que estaba hablando de flautas de carne y hueso– todo es relativo. Sí, es cierto que algunas gentes guardan un nostálgico recuerdo de ciertos penes de su pasado, y algunas personas incluso guardan un recuerdo especialmente nostálgico de cierto apuesto y delicado pene, o de un apuesto y fornido pene, o de un pene que les encajaba perfectamente. Pero lo que para una persona puede que sea un pepino de esbeltas formas para otra sólo es una triste morcilla rancia y para una tercera un trozo de carne estofada. Porque el hecho de que un pene sea grande y bonito no garantiza que se convierta en un pene recordado con nostalgia y cariño por alguien, y ser bonito y grande tampoco le garantiza un ajuste perfecto. Algunas veces es incluso mejor que sea algo más pequeño, porque al igual que hay penes en todo tipo de tallas distintas, también las vaginas (o las cavidades anales, que para el caso vienen a ser lo mismo) se pueden encontrar de diversos tamaños.

Puede que cada pene tenga una vagina gemela (de su talla exacta) dando vueltas por ahí, pero sea como sea, la mayoría de las terminaciones nerviosas de la vagina se hallan justo en la entrada y las mujeres tienen muchas más posibilidades de llegar al orgasmo con la estimulación externa del clítoris que con el martilleo vaginal. En cuanto a los canales, tanto el anterior como el posterior son bastante flexibles y elásticos, con lo que pueden dar cabida a casi cualquier cosa independientemente de su tamaño; con un poco de cariño y ternura, evidentemente. Aunque encajar bien siempre ayuda, lo importante es saber jugar con las piezas que uno tiene. Y una cosa más: la mayoría de los hombres heterosexuales han visto bastantes penes fláccidos a lo largo de su vida, pero ¿cuántos de ellos han visto unos cuantos penes bien erectos y en primer plano? (No, el porno no cuenta.) El caso es que la erección es una gran igualadora, y de hecho en su camino hacia la cumbre los penes pequeños casi siempre acaban dando alcance a los más grandes. Así que aunque vuestro compañero de ducha en el gimnasio tenga una tranca de aúpa, eso no quiere decir que, una vez hinchada, sea mucho más grande que la vuestra. Por si os lo estabais preguntando, os diremos que la longitud media de un pene erecto es de unos 15 centímetros, y la circunferencia media de una verga dura es de unos 12 centímetros. Aparentemente, la erección más pequeña jamás documentada en un hombre es de 6 centímetros (¿podéis creer que dejó que alguien se le acercara con una cinta métrica para medírsela?), y la más grande, de 28 centímetros.

Y por si aún no estáis suficientemente orgullosos de vuestra supertrompa, intentad mirarla delante de un espejo. Va en serio. Seguramente, si la miráis de arriba abajo os parecerá más pequeña (es por el efecto de escorzo, papanatas). Claro que también podéis probar a cortaros o afeitaros el vello púbico (algunos chicos creen que su vello púbico contribuye a crear la ilusión óptica de un mástil pequeño y se sienten mucho más... ¿cómo decirlo?... viriles después de afeitarse. Vaya ironía, ¿no?). Si sois más bien del club del michelín, el hecho de poneros un poco en forma también os ayudará a realzar vuestro pene, porque no hay nada como una curva a la altura del estómago para hacer sombra a un espécimen hermoso. De verdad, chicos: por cada 15 kilos que ganáis, vuestro vientre engulle un par de centímetros de la minga. Una última cosa: si ver los penes de otros hombres se os come la moral, ¡dejad de ducharos con hombres!

Pero basta ya de darle jabón al pene (hablando en sentido figurado, claro.) ¿Verdad que lo que queréis son datos concretos? Pues ahí van.

La faloplastia de aumento

La faloplastia o cirugía de alargamiento del pene es el único modo que se conoce para procurarse un aparato de mayores dimensiones y para siempre, aunque por lo general sólo aumenta la longitud y la anchura en estado de reposo (¿y a alguien le interesa tal cosa?). Además, se trata de un procedimiento caro y peligroso que no mejora en nada la vida sexual de su propietario. Pero vamos a ahorrarnos los detalles escabrosos. Sólo os diremos que en este terreno las chapuzas están al orden del día y que por lo menos un hombre ha fallecido en el quirófano.

Pero en fin, si realmente os preocupa el tamaño, quizá lo que más os convenga sea una terapia, porque además de ser un tratamiento más barato y más eficaz, no acabará derivando en desagradables "malformaciones del pene".

Pesas pesadas

Algunas personas afirman que colgar pesas del pene contribuye a alargarlo. Claro que la mayoría de personas que sostienen tal afirmación se dedican a venderlas. En principio, este tipo de pesas resultan más eficaces para personas que se hayan sometido a una operación de alargamiento del pene, sobre todo para ayudar a que "cuaje". Pero como ya hemos dejado clara nuestra opinión con respecto a este tipo de cirugía, pasaremos a comentar el uso de las pesas sin cirugía. Parece que en la India existen algunas tribus que se cuelgan pesas del pene a partir de los 6 años de edad, por lo que cuando llegan a adultos exhiben unos larguísimos y delgadísimos penes que resultan totalmente inútiles para el sexo. Para que veáis.

La naturaleza os echa una mano

Alguna gente cree que las plantas medicinales contribuyen a aumentar el tamaño del pene. Claro que la mayoría de los que dicen eso se dedican a venderlas. Así que si sois consumidores habituales de pastillas, las mejores opciones son el ginkgo biloba y el ginseng. Al ginkgo biloba se le atribuyen propiedades varias como activar la circulación sanguínea y relajar los músculos (lo que contribuye a sentir que todo funciona mejor por ahí abajo), mientras que el ginseng aumenta la producción de óxido nítrico (que tiene un importante papel en las erecciones) aunque por el momento no se dispone de estudios científicamente probados sobre el tema. Acordaos de que estas plantas medicinales no son ningún remedio milagroso sino más bien una especie de ayuda moral para una vida sana. Como sucede con la mayoría de los llamados "afrodisíacos", a menudo tienen más efecto placebo que otra cosa. Ni se os ocurra usar nada que afirme contener un infame afrodisíaco conocido como cantárida o "mosca española", porque está hecho de escarabajos en polvo (pues sí, como lo oís) y puede provocaros una irritación de la vejiga, cicatrices en la uretra, priapismo (una espeluznante y permanente erección) e incluso la muerte.

Bombas de vacío

¿Qué pasa con las bombas de vacío para el pene? Pues que os la ponen más grande porque os dan una erección. Ya veis. En principio se inventaron para hombres que tenían problemas para que se les levantara, por lo que si tenéis erecciones que no acaban de subir del todo un buen empalme con ayuda de una bomba de vacío puede que resulte un poquito más lucido. De hecho, lo que hace ese ingenioso artilugio –que más bien se parece a un instrumento de tortura medieval– es justamente bombear la sangre hacia el pene (y es que una erección natural consiste básicamente en un aumento del flujo sanguíneo en el pene, sólo que hay gente que tiene un poco más de caudal que otra). Lo que pasa es que después de utilizar la bomba suele ser más difícil eyacular, e incluso puede que os produzca un hematoma (¡au!). Además, cuando se baja la erección el pene vuelve al estado que tenía antes, sólo que un poco más morado, magullado y adolorido.

La curvatura del pene

Es algo totalmente normal. Llamadlo personalidad, si preferís. Porque todos los penes suelen doblarse hacia un lado, al igual que muchas mujeres tienen una teta más grande que la otra, y en principio ninguno de los dos casos afecta la vida sexual de nadie (a menos que estéis saliendo con una de esas típicas personas agilipolladas que se creen ese estúpido mito porno de que todas las partes del cuerpo son perfectamente simétricas). La única excepción es la extremadamente rara enfermedad de Peyronie, que consiste en una erección en forma de jota que resulta totalmente inútil para un coito normal. Si creéis que ése es vuestro caso, decidle a vuestro médico que le eche una ojeada a vuestro aparato.

La circuncisión

¿Afecta en algo al sexo? En principio no, porque un pene puede hacer bien cualquier tipo de trabajo independientemente de si está circuncidado o no. Claro que si uno le añade todas las tradiciones (o prejuicios) culturales y sociales es posible que sí acabe afectando en algo, al menos a determinadas personas (especialmente a los que siempre piden exactamente los mismo platos del menú).

Las investigaciones de los últimos veinte años han rebatido el tan cacareado mito higiénico de que los ejemplares no circuncidados suelen ser más marranos (y no en el sentido figurado del término), porque en la medida en que el pene se lave correctamente y de manera periódica no debería presentar problema alguno. Algunos estudios también han demostrado que la eliminación del prepucio no tiene mucha influencia en la salud cotidiana de los hombres (a menos que un matasanos les haga una chapuza con las tijeras, claro), lo que contradice la creencia popular de que la circuncisión protege a los mozos de las infecciones por hongos o las infecciones urinarias. Sin embargo, se ha demostrado que el cáncer de pene es más frecuente en los hombres que no están circuncidados o a los que se les circuncidó a edad más avanzada, y que la circuncisión en el bebé contribuye a reducir la posibilidad de padecer un cáncer de pene, aunque nadie parece saber bien por qué. Por otro lado, privarse del tijeterazo sólo implica que el Sr. Nabo lo va a sentir todo con mayor intensidad, porque el prepucio protege el glande del roce de la ropa interior y de un excesivo desgaste por el uso, por lo que cuando se quita la capucha, se vuelve supersensible. Algunos estudios sugieren que los hombres circuncidados son menos propensos a contraer el VIH y el herpes, pero diversas instituciones serias sostienen que aún no se dispone de pruebas suficientemente concluyentes sobre el tema para proceder a un cambio en la política sanitaria, ya que la mayoría de los estudios se hicieron entre hombres africanos no circuncidados, y por lo tanto la presencia de un prepucio no se puede considerar aisladamente como un factor de riesgo, ya que puede concurrir con otras prácticas culturales y religiosas relacionadas con los índices de transmisión de ETS. Por otro lado, algunos especialistas alegan que los miembros circuncidados, al carecer del factor "lubricante" que aporta el prepucio, son más susceptibles de provocar una irritación vaginal y, por tanto, pueden aumentar el riesgo de que una mujer contraiga el VIH (aunque tampoco se dispone de datos suficientes para ratificar esta hipótesis).

En lo que al sexo respecta, tras decidirnos a llevar a cabo una encuesta informal y espontánea, descubrimos que en definitiva el prepucio no desempeña un papel muy importante, pues cuando un aparato está empalmado, tanto los recortados como los sin recortar resultan prácticamente idénticos. De hecho, puede haber tanta diferencia entre dos morcillas con funda como entre una morcilla sin y otra con. A continuación ofrecemos algunas de las pocas variaciones que obtuvimos de nuestra encuesta:

- Las manolas practicadas a sujetos no circuncidados suelen requerir menos lubricación, pues al haber más piel, cualquier pellizco eventual resulta menos grave (p. 33).

- Durante un coito de larga duración el prepucio ofrece una fricción extra a la mujer.
- Un pene con cuello alto es más sensible a la excitación pues suele estar acostumbrado a llevar la zona protegida el resto del tiempo (y además, a más piel, más nervios y más… haced la suma vosotros mismos).

Si os preocupa la reacción que pueda tener la gente frente al estado de vuestro pene, informadles antes de lo que se van a encontrar. Si vuestra recién estrenada pareja os pregunta "¿Y el manual de instrucciones?", simplemente enséñale cómo funciona.

Productos lácteos

A pesar de que algunas veces huele a cloro, el semen (o, como gustamos de llamarle, la leche de los dioses) está hecho de fructosa, proteínas, enzimas, ácido cítrico, ácido ascórbico, sustancias alcalinas, un poco de zinc, un poco de hierro, y entre 200 y 500 millones de espermatozoides por chorro (aunque sólo constituyen un 1 % del fluido total). Pero el semen también suele acusar el estado de ánimo, y mientras algunas veces está más bien pegajoso y pálido, otras luce limpio y fluido. Algunas veces es como un géiser, y otras como un goteo. Pero en primer lugar se trata de un fluido corporal, y al igual que todos los fluidos corporales, acusa los efectos de la dieta y la deshidratación, por lo que cualquier cambio en vuestra dieta puede incidir en su consistencia y en su sabor (para más detalles, p. 45).

Otros factores que también afectan a la eyaculación son el tiempo transcurrido desde la última eyaculación (cuanto más tiempo haga, más espeso y agrumado lo tendréis), el ejercicio físico, un repentino predominio de los tejanos ajustados (que pueden alterar la temperatura de vuestras pelotas) y finalmente la edad y el tamaño del orificio uretral (cuanto más joven se sea, más pequeño se tendrá el orificio, con lo que más alcance tendrá el manguerazo).

El lavado de los bajos

Un lavado diario a base de agua y jabón os ayudará a mantener a raya cualquier infección por hongos como la tiña inguinal (a continuación). Además, si tenéis la intención de usar el pajarito con una compañía grata, es de buena educación jugar limpio. Así que debéis ser especialmente diligentes a la

hora de lavar la zona que se halla justo por debajo del capullo, que es donde se acumulan las secreciones conocidas como esmegma ("requesón" en vuestra jerga). Hay que bajar el prepucio y lavar toda la zona a fondo.

La tiña inguinal

La tiña inguinal o dermatofitosis es una infección de la zona de las ingles causada por un hongo llamado *Tinea cruris*, que es el malvado hermano mayor del pie de atleta (de hecho, muchas veces suelen rondar juntos). Si sois víctimas habituales de esta afección (pobrecitos) probablemente os podáis diagnosticar vosotros mismos, pero como el "picor en las ingles" suele ser un síntoma de muchos otros problemillas que sí requieren asistencia médica (p. ej. la sarna, p. 172) lo mejor es asegurarse y hacérselo mirar por un especialista. En caso de que la tiña inguinal se convierta en un huésped permanente de vuestro nido, haced que os lo vea un médico, porque la presencia de infecciones recurrentes de este tipo suele ser el indicador de un sistema inmunitario débil. Si estáis seguros de que se trata de tiña inguinal, siempre podéis comprar un *spray* o una crema de las que se venden sin receta médica y, en caso de que no os resuelva el problema, pedirle a vuestro médico que os recete algo un poco más contundente. En principio, el tratamiento suele durar unas dos semanas.

Sea como sea, no os dejéis dar por el culo, al menos por la tiña inguinal:

- Duchaos periódicamente, sobre todo después de una intensa sesión de ejercicio físico. Y secaos bien. O sea, no os limitéis a enfundaros los calzoncillos y a salir corriendo.
- Mantened el aparato bien limpio (estamos hablando de todo el aparato, cojinetes incluidos), pero evitad usar jabones batericidas o desodorantes pues pueden resultar irritantes.
- Si sois propensos a padecer tiña inguinal (o a que os suden a chorros las bolas) echaos un poco de antifúngico en polvo o maizena, y si hace falta repetid la operación varias veces al día, especialmente si os vais a sentar junto a nosotras.
- Si sois del tipo atlético aseguraos que vuestra ropa deportiva es de vuestra talla y de que no os roza en las partes.
- Limpiad con asiduidad la ropa de trabajo y no la dejéis húmeda y hecha una bola en la taquilla. Y por el bien de todo el mundo, lavad los calzoncillos regularmente.
- Comer ajo puede contribuir a prevenir las infecciones por hongos, aunque ciertamente se trata de un método con menos fundamento médico que la relación entre el ajo y los vampiros. En caso de hacerlo, inclinaos por la versión en cápsulas: a vuestros ligues les resultará menos desagradable.
- Cambiaos cada día la ropa interior. (Observación: un par de *boxers* usados no se convierten automáticamente en un par de *boxers* "limpios" sólo porque no los hayáis usado durante tres días seguidos.) Y si sudáis mucho, cambiaos aún con mayor frecuencia.
- En lugar de *slips* utilizad *boxers*, porque la ropa interior demasiado ajustada puede potenciar los hongos. Aun así, los rumores que corren sobre el asesinato del esperma masculino a manos de los *slips* son francamente exagerados, de modo que en aras de la estética podéis optar por ir alternando sin problemas entre *boxers* y *slips*.

El dolor de huevos

Sí, los huevos duelen, sobre todo si no llevan cáscara. No, no es para morirse. El dolor de huevos (o de testículos) ocurre cuando no tenéis el final feliz que esperabais y el esperma sale de los huevos (¡yujuu!) pero no consigue salir fuera del pene (¡ooohh!). O sea, el pene se congestiona por la enorme afluencia de sangre que recibe (lo que se conoce como erección) pero como la sangre no recibe la señal de la eyaculación para retirarse, se queda ahí esperando durante más tiempo de lo que sería deseable. Entonces duele. Duele un huevo.

El modo más rápido de aliviar el dolor es frotarse un testículo (consideradlo como una orden) aunque si no lo hacéis, al rato la sangre empezará a evacuar por sí misma y el dolor irá remitiendo solito. Ni que decir tiene que eso no es excusa para obtener los favores sexuales de vuestra pareja porque seguro que ya hace siglos que terminasteis la secundaria. Por cierto, chicas: también vosotras podéis experimentar un dolor parecido si no conseguís correros. Es lo que nosotras llamamos "dolor de labios".

La impotencia

El hecho de que nos hallemos en plena "revolución viagril" no quiere decir que no tengáis que intentar evitar la impotencia antes de que se manifieste (al igual que se hace con la acidez), porque aunque la impotencia no ahuyenta la erección, puede que atraiga una cardiopatía. Es que lo que contribuye a frenar a la una también contribuye a frenar a la otra, (¡premio doble!). Así que intentad llevar una dieta sana y baja en grasas, haced ejercicio regularmente y mantened la tensión arterial y el colesterol a raya. Ahí va lo más difícil: bebed con moderación. Y todavía más: no fuméis. Esta vez va en serio: aunque seguro que un puñetazo no ayuda a empalmarse, fumar de manera prolongada es todavía peor, porque puede dar lugar a una obstrucción irreversible de los vasos sanguíneos del pene. En caso de que vayáis mucho en bici, hacedles un favor a vuestras partes e invertid en uno de esos sillines que tienen un agujero en el centro, porque. además de disminuir la presión sobre la arteria que recorre vuestras partes pudendas (la que controla el flujo del pene), obra milagros sobre el esperma y la potencia sexual.

A menudo la impotencia sólo está en vuestra cabeza, así que hablad con el médico sobre las distintas opciones que tenéis, y en caso de que no mencione la posibilidad de una terapia de pareja o sexual, pensad en ello como una opción a tener en cuenta. Hablad con vuestra pareja e intentad encontrar juntos la mejor solución. Dejadle claro que no es culpa suya si no queréis que empiece a comerse la olla y acabéis teniendo un problema más.

La eyaculación precoz

A diferencia de la impotencia, la eyaculación precoz suele ser un problema esencialmente mental y por lo general sólo requiere entrenar y ejercitar el aparato. O sea, nada de lo que avergonzarse (os sorprendería saber el número de hombres adultos que optan por la autopista en lugar de la ruta panorámica). Si queréis le podéis echar la culpa a la evolución (en el reino animal los machos suelen terminar muy rápido para no caer en las garras de sus depredadores) o incluso a vuestros padres ("Oye, chico, ¿se puede saber qué estás haciendo ahí dentro?"). Si lo preferís, echadle la culpa a la pereza (la costumbre de años y años de pelársela en unos minutos es difícil de cambiar). En cualquier caso, la definición oficial de la eyaculación precoz es correrse en el momento de, o justo después de la penetración, y más de una tercera parte de los hombres menores de 35 años suelen padecerla al principio de una relación (ya sea por nervios, por estrés o por un exceso de estimulación) así como al final de un largo período de sequía. Pero si en vuestro caso se convierte en permanente tendréis que enseñar a vuestra minga a contenerse. Cuanto mejor conozcáis vuestros músculos pélvicos (p. 219) más conscientes seréis de los ciclos de respuesta sexual de vuestro cuerpo, por lo que lo mejor es que combinéis vuestro programa de ejercicios de Kegel con los métodos que os comentamos a continuación. Pero sobre todo sed pacientes, porque no se trata de algo que podáis resolver en cuestión de días o semanas, sino que es probable que os lleve varios meses. Así que debéis plantearlo como una reprogramación del funcionamiento de vuestro pene después de diez años seguidos de haber sido víctima de un lavado de cerebro por parte de la secta de los polvos rápidos.

Si tenéis una pareja estable debéis contarle lo que sucede. En primer lugar puede que os aporte algo de luz sobre las "dificultades" de la relación que pueden estar influyendo (mejor que lo hagáis en privado en lugar de optar por un *reality show*). Algunos de los motivos más esgrimidos por los psiquiatras suelen ser el sentimiento de culpa (¿le habéis puesto los cuernos, quizá?), los nervios, la falta de autoestima y la ansiedad (ya sabéis, ese tipo de cosas...). En segundo lugar, necesitaréis que vuestra pareja os ayude a poner en práctica los ejercicios que os proponemos a continuación. En tercer lugar, os hará falta su participación para que no aumente la bola de tensión sexual entre ambos, ya que el asunto requerirá una buena dosis de paciencia por ambas partes. Así que intentad ingeniaros un modo para que se corra que no sólo dependa de la cantidad de energía de vuestro nabo.

En caso de que os decidáis a entrenar al Sr. Ñaca Ñaca, lo primero que debéis hacer es identificar el instante preciso antes del "punto de no retorno". Luego, encontrar el modo de manteneros relajados en ese instante, primero en solitario y luego con vuestra pareja. Así que empezad masturbándoos con un objetivo concreto: intentar percibir lo que sentís justo antes de derramaros y lo que sentís justo antes de ese momento. Cuando sintáis que estáis a punto de correros deteneos y quedaos inmóviles. Esperad a que se os pase el momento crítico y luego volved a empezar. Probad a hacerlo varias veces seguidas para ver cuánto aguantáis. Seguro que vais a necesitar bastante práctica y es probable que las primeras veces se os caiga la baba, pero con el tiempo aprenderéis a deteneros y a volver a empezar sin problemas. Cuando sintáis que lo tenéis dominado, pedidle a vuestra pareja que os haga una paja guiada, y luego intentad hacer el mismo ejercicio durante el coito, es decir, inmovilizándoos totalmente o bien retirándoos en ese preciso instante, inspirando luego durante unos segundos, y terminando la partida. Sea cual sea la postura que adoptéis, concentraos en mantener los músculos del trasero lo más relajados que podáis. Probad también a reemplazar el clásico movimiento de mete-saca por otro un poco más circular que os ayude a reducir el roce de vuestro hipersensible glande.

los músculos del amor

ejercicios de Kegel para el niño y la niña

DA lo mismo si no habéis ido al gimnasio en toda la vida, porque en este caso sólo se trata de ejercitar vuestros músculos pélvicos para conseguir un buen tono sexual. No os preocupéis porque no vais a sudar ni una gota. Incluso podéis empezar a ejercitarlos mientras os leéis este capítulo. De hecho, os pedimos –por favor– que lo hagáis.

En la zona del perineo se hallan varios músculos, y dos de ellos atienden al título de pélvicos: el pubococcígeo, que recorre la zona de la pelvis desde el hueso púbico hasta el coxis (o rabadilla) tanto en el hombre como en la mujer, y el bulbocavernoso (o bulboclitorídeo en la mujer), que se halla justo encima y que es el que rodea la uretra, el perineo y el ano en un elegante recorrido en forma de ocho. Ambos músculos se contraen involuntariamente durante "La gran O", aunque también soléis contraerlos *voluntariamente* cuando no os queréis mear encima (de hecho, cuando la gente habla de los músculos pélvicos sólo suele referirse al pubococcígeo, pero lo cierto es que ambos trabajan en equipo).

Hasta la década de 1940, el importante papel subsidiario que jugaban los músculos pélvicos en el sexo fue bastante menospreciado, hasta que por fin apareció el Dr. Arnold Kegel, un reconocido ginecólogo estadounidense que empezó a recetar a sus pacientes (en su mayoría mujeres que padecían incontinencia urinaria) una serie de ejercicios para tonificar los músculos pélvicos (programa de ejercicios a continuación). Tras dedicarse a ejercitarlos durante un tiempo, dichas mujeres empezaron a experimentar un sorprendente efecto secundario (¡benditas ellas!) y sus vidas sexuales se vieron convertidas en una experiencia de éxtasis absoluto.

El caso es que los músculos pélvicos rodean la vagina, por lo que al fortalecerlos también se intensifican los orgasmos (o simplemente se producen). Desde entonces, estos ejercicios se conocen como ejercicios de Kegel (aunque algunos médicos los llaman ejercicios de fortalecimiento de la musculatura pélvica o simplemente ejercicios pélvicos, a pesar de que ninguna de estas dos denominaciones suena tan bien como "Kegel"). Seguro que si lo hubieran sabido en su día, muchas famosas presumidas también habrían cambiado sus fastidiosos ejercicios pectorales por otros que les habrían dado resultados más provechosos.

Hay que decir, sin embargo, que los ejercicios de Kegel no sólo son para las chicas, y aunque es cierto que a los chicos unos músculos pélvicos bien tonificados no los hacen volar tan alto, también lo es que puede ayudarles a alcanzar los montes de las erecciones superiores, la energía desbordada, manguerazos potentes y Os mucho más intensas (los récords varían según el sujeto). Además, cuando vuestros músculos pélvicos son pura roca, podéis hacer que vuestra cola se sacuda y se menee alegremente (sí, ese original truco vuestro de perro faldero) lo que sin duda contribuirá notablemente a alegrarle la velada a vuestro amorcito después de un duro día de trabajo. Por no hablar de que convertir vuestros músculos en obedientes esclavos sexuales es un primer gran paso hacia la inyaculación y el orgasmo masculino múltiple (suponiendo que os propongáis ir en busca de estas míticas y legendarias criaturas; para más detalles, pp. 4 y 92).

Entre las ventajas de las que se puede beneficiar toda la familia están un sustancial aumento del flujo sanguíneo en las partes contratantes (lo que siempre da gustito) y unos músculos mucho más capaces de experimentar y transmitir sensaciones intensas. Además, como el músculo bulbocavernoso recorre todo el ano, si aprendéis a relajarlo podréis hacer que vuestros juegos anales sean tan excitantes y divertidos como pretendían los magnánimos dioses que los inventaron... Sí, sabemos perfectamente lo que estáis pensando: ¿dónde estábamos durante todos estos años? Pero eso ahora no importa, porque estamos aquí, con vosotros, así que vamos a poneros en forma, ¿vale?

Cómo identificar los músculos correctos

Chicos y chicas: la próxima vez que salgáis para ir al baño, detened el chorrito durante unos segundos, ¿vale? (Y si tenéis mucha imaginación, haced como si os lo estuvierais aguantando ahora mismo). Después intentad sentir cómo se contraen esos músculos internos. ¿Los sentís? Bueno, pues esos son los músculos pélvicos. Para las señoras que necesiten un poco de ayuda a la hora de identificarlos puede resultarles útil meterse uno o dos dedos dentro de la vagina y luego contraerla (vale, también se pueden meter un nabo). Sólo hay que asegurarse de no hacer fuerza ni con el culo ni con los abdominales. Una vez hayáis descubierto dónde moran estos deliciosos músculos, no hace falta que sigáis reteniendo el pipí, porque aguantárselo demasiado no es bueno para la salud.

Ejercicios de Kegel para la niña

El fortalecimiento de los músculos pélvicos no sólo mejorará vuestra vida sexual sino que también puede contribuir a aumentar la lubricación vaginal y hacer que os resulte más fácil dar a luz (bueno, eso de "más fácil" es relativo, evidentemente), así como prevenir la incontinencia urinaria (especialmente después del parto), y el prolapso uterino (una desagradable afección hereditaria o consecuencia de sucesivos partos difíciles que consiste en que el útero se descuelga sobre la vagina). Estos ejercicios también os pueden ayudar a recuperar el tono muscular vaginal después de dar a luz para que esté en mejor forma física a la hora del sexo. Además, el hecho de tener un buen tono pélvico, como contribuye a aumentar la afluencia de sangre a la zona pélvica también incrementa notablemente la sensibilidad de vuestro punto G. Por si fuera poco, los ejercicios de Kegel hacen que sea más fácil llegar al orgasmo (incluso múltiple) y mejoran cualquier tipo de actividad sexual que requiera cierto control, y lo que es más importante aún, la capacidad de *no ejercer* ningún tipo de control, y concretamente la eyaculación femenina y el *fisting* (pp. 87 y 95 respectivamente). En fin, que para entender la importancia de la práctica kegeliana basta con hojear este libro y comprobar el montonazo de veces que remitimos al lector a este apartado.

La tabla de ejercicios

Si nunca antes habéis practicado el kegelismo, empezad poco a poco. En primer lugar, aseguraos de tener la vejiga vacía. Luego contraed ligeramente los músculos pélvicos, manteniéndolos contraídos durante unos segundos y relajándolos a continuación. Hacedlo unas cuatro o cinco veces seguidas y repetidlo tres veces al día. (Si os empieza a doler, volved a empezar pero más lentamente como haríais con cualquier otro ejercicio físico.) Cuando le hayáis pillado el tranquillo, aumentad progresivamente el número contracciones y de segundos hasta que podáis mantener el apretón durante diez segundos y hacerlo entre diez y veinte veces seguidas. Sólo con que lo hagáis tres veces al día tendréis garantizado medio camino al paraíso. Si queréis perfeccionarlo un poco más (¿y a quién no le gusta la perfección?)

combinad estos largos y cariñosos apretujones con una serie de breves y rápidas contracciones kegelianas (tres o cuatro apretones rápidos después de uno largo). Al igual que en la clase de yoga, intentad sincronizar la respiración con los movimientos, inspirando cuando contraéis los músculos, aguantando la respiración mientras los mantenéis contraídos y soltando el aire mientras los relajáis, o bien respirando hondo mientras practicáis la versión rápida.

Otro ejercicio que también puede ayudaros a ceder el control es intentar empujar como cuando se da a luz. Es como si intentarais expulsar de vuestra madriguera el dedo de un amante borracho que se ha quedadon K.O. mientras intentaba haceros cosquillas. Si conseguís empujar de esta manera por lo menos diez veces seguidas y tres veces al día entraréis en el sorteo del premio Consolador de Oro a la constancia, además de ser obsequiadas con un lote de orgasmos múltiples durante el resto de la vida. Así que practicad este programa de ejercicios durante seis semanas y veréis cómo empezáis a notar la diferencia en la cama, aunque sólo sea entre vosotras y vuestra mano izquierda.

Accesorios para volverse loca

Si queréis echarle salsa a vuestro programa kegeliano, comprad una barra de ejercicios (técnicamente conocida como haltera o "barbell") para la vagina. Como suena. (Las podéis encontrar en los mejores *sex shops*.) Este tipo de barras suelen estar hechas de acero inoxidable y son básicamente como consoladores, o sea, algo a lo que vuestra vagina se puede agarrar durante todo este juego de contracciones. Las mejores y más populares son las Betty Barbell®, diseñadas por la sexóloga Betty Dodson, o las Kegelcisor®. A través de Internet también encontraréis el KegelPro®, un artilugio de plástico parecido a una especie de cascanueces vaginal.

El único problema de los accesorios es que si os acostumbráis a trabajar con ellos os va a resultar más difícil practicar los ejercicios de Kegel cuando estéis esperando en la cola del súper, así que intentad combinar ambas modalidades. Y acordaos, sobre todo, de que no existen las sobredosis de ejercicios de Kegel.

El mejor momento para lucir músculos

La próxima vez que os la metan, aprovechad para intentar abrazársela con un buen kegel (hacerlo de forma repetida se conoce como "ordeñar" y a la mayoría de los chicos les encanta). Si no, intentad contraer los kegels la próxima vez que os la peléis. O concentraos en relajarlos cuando vuestra pareja esté a punto de caramelo, o intentad alargar las contracciones involuntarias de vuestro orgasmo contrayendo voluntariamente los músculos pélvicos cuando os corráis.

Ejercicios de Kegel para el niño

La práctica habitual de los ejercicios de Kegel es un buen modo de estrechar lazos con vuestro pene. (¿Y a quién no le gusta intimar con su pajarito?) Así que, cuanto más os esforcéis en identificar vuestros músculos (y ejercitarlos a voluntad), más conscientes seréis de lo que os sucede justo antes y durante el orgasmo (o sea, más allá del típico "¡Qué gustoo!"). Además, conseguiréis ejercer un mayor control sobre vuestra tercera pata.

Atención: cuando hablamos de control nos estamos refiriendo a que, aunque el Sr. P. siempre esté al volante y vosotros no seáis más que esforzados copilotos, con un poco de entrenamiento quizá se digne a seguir vuestras indicaciones (de vez en cuando).

La tabla de ejercicios

Es como el programa de las chicas: contraer, retener, relajar. Repetirlo y luego volverlo a repetir. Trabajad vuestra resistencia durante unas cuantas semanas siguiendo las anteriores instrucciones hasta que podáis mantener la contracción durante diez segundos seguidos, diez apretones, y tres veces al día. Luego añadidle la versión a cámara rápida. También podéis intentar empujar como si parierais, aunque probablemente no os salga tan natural como a las féminas.

Y cuando estéis aburridos o bien os muráis de asco en una fiesta, intentad menear la colita arriba y abajo ejercitando los kegels. Incluso podéis probar a echarle una servilleta encima para darle un poco más de dificultad y atractivo visual al ejercicio, tal como haría un mago que quisiera sacar una blanca paloma de un pañuelo limpio. Pero en cualquier caso, evitad colgarle algo que sea demasiado pesado (acordaos de que se trata de un truco que requiere gracia y habilidad y no de una competición de levantamiento de pesas). No penséis ni por un momento que ejercitar estos musculitos va a aumentar el volumen de vuestro chisme, porque no lo hará. Así que olvidaos de eso y aprended a valorar lo que Dios os dio.

El mejor momento para lucir músculos

La próxima vez que estéis dentro de vuestras parejas (¡qué suerte!), manteneos todo lo inmóviles que podáis e intentad menear dulcemente vuestra cosita, a ver qué os comenta vuestra *partenaire*... O intentad contraer los músculos justo antes o en el instante mismo de correros. Luego experimentad con el tema cuando estéis dándole al manubrio para ver qué efecto causa toda esa contorsión en vosotros y en vuestro orgasmo.

para que no chirríe

la importancia de la lubricación

VAMOS a dejar una cosa clara: los lubricantes comerciales no son terreno exclusivo de los sadomasos que quieren meterla hasta el codo, ni una "muleta" para los que tienen la maquinaria defectuosa. Echarle algo de vaselina al asunto tampoco quiere decir que "no funcionéis" o que seáis "frígid@s" o "pervertid@s". Para empezar, no todos los engranajes se lubrican a voluntad del sujeto. En cuanto a los chicos, es evidente que en términos de lubricación natural no tienen gran cosa que ofrecer (desde luego un par de gotitas de preeyaculación no son suficientes para lubricar a nadie). En cuanto a las mujeres, la lubricación natural no necesariamente va de la mano de la excitación sexual (y tampoco es invariablemente un indicio de excitación sexual y mucho menos garantía absoluta de que la moza esté a punto para la penetración). Las secreciones vaginales de las chicas suelen venir provocadas por las hormonas, y las hormonas suelen verse zarandeadas más a menudo que un chico nuevo en un campamento de verano, y de hecho, empezando por la regla, pasando por el embarazo o por una enfermedad y terminando por la menopausia, cualquier cosa puede incidir en la cantidad de lubricante natural que produce una mujer. Además, tanto el tabaco como la cafeína, el alcohol, la hierba, el estrés y algunos medicamentos contribuyen a resecar notablemente el ambiente. Así que si lo que necesitáis es un amigo bueno y fiel, un buen lubricante pegará con vosotros.

¿Todavía necesitáis más razones para utilizar lubricante? Pues porque una cola o un conejo irritados no son nada agradables; porque para internarse en las supersensibles cuevas y madrigueras de las chicas un poco de lubricante resulta de gran ayuda; porque es una nueva sensación que os va a gustar (y hasta que no la probéis no tenéis derecho a opinar); porque os permite explorar nuevas y fantásticas posturas que requieren un fácil acceso; porque os ayuda a meter las narices en lugares de por sí poco resbaladizos; porque hace que todo encaje perfectamente, especialmente cuando las leyes de la física se emperran en demostrar que no hay ningún jodido modo de que todo pueda encajar perfectamente; porque los condones sientan mucho mejor si están untados por dentro y por fuera con un poco de lubricante (y si no, prueba a poner unas gotitas en la puntita del glande antes de enfundarle la caperuza y verás lo mágico que resulta el polvo); porque un condón lubricado tiene bastantes menos posibilidades de romperse; porque ir mojado es de lo más *sexy*. Y porque lo decimos nosotras.

10 p.m. ¿Dónde está el lubricante?

Por si no lo sabéis, a continuación ofrecemos algunas recetas caseras para cuando lo único que funciona es una manola bien aliñada. Observación: las siguientes sugerencias son sólo para pajas viriles y *nunca* deben ser utilizadas en una vagina debido a su elevada sensibilidad y a su mayor tendencia a infectarse. Asimismo, en caso de que exista la posibilidad de que el trabajo manual derive en algo que requiera condón o guante, no utilicéis ninguno de los productos que contienen aceite (verificadlo en la etiqueta) porque estropean el látex.

* Crema de manos: mejor las no perfumadas y sin mentol. Cuanto más barata sea, más fluido será el movimiento, porque los productos más caros suelen ser no grasos y por lo tanto se absorben con mayor rapidez (lo cual es genial para el cuerpo, pero no para el miembro).

* Escupitajo: a mucha gente le encanta utilizarlo, básicamente por el toque viciosillo que le da al asunto, así que para darle un tono picantón escúpele en plena cara al Sr.Pepino. Vigila con la sequedad de boca, porque la saliva tiende a agotarse con facilidad cuando más se necesita, sobre todo si has estado empinando el codo. (...)

¿Cuándo se debe lubricar?

Pues cada vez que vayáis a internaros por el desagüe de residuos sólidos (aunque sólo sea con un dedo); cada vez que metáis la mano entera donde sea; casi cada vez que le hagáis a un mozo un trabajo manual (a menos que el sujeto en cuestión esté provisto de capucha y no lo necesite, o que os pida un trabajo en seco); de vez en cuando, durante el sexo oral, si sois personas propensas a padecer sequedad de boca o, simplemente, si le queréis añadir un toque sabrosón. En cuanto a los trabajos manuales para chicas, dejad que decidan ellas (aunque si la chica en cuestión nunca se ha remojado antes, deberías iniciarla: probablemente se dé cuenta de que ese pequeño toque de lubricante le da un empujoncito a su clito, y además nada es más triste que un clito que se adormece antes de tocar el cielo). Y en lo que a la penetración vaginal respecta (ya sea en versión carne y hueso o con un juguete) dependerá de la vagina, del pene y del juguete implicados (así como del día, el estado de ánimo, la postura, el método de barrera utilizado y las condiciones meteorológicas). Puede que un condón prelubricado no sea suficiente, especialmente si el asunto va para largo (o si lo que es especialmente larga es otra cosa). Los métodos de barrera no lubricados pueden echar a perder el asunto bastante rápido (lo cual no constituye ninguna excusa para pasar de usarlos), así que lo mejor es aderezarlos con algo fluido. Por último no se debe olvidar que la mayoría de los consoladores suelen absorber los jugos femeninos naturales con mucha más rapidez que un nabo de carne y hueso.

¿Con qué se puede lubricar?

Ahí es donde el asunto se vuelve interesante (o resbaladizo), porque tenéis más donde elegir que el guapo de la clase el día de la fiesta de final de curso. En primer lugar, el único lubricante de fabricación casera que deberíais utilizar con una chica es vuestra propia saliva (suponiendo que no tengáis ninguna infección bucal como el herpes oral) o su propio géiser natural (en ocasiones mana en cantidades suficientes para que baste con aprovisionarse con el dedo y untarlo a gusto del consumidor). En cuanto a los chicos, permiten una mayor creatividad, siempre que no tengan la intención de meter la minga en ninguno de vuestros orificios sagrados justo después de que les hayáis hecho un trabajito bien lubricado (para ver algunas sugerencias sobre el surtido de productos domésticos a los que podéis recurrir, leed el recuadro "10 p.m. ¿Dónde está el lubricante?"). En cualquier caso, la saliva no dura tanto, y además ser baboso es tan de adolescente… Y es que los mayores lo hacen con lubricante.

Los lubricantes comerciales se pueden dividir en tres categorías: los que son a base de agua, los que son a base de silicona, y los que son a base de aceite, y en cada una de estas categorías existen por lo menos 57 tipos distintos (es mejor que no le deis importancia al hecho de que la mayoría de los nombres comerciales sólo están un peldaño por encima –por lo que a mal gusto se refiere– que los títulos de las películas porno). ¿Preparados? ¿Listos? ¡Pues, venga, a mojarse!

Lubricantes a base de aceite

Los que son a base de aceite suelen tener una resistencia y una fluidez mucho mayores que los que son a base de agua, y además de que no suelen requerir una segunda aplicación, los podéis encontrar en prácticamente cualquier sitio (incluso en la despensa de la cocina) aunque no son el tipo de lubricante especialmente indicado para cualquier situación, porque el aceite estropea el látex, así que si utilizáis aceite mantenedlo alejado de condones de látex, guantes, barreras dentales o diafragmas. Es que el sexo seguro y el aceite no combinan bien. No estamos hablando únicamente de grasas, porque los productos a base de petróleo como la vaselina y la crema de manos también entran en la categoría de "a base de aceite". Tampoco deberíais utilizar este tipo de productos si hay una vagina de por medio, porque además de que el aceite resulta endiabladamente difícil de eliminar del cuerpo, puede permanecer dentro durante varios días seguidos, convirtiéndose en un caldo de cultivo para las bacterias y dando lugar a una infección (existen vaginas de acero inoxidable a las que no las afecta el aceite, pero si no estáis por completo seguros de lidiar con una de ésas, evitad esos lubricantes).

Así pues, ¿cuándo podéis utilizar lubricantes a base de aceite? Pues si se trata de la linda pija de un chico, en caso de que todo el trabajo que tengáis previsto hacerle sea manual. O para un masaje corporal completo en el caso de una chica, siempre que podáis evitar meterle mano en las partes privadas. O bien ano arriba, ya sea manualmente o con un condón de poliuretano como los de la marca Avanti®, ya que el aceite no degrada el poliuretano. Teniendo en cuenta que los tejidos que revisten el tracto anal se irritan con facilidad, deberíais limitaros a utilizar produc-

(. . .)

* Aceite para niños: aunque la etiqueta ponga "ideal para la piel del bebé" también suele poner "apto para todo tipo de pieles". Así que haced la suma.
* Acondicionador para el pelo: si estáis en la habitación de un hotel, evitad utilizar el jabón o el champú del lote, porque os pueden dejar el aparato reseco y agrietado como el Sáhara (aparte de irritarle el meadero). Pero si tenéis acondicionador a mano, podéis utilizarlo sin problemas (siempre que estéis bajo la ducha). Observación: probablemente tengáis que utilizar todo el botellín.
* Aceite de coco/oliva/vegetal/cacahuete: como diría Arguiñano, utilizad aceite de oliva virgen: es el mejor lubricante que podéis encontrar en una cocina.
* Gel fijador: no es ideal, pero siempre que no contenga alcohol dará un nuevo sentido a la frase "te los deja de punta".
* Bálsamo *after-shave* (sin perfume): rellenad una botella de *after-shave* que esté medio vacía con agua y aplicadlo balsámicamente sobre las partes indicadas.

tos naturales, neutros y no perfumados como el aceite vegetal refinado (pero no olvidéis que si vuestra pareja es alérgica a las pipas o a los cacahuetes es prácticamente seguro que su ano también lo será al aceite derivado de ambos). En el caso del sexo anal, evitad utilizar productos hechos a base de petróleo como la vaselina, porque suelen resecar las membranas mucosas, aunque sí podéis emplearlos para aderezar una paja. Finalmente, podéis usar (sólo para trabajos manuales) cremas lubricantes a base de aceite, como Elbow Grease®.

Lubricantes a base de agua

Los lubricantes a base de agua suelen combinar bien con el resto. En ocasiones suelen presentarse en forma de gel, y la mayoría son insípidos, inodoros, no manchan y no irritan (ni siquiera las vaginas más sensibles). Se pueden utilizar con una alta garantía de seguridad con productos de látex y juguetes de silicona y suelen limpiarse fácil y rápidamente con agua del grifo (lo que quiere decir que no se quedan merodeando en las vaginas para animar a las bacterias a crecer y reproducirse). Su único inconveniente es que se deben aplicar varias veces seguidas, o por lo menos "agilizarlos" con un poco de agua cuando se ponen demasiado pegajosos, así que se debe mantener a mano un vaso de agua; si podéis, conseguid un envase con dosificador para poder hacerlo con una mano sólo. Por cierto, acordaos de que muchos de los productos que se venden como "hidrosolubles" no pertenecen a esta categoría porque muchas veces contienen aceite. Así que desconfiad.

¿Cómo elegir un lubricante? Pues depende de donde vaya a parar. Hay lubricantes que están pensados para resistir (p. ej, un asalto por la retaguardia), otros que están diseñados para dar sabor, otros para emular los fluidos vaginales y otros para las vaginas hipersensibles. De todos modos, evitad comprar cualquier tipo de producto que contenga nonoxinol-9 (recuadro "¡Alto ahí! El nonoxinol-9 a examen"). En caso de que el lubricante vaya a parar a las cercanías de la vagina, no utilicéis bajo ningún concepto productos que contengan glicerina, porque es una sustancia glucosada que a algunas chicas les puede provocar infecciones por hongos. Aparte de lo anterior, sólo se trata de que experimentéis con las distintas marcas que se venden por ahí hasta encontrar vuestra propia versión de Repsol. A continuación os ofrecemos algunos de los favoritos:

Liquid Silk®: este lubricante tiene la consistencia de un suavizante, dura bastante más que otros productos a base de agua, no se vuelve pegajoso y no contiene glicerina. Así que échale mano (y luego métela donde quieras). También hay otro del mismo fabricante, el Maximus®, que tiene más o menos las mismas propiedades sólo que en lugar de ser blanco es transparente. Una simple cuestión de estética.

Eros Water®: otro lubricante inodoro, sin perfume y nada pegajoso, ideal para el juego en equipo.

Astroglide®: una de las marcas más populares, especialmente gracias a su sabor dulzón y al hecho de que imita perfectamente el lubricante natural, aunque sí contiene glicerina.

Slippery Stuff®: si sois personas golosas, este lubricante está especialmente pensado para vosotros. Lo podéis encontrar con sabor a chicle, cereza, melocotón, fruta de la pasión y sandía. Pero como todos los de sabores, contiene glicerina, así que si lo preferís al natural, optad por el ID®.

Probe® (y Probe Classic®): uno de los lubricantes a base de agua más densos del mercado y uno de los favoritos para jugar a los puños.

KY Jelly®: lleva tanto tiempo en el mercado que es prácticamente retro (es el primer lubricante a base de agua de la historia). No lo aconsejamos mucho porque se apelmaza con facilidad y no se puede recuperar con agua. Pero se puede encontrar en prácticamente cualquier sitio (incluso en Ciudad del Vaticano, nos han dicho) y además, es a base de agua. Así que si os encontráis en un apuro (o en Ciudad del Vaticano) os resolverá la papeleta.

Lubricantes a base de silicona: un toque de refinamiento

Hemos visto cómo será el futuro y os podemos asegurar que será bastante resbaladizo. Los lubricantes a base de silicona os proporcionan el mismo grado de diversión que los de aceite sin ninguno de sus efectos secundarios. En los condones lubricados ya hace bastante tiempo que se vienen usando, pero sólo recientemente han empezado a salir las versiones líquidas en botella. Su uso resulta seguro tanto en las vaginas como en el látex, y además es suficientemente resistente para el juego anal, dura varias horas seguidas (lo que resulta bastante práctico cuando estás metido hasta el codo y no te resulta muy fácil poner otra capa) y además se limpia fácilmente con un poco de agua y jabón. Lo único con lo que no es compatible es con los juguetes de silicona (aparentemente les provoca una extraña reacción química). Lo mejor de todo es que es resistente al agua, así que a partir de ahora la hora del baño dejará de ser lo que era. Es un poquillo más caro que los lubricantes a base de agua pero se requiere tan poca cantidad (un poco de pasta basta) que probablemente acabéis ahorrando dinero. Además, los adictos a la silicona alegan que resulta mucho más cálido que los otros lubricantes y transmite mucho mejor las sensaciones. A diferencia de los productos a base de agua, la silicona sienta bien en cualquier parte del cuerpo.

Los alemanes han copado el mercado de los lubricantes a base de silicona, así que la próxima vez que vayas a disfrutar de una auténtica noche de paz, noche de amor, prueba con Venus® o Eros®, los productos a base de silicona más veteranos del mercado. Si te va más el estilo de vida estadounidense, inclínate por ID Millenium® o Wet Platinum®.

¡Alto ahí! El nonoxinol-9 a examen

Algunos lubricantes contienen nonoxinol-9, un espermicida que, en sus días de gloria, tenía la fama de prevenir casi todo: desde el embarazo a la transmisión del VIH. El nonoxinol-9 había demostrado ser muy eficaz en un laboratorio, es cierto, pero en el ancho y proceloso mundo de las relaciones sexuales fracasó estrepitosamente. Además, pruebas recientes apuntan a que el nonoxinol-9 puede irritar la vagina o el ano —es una sustancia detergente—, lo que aumentaría el riesgo de transmisión de ETSs. Para acabar de rematar la cuestión, la concentración de nonoxinol-9 en los lubricantes no es lo suficientemente elevada como para prevenir el embarazo. Así que: ¿para qué arriesgarse? Evitad los lubricantes que incorporan el nonoxinol-9 entre sus ingredientes.

A modo de conclusión

No hace falta que os lubriquéis del mismo modo cada vez, así que id combinándolo. En el sexo, pringarse es *sexy* (por no decir práctico), aunque puede que alguna vez sólo tengáis ganas de un quiqui limpio y rápido (como por ejemplo, hacerlo en el sofá de la abuela mientras ella hace la compra). En cualquier caso, debéis recordar –siempre– esto: tener las partes irritadas nunca es *sexy*. No cabe duda.

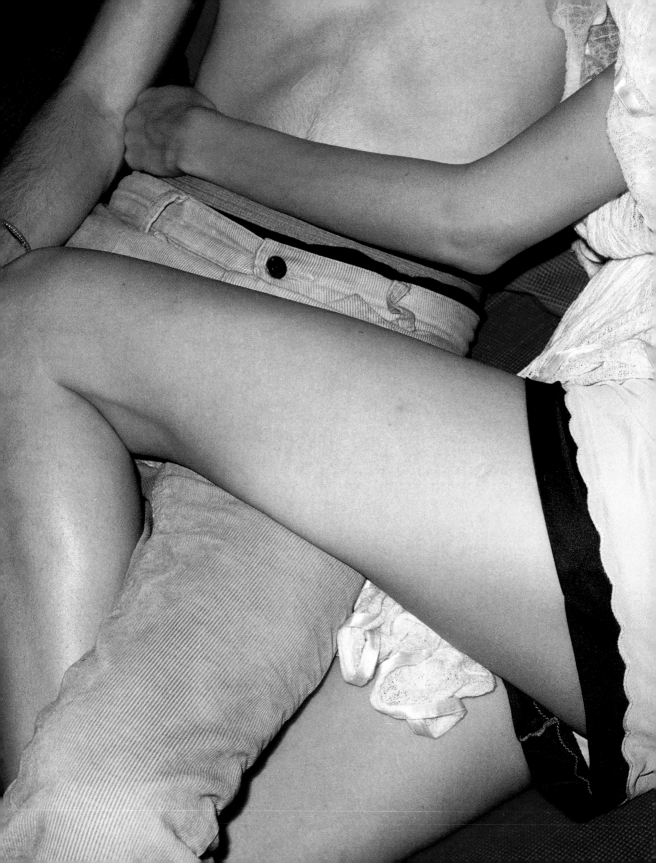

donde la espalda pierde su nombre

anatomía de las partes bajas

A lo largo del libro hemos hecho un uso bastante generoso de palabras soeces, argot guarro y eufemismos amenos (por lo menos para nosotras). En parte lo hemos hecho porque otros términos como "pene" y "vagina" a fuerza de repetirlos acaban sonando raro, y en parte porque no queríamos que nuestro libro sonara a manual de sexo para alumnos de secundaria. Pero como también somos unas chicas responsables, hemos decidido dedicar este capítulo a la cruda realidad de la que están hechos los niños y las niñas, aderezándolo con un poco de jerga médica y un solemne tono fúnebre.

Recordad que para todos y cada uno de los niños y niñas las distintas partes que describimos encajan (anatómicamente) y funcionan (fisiológicamente) de un modo ligeramente distinto y que eso es justamente lo que nos hace únicos y especiales (vamos, como los copos de nieve). Así que considerad la lista que os proponemos a continuación como una guía básica sobre las piezas y engranajes más habituales, y si los vuestros no funcionan exactamente como dice el manual, probablemente sólo quiera decir que habéis roto moldes.

Damas...

Vulva. Es el término colectivo que se utiliza para designar los genitales femeninos externos (no confundir con la vagina únicamente). La vulva incluye los labios mayores (*labia majora*), los labios menores (*labia minora*), el glande del clítoris (*glans*), el orificio vaginal, el meato urinario y el monte púbico (ilustración detallada de la vulva en p. 36).

Monte de Venus, monte púbico (*mons veneris, mons pubis*). Es el mullido tejido adiposo que recubre el hueso púbico por debajo del abdomen y por encima de los labios y lo protege del impacto causado por el coito. Por lo general está cubierto de vello púbico o pelambrera. Algunas chicas afortunadas tienen el *mons veneris*, el término latín para "Monte de Venus" (Venus es la diosa del amor) bastante sensible.

Anatomía femenina

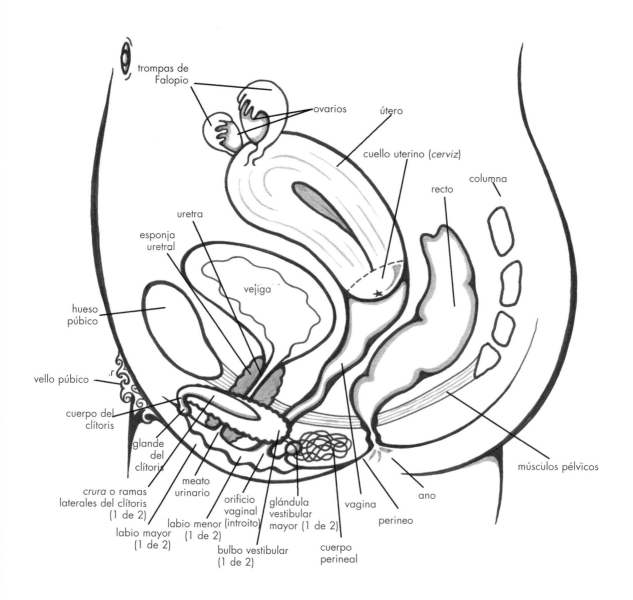

trompas de Falopio

ovarios

útero

cuello uterino (*cerviz*)

recto

columna

uretra

esponja uretral

vejiga

hueso púbico

vello púbico

cuerpo del clítoris

glande del clítoris

crura o ramas laterales del clítoris (1 de 2)

labio mayor (1 de 2)

meato urinario

labio menor (1 de 2)

orificio vaginal (introito)

bulbo vestibular (1 de 2)

glándula vestibular mayor (1 de 2)

cuerpo perineal

vagina

perineo

ano

músculos pélvicos

Labios mayores y menores. Son los dos pares de labios que rodean el glande clitorídeo, la uretra y la entrada de la vagina. Los labios mayores (*labia majora*) son dos pliegues de tejido adiposo recubiertos de vello comparables al escroto masculino; los labios menores (*labia minora*) no suelen tener vello, uno suele ser más grande que el otro, y corresponden a la parte inferior del pene. Los labios, y especialmente los menores, son sensibles a la estimulación, y en algunas mujeres tienen más terminaciones nerviosas que en otras, por lo que para muchas de ellas la estimulación de los labios interiores suele ser incluso más eficaz que la estimulación directa del clítoris. Los dos pliegues que constituyen los labios interiores son más delgados y de un color más claro que los mayores y con la estimulación se hinchan y adquieren un tono más oscuro. En ocasiones los labios menores sobresalen por encima de los mayores (también conocidos como la "sonrisa vertical").

Clítoris. En otros tiempos, la gente solía creer que el clítoris sólo era un pequeño guisante que sacaba

Varón, hembra, otro...
A veces las distintas partes encajan de un modo *todavía* más diferente y algunas personas no acaban de cuadrar con tanta exactitud en esta dicotomía tan absurdamente limitada de "niño-niña". Son lo que se conoce como personas intersexo, es decir, gente con unos órganos sexuales atípicos o ambiguos (lo que no se debe confundir con el tipo de personas que se encuentran atrapadas en un cuerpo del sexo opuesto, los transexuales). En algunos casos, los intersexo recurren a los cirujanos para que les ayuden a hacer encajar su cuerpo exterior con su identidad sexual interna.

la cabeza por el capuchón de la unión entre los labios, pero actualmente se sabe que se trata de un órgano complejo compuesto de tejido eréctil esponjoso recubierto de terminaciones nerviosas (igual que el pene) que se extiende por toda la zona genital, en ocasiones hasta una profundidad de 14 centímetros, y se llena de sangre durante la excitación. La perla (o glande) del clítoris sólo es la punta del iceberg, por lo que cuando se estimula la uretra, la vagina o el ano, indirectamente también se estimula el clítoris. Es el único órgano del cuerpo humano (tanto femenino como masculino) cuya única función es transmitir placer sexual (de ahí que se hable de la red clitoridiana).

Glande del clítoris. El glande (el órgano sexual que corresponde a la cabeza del pene) es a su vez la cabeza del clítoris, la perla que hemos mencionado antes. El glande del clítoris tiene entre seis y ocho mil terminaciones nerviosas, o sea, muchas más que cualquier otra estructura del cuerpo humano, ya sea hombre o mujer, y cuatro veces más de las que hay en el glande del pene a pesar de ser mucho más grande. El glande del clítoris suele variar mucho entre una mujer y otra y entre dos días distintos en la misma mujer, tanto en cuanto a su tamaño como en cuanto a su forma y en el grado en que sobresale del capuchón o prepucio que forman los pliegues en el punto en que se unen con los labios (que es muy parecido al prepucio del pene masculino). El glande del clítoris puede tener entre dos y veinte milímetros de diámetro y en los momentos de excitación intensa, o cuando se retrae durante el orgasmo, queda oculto bajo todo el tejido que lo rodea. Aunque la red o zona clitoridiana se extiende por todo del cuerpo de la mujer, en este libro, cuando hemos utilizado la palabra "clito" nos hemos referido esencialmente al glande externo propiamente dicho (también conocido como el guisante, la perla, la habichuela o el botón mágico).

Cuerpo del clítoris. Si pasáis el dedo por encima del glande del clítoris, por encima del prepucio, y luego ejercéis un poco de presión, podréis palpar un cúmulo de tejido esponjoso hacia el monte púbico de entre un centímetro y dos centímetros y medio de longitud. Este cúmulo es lo que se conoce como cuerpo del clítoris, y es como una especie de tejido elástico que se extiende más allá del glande por debajo de la piel. A algunas mujeres las excita la sola presión sobre esta zona.

Ramas laterales del clítoris (*crura*). Por debajo de la piel, el cuerpo del clítoris se divide en dos ramas (en latín, *crura*) que se extienden a lo largo de unos ocho centímetros a ambos lados de la vagina por debajo de los labios formando una "v".

Bulbo vestibular o del clítoris. El clítoris también tiene dos extensiones que empiezan donde se unen el cuerpo clitorídeo y las ramas por debajo de los labios. Se trata de lo que se conoce como bulbos vestibulares, unos nódulos de tejido eréctil cavernoso que se llenan de sangre durante la excitación al igual que el tejido eréctil o cuerpo cavernoso del pene. Son mayores y más voluminosos que las dos ramas laterales del clítoris.

Uretra. Justo por debajo del clito hay una ranura en forma de "v" que recibe el nombre de meato urinario y que es el extremo externo de un delgado conducto de tres centímetros y medio conocido como uretra que transporta la orina desde la vejiga. La uretra discurre paralela a la pared anterior de la vagina y está rodeada de una masa de tejido esponjoso eréctil conocido como cuerpo esponjoso equiparable al de la uretra masculina. Este tejido esponjoso funciona como una especie de aislante natural y está lleno de pequeñas glándulas llamadas periuretrales; durante la excitación, éstas se llenan de un fluido alcalino parecido al fluido prostático en los hombres. La estimulación de esta masa de tejido esponjoso de forma oval, que se puede palpar a través de la pared anterior de la vagina y se conoce popularmente como punto G, en algunas mujeres puede llegar a desencadenar la expulsión de fluido eyaculatorio a través de la uretra en lo que se conoce como "eyaculación femenina" (para más detalles, p. 90). El cuerpo esponjoso uretral y sus glándulas son análogos a la próstata masculina.

Vejiga. Es el órgano responsable de canalizar y almacenar la orina producida por los riñones, y se vacía periódicamente a través de la uretra.

Vagina. También conocida como canal del parto, la vagina es un canal lleno de pliegues que se moldean en función de lo que pasa a través de ellos; conecta el cuello uterino con el mundo. Las paredes de la vagina están hechas de membrana mucosa, unas delgadas capas de tejido que segregan mucosidad. En caso de que alguna vez hayáis leído las instrucciones para la correcta introducción de un tampón habréis visto que este canal, de una longitud aproximada de entre ocho y doce centímetros, discurre hacia la espalda en un ángulo de 45° y no en línea recta. Los dos tercios superiores de la vagina son lisos y no demasiado sensibles, y cuando está excitada, esta zona puede llegar a duplicar su longitud y volumen, un proceso que es el que posibilita el *fisting* vaginal. El tercio inferior de la vagina, con una alta densidad de terminaciones nerviosas, suele hincharse y endurecerse durante la excitación gracias al tejido clitorídeo que lo rodea. La parte superior de esta zona, de tacto esponjoso, es lo que se conoce como cuerpo esponjoso uretral (o punto G) y se halla al otro lado de la vagina. La vagina produce una segregación continua, ya sea durante la ovulación, el embarazo o la excitación sexual, destinada a proporcionar la lubricación (distinta a la de las glándulas vestibulares que se mencionan a continuación) que contribuye a mantener la vagina limpia y a equilibrar su grado de acidez para evitar posibles infecciones. La vagina suele responder también a otros nombres como chocho, conejo, concha, almeja, rajada, felpudo, higo, chumino, parrús, potorro, raja o tesoro.

Glándulas vestibulares mayores o de Bartholin. Se trata de dos glándulas internas parecidas a dos habichuelas que se hallan justo por debajo de la entrada de la vagina. Proporcionan cierta lubricación durante la excitación sexual consistente en unas gotitas de un líquido viscoso que se libera a través de unos pequeños e invisibles conductos situados en los labios menores. Por general, su reducido tamaño hace que sean difíciles de percibir, pero si se infectan y se hinchan se pueden sentir claramente.

Himen. Es una delgada membrana que rodea la entrada de la vagina y que prácticamente la obstruye, aunque no del todo. Existen hímenes de muchas formas y tamaños, y mientras algunas mujeres no lo tienen de nacimiento, a otras hay que abrírselo con cirugía. Como consecuencia de determinados tipos de penetración vaginal, como la masturbación o el uso de tampones, así como de otras actividades no penetrantes como la equitación o la gimnasia, el himen suele dilatarse o rasgarse antes de la primera vez que la mujer tiene relaciones sexuales, aunque también existe la posibilidad de que no se haya dilatado completamente durante el coito, con lo que puede doler o, el casos muy extremos, sangrar durante las primeras veces, aunque en la mayoría de mujeres suele dilatarse con facilidad y, después de dilatarse o rasgarse, deja unos pequeños pliegues visibles dentro de la vagina.

Cuello uterino o *cervix*. Es el pasaje entre el útero (matriz) y la vagina, y es como una cúpula carnosa con una apertura en forma de hoyo en el centro llamada "os cervical". El cuello uterino suele cambiar de posición, color y forma tanto a lo largo de la vida de una mujer como durante el ciclo menstrual, y aunque por lo general es del tamaño de una cereza, puede llegar a ser mayor, especialmente en mujeres que han dado a luz. El pequeño orificio llamado "os" es como un portero encargado de prohibir la entrada a cualquier cosa como un tampón, un pene o un dedo, aunque sí permite la entrada de fluidos sexuales durante el coito y también deja salir el moco fertilizante durante la ovulación (por si acaso aparece por ahí algún espermatozoide), la sangre durante la menstruación, y los bebés durante el parto (puede llegar a dilatarse hasta más de diez centímetros). El espacio que rodea el cuello uterino por ambos lados se conoce como *fórnix* y a algunas mujeres les gusta que se lo palpen con un dedo. Aunque el cuello uterino no posee en su superficie ninguna terminación nerviosa, es altamente sensible a la presión, y mientras hay mujeres a las que les encanta sentir presión sobre él, otras simplemente no lo soportan.

Útero. Es el lugar donde se aloja el feto y está encajado entre la vejiga, por un lado (por debajo de la pared abdominal) y el recto por el otro (cerca de la rabadilla). Sin embarazo, el útero tiene el tamaño de un kiwi o de un limón pequeño, y cuando se padece dismenorrea y se sienten punzadas intensas, de ahí es de donde proceden. También se conoce con otros nombres como seno materno o simplemente bombo.

Trompas de Falopio. Son dos conductos simétricos e idénticos, de unos diez centímetros de longitud, destinados al transporte de óvulos que se prolongan hacia arriba por ambos lados desde el extremo superior del útero, como los cuernos de un carnero mirando hacia atrás. Sus dos extremos en forma de corola flotan cerca de los ovarios, y durante la ovulación, cuando uno de los dos ovarios libera un óvulo, varios millones de minúsculos pelos llamados cilias se mecen al unísono como mieses para empujar el óvulo al tiempo que una onda expansiva de contracciones musculares le ayudan a alcanzar el útero. Durante su viaje, el óvulo espera cruzarse en su camino con un bonito espermatozoide para enfrentar juntos el reto de la fertilización.

Ovarios. Órganos del tamaño y forma de dos almendras peladas situados a ambos lados del útero y un poco por debajo de éste (a unos diez o doce centímetros por debajo de la cintura). Los ovarios cumplen esencialmente dos funciones: 1) producir óvulos, y 2) producir hormonas sexuales femeninas (estrógeno y progesterona, entre otras). Son equiparables a los testículos en los mozos.

Los músculos del piso pélvico. Este grupo de músculos, que incluyen el pubococcígeo y el bulbocavernoso, contribuyen a mantener en su sitio los órganos de la pelvis y a sostener los otros órganos internos que se amontonan hasta el diafragma. Rodean toda la zona de la uretra, la vagina y el ano y suelen contraerse durante la excitación y el orgasmo, por lo que si están bien tonificados (se pueden ejercitar mediante los ejercicios de Kegel, p. 219) garantizan desempeños igualmente tónicos.

Cuando el mecanismo se pone en marcha...

La excitación sexual y una estimulación (en general) rítmica dan lugar a una afluencia de sangre hacia la pelvis y el tejido eréctil del clítoris, con lo que las glándulas se llenan de fluido y las células nerviosas se agitan (positivamente). La piel se vuelve hipersensible, al igual que los pezones, y el glande del clíto-

Anatomía masculina

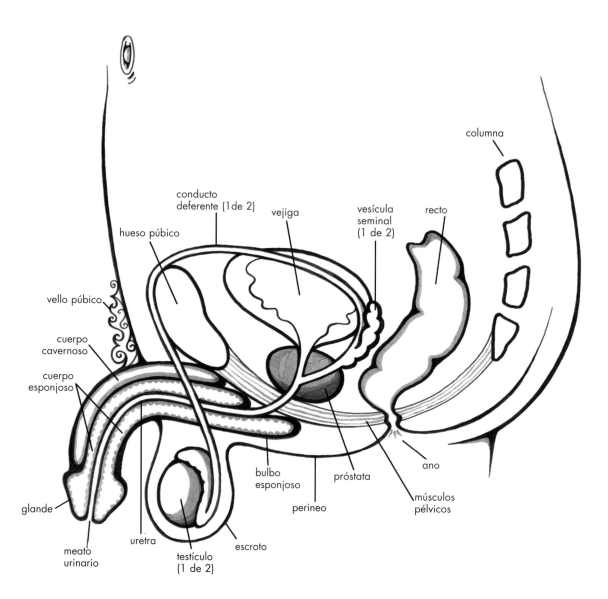

columna

conducto
deferente (1de 2)

vejiga

vesícula
seminal
(1 de 2)

recto

hueso púbico

vello púbico

cuerpo
cavernoso

cuerpo
esponjoso

glande

bulbo
esponjoso

próstata

ano

músculos
pélvicos

perineo

meato
urinario

uretra

testículo
(1 de 2)

escroto

ris se agranda y se ensancha al tiempo que el cuerpo del clítoris también aumenta de volumen y sus dos ramas laterales se tensan y se ensanchan al igual que lo hacen los bulbos vestibulares, tensando la entrada de la vagina e hinchando los labios. Entonces la esponja uretral ejerce presión contra la pared anterior de la vagina (llegando eventualmente a eyacular) y la vagina se ensancha y se lubrica (en teoría, para facilitar la introducción del pene y el transporte del esperma hacia el óvulo), como lo hacen la glándulas vestibulares. Finalmente, los músculos de la zona se contraen tensando toda la zona y todo se vuelve más sensible como consecuencia del aumento del flujo sanguíneo hasta que, con un poco de suerte, se producen una serie de rítmicas y rápidas contracciones musculares conocidas como orgasmo que contribuyen a relajar la tensión general.

Según algunos investigadores, las mujeres pueden experimentar "orgasmos múltiples" (o sea, uno tras otro sin necesidad de un prolongado período de recuperación) con mayor facilidad debido a que la sangre que se agolpa en sus genitales no se retira tan rápido y repentinamente después del orgasmo como sucede con el pene.

... y caballeros

Pene. A diferencia de los de muchos mamíferos, los penes humanos no tienen hueso y tampoco músculos, por lo menos no en la verga, que es donde uno esperaría que los tuvieran (para más información sobre los músculos pélvicos, consultad p. 238). Pero lo que sí tiene el pene son una serie de vasos sanguíneos y dos largos conductos que lo atraviesan en toda su longitud y que se conocen como cuerpo cavernoso, que están hechos de tejido esponjoso eréctil. Estos conductos son análogos a los bulbos vestibulares de la mujer. En cuanto a la base del pene, suele prolongarse en el interior del cuerpo, llegando prácticamente hasta el ano. Los dos cuerpos cavernosos se dividen en la base del pene, por debajo de la próstata, y se prolongan un trecho más hasta unirse con el hueso pélvico (de hecho, si ejercéis presión sobre el perineo durante una erección deberíais ser capaces de palparlos). La parte inferior interna del pene se conoce como raíz o bulbo. El pene recibe también otros nombres como zambomba, pilila, minga, morcilla, picha, pajarito, pija, paloma, bicho, miembro, nabo, pito, tronco, aparato o flautín.

Glande. El glande o cabeza es el extremo superior del pene y la zona que posee una mayor densidad de terminaciones nerviosas de todo el aparato, por lo que también es la más sensible (especialmente en los penes no circuncidados). Es equiparable al glande del clítoris. También se le conoce como cabeza, puntita, capullo o capullito de alhelí.

Corona del glande. La llamada corona del glande es una circunferencia carnosa en la base del glande donde se une con el cuerpo del pene. También se conoce como "la corona real".

Frenillo (frenulum). El frenillo consiste en una delgada tira de piel situada en el lado inferior del pene que lo une al glande. En los hombres no circuncidados suele sujetar el prepucio para que al retraerse éste no se vaya demasiado lejos, mientras que los hombres circuncidados a veces carecen de parte del frenillo (razón por la cual los hombres no circuncidados afirman que su miembro es más sensible).

Prepucio. En los hombres no circuncidados, cuando el pene está flácido esta capa de piel –que también posee algunas terminaciones nerviosas– cubre el glande como una capucha y se retrae durante la erección–. Debajo del prepucio hay unas pequeñas glándulas que segregan una sustancia sebácea que, mezclada con células muertas, forma una especie de queso pastoso conocido como esmegma. Los hombres circuncidados, al carecer de prepucio, no producen esmegma. El prepucio también se conoce como pellejo, capuchón, caperuza o cuello alto.

Meato urinario. El meato urinario es el orificio situado en la punta del pene por el que el cuerpo expulsa al exterior la orina y el semen (conocido también como meadero, caño o surtidor).

Uretra. Este delgado conducto recorre la vejiga, la próstata y todo el cuerpo del pene por debajo de los cuerpos cavernosos hasta desembocar en el meato urinario del glande, y sirve esencialmente para transportar la orina desde la vejiga, el fluido prostático desde la próstata, y el semen desde los testículos. La uretra está rodeada por un cilindro de tejido eréctil llamado cuerpo esponjoso que recorre la parte inferior del pene y que al tacto parece una cresta. Esta cresta recibe el nombre de rafe y va desde el frenillo, recorriendo todo el pene y cruzando el escroto hasta llegar al ano.

Testículos. Se trata de dos glándulas que pueden ir desde el tamaño de una uva al de un huevo y en general uno suele colgar más que el otro. Básicamente sirven para producir testosterona y esperma. El esperma sale de los testículos a través del epidídimo, una masa esponjosa (parecida a una cuerda enroscada) situada detrás de los testículos que conecta con el conducto deferente. Los testículos responden también al nombre de pelotas, bolas, compañeros o hermanitos, canicas, cataplines, cojones, criadillas o ciruelas pasas.

Escroto (bolsa o saco escrotal). El escroto es una bolsa de piel recubierta de pelo que contiene los testículos, protegiéndolos y manteniendo equilibrada su temperatura, pues si ésta es demasiado baja o demasiado alta puede afectar a la producción de esperma. El escroto posee un músculo conocido como cremáster que, durante la excitación sexual, el ejercicio físico o una ola de frío, se contrae, elevando la bolsa escrotal y pegándola al cuerpo, mientras que con una ducha caliente se relaja y cuelga un poco. El escroto también es conocido como bolsa de canicas o cesto de los huevos.

Conductos deferentes. Se trata de dos conductos que conectan el epidídimo con la uretra para expulsar el semen. Durante su viaje a través de estas tuberías en dirección a la uretra, el esperma hace un alto en el camino en la vesícula seminal para recoger algunos ingredientes. Los conductos deferentes son lo que se secciona cuando se practica una vasectomía.

Vesículas seminales. Son las dos glándulas que se hallan entre la base de la vejiga y la próstata encargadas de producir nutrientes para el semen que, además de ayudar a que fluya mejor, contribuyen a protegerlo tan pronto como abandona el pene.

Semen o fluido eyaculatorio. Los testículos producen el esperma que, durante la excitación, es expulsado al exterior a través del epidídimo. Luego pasa a través del conducto deferente hasta llegar a la uretra, donde se mezcla con varios fluidos (incluyendo el fluido prostático y una serie de nutrientes procedentes de las vesículas seminales) para producir el semen. En el momento de la eyaculación, este rico cóctel es expulsado al exterior del cuerpo a través de la uretra, y justo antes de eyacular, unas glándulas llamadas de Cowper, situadas cerca del bulbo del pene, se encargan de segregar un fluido alcalino que neutraliza cualquier resto de orina que haya podido quedar en la uretra del hombre y que contribuye a que el semen pueda sobrevivir en el entorno altamente ácido de la vagina. El semen también es conocido por otros nombres menos "científicos": el elixir del amor, la leche, mayonesa, leche condensada, derrame, renacuajos (normalmente para referirse a los espermatozoides) y líquido precioso o vital.

Próstata o glándula prostática. Esta glándula cumple funciones parecidas a la de las vesículas seminales y produce un fluido que contribuye a transportar el esperma y a protegerlo cuando abandona el pene. Está situada justo detrás del hueso púbico, por debajo de la vejiga, cerca de la raíz del pene, y es comparable al punto G en la mujer, por lo que también se la conoce como punto G masculino.

Músculos pélvicos. Este grupo de músculos dibujan un ocho alrededor de los genitales y se contraen de forma involuntaria durante el orgasmo, aunque también se pueden contraer voluntariamente para detener la expulsión de orina, por lo que tonificarlos puede ayudarte a controlar el ejercicio sexual y la incontinencia urinaria (p. 219).

Cuando el mecanismo se pone en marcha...

Como respuesta a la estimulación sexual –ya sea mental, visual y/o física–, el cerebro manda una señal a través del sistema nervioso que hace que la sangre se agolpe en el pene a través de los cuerpos cavernosos, con lo que el tejido eréctil de estos conductos la absorben, endureciendo el pene y provocándole una erección; a continuación el cuerpo cavernoso ejerce presión encima de la membrana que lo rodea, obstruyendo momentáneamente las paredes de los vasos sanguíneos que suelen drenar la sangre de modo que no pueda circular (por lo menos no a la velocidad habitual). Un pene erecto puede albergar ocho

veces más sangre que un pene flácido, aunque no suele aumentar de tamaño en proporción directa con el tamaño que tiene en estado de reposo. Tampoco todas las erecciones hacen que el pene apunte hacia arriba, sino que a veces se empina en línea recta e incluso hacia abajo (especialmente con la edad, cuando el ligamento que controla el ángulo de erección se halla algo distendido).

Una tensión sexual prolongada (o quizá no tan prolongada) hace que los músculos que se hallan junto a la próstata se contraigan y bombeen los fluidos de la glándula prostática y de las vesículas seminales hasta la uretra. Unos segundos más tarde, la válvula entre la vejiga y la uretra se cierra, propulsando el fluido a lo largo de la uretra de modo que, al pasar por los testículos, recoja el esperma. Luego, el semen resultante es expulsado al exterior en lo que se conoce como eyaculación (razón por la cual es tan inconveniente levantarse con la verga como un palo y unas intensas ganas de mear, porque el cuerpo masculino no está diseñado para hacer dos cosas a la vez). Lo que se conoce como "eyaculación retrógrada" es cuando el semen no consigue salir por el orificio uretral y se reabsorbe en la vejiga, lo que en ocasiones sucede después de una operación de vejiga o de próstata, en casos de lesiones medulares o durante la inyaculación u orgasmo sin eyaculación (p. 92), y aunque en sí no es doloroso ni perjudicial para la salud, y aunque algunos seguidores del sexo tántrico cantan sus virtudes, no recomendaríamos practicarlo de manera habitual, pues según algunos médicos puede estar relacionado con determinados problemas de próstata o de fertilidad.

... y público en general

Genitales. Los genitales son los órganos sexuales o reproductivos externos, que en la mujer se conocen como vulva y en el hombre están formados por el tándem pene/escroto. Hay gente que cuando utiliza el término genitales se refiere a los órganos reproductivos tanto externos como internos (también llamados las partes, las partes pudendas, los bajos, el patrimonio familiar o simplemente "eso").

Vello púbico. Es una mata de pelo rebelde que recubre la zona de los genitales, incluyendo el perineo y la zona que rodea el ano. Durante la pubertad, los andrógenos u hormonas sexuales que invaden el cuerpo convierten todos los folículos capilares de la zona púbica en folículos de pelo rizado. El vello púbico resulta especialmente útil para concentrar el "almizcle" natural y atraer a los machos, aunque dependiendo de la cultura y del sentido estético e higiénico de cada uno puede recortarse, afeitarse o depilarse. Entre algunos de los nombres utilizados para designarlo están felpudo, rastas, pelambrera, alfombrilla, jungla y rastrojo.

Hueso púbico. Cuando hablamos de hueso púbico nos referimos a la sínfisis del pubis, que es el punto en que se unen los huesos púbicos, que constituyen la parte frontal inferior de la pelvis. El área del hueso púbico están protegida en ambos sexos por una capa de tejido adiposo, y mientras en las mujeres es el área que se conoce como monte púbico, en los hombres es la zona que se halla encima de la base del mástil (de hecho, cuando hace frío, el pene suele arrebujarse dentro de este tejido). Aunque el punto de unión de los huesos púbicos no se puede distinguir al tacto, sí se puede percibir la consistencia ósea del área que se halla por debajo del tejido adiposo. Los músculos del piso pélvico están unidos, entre otros, a los huesos púbicos, y la vejiga se halla justo detrás de la sínfisis del pubis.

Perineo. Es una tira de piel que en las mujeres empieza justo debajo de la vulva y en los hombres justo debajo de los testículos y que, en ambos casos, se prolonga hasta el ano. Por debajo de esta franja de piel hay una espesa red de vasos sanguíneos conocida como cuerpo perineal que, con la excitación sexual, se llena de sangre. Posee una elevada concentración de terminaciones nerviosas y por debajo lo recorren los músculos pélvicos, que se contraen durante la excitación y el orgasmo.

Ano. El ano es la apertura externa o la salida de emergencia del sistema digestivo y consiste en dos músculos en forma de anilla, los esfínteres, que constituyen el canal anal, una especie de tubería de sólo tres centímetros de longitud. El primer esfínter desde la entrada es el esfínter externo, que está controlado por el sistema nervioso central (es decir, que en su mayor parte lo controla uno mismo), y unos tres centímetros más adelante se halla el esfínter interno, que se encuentra bajo la jurisdicción del sistema nervioso autónomo (o sea, que suele responder involuntariamente). En su parte interna, el ano posee una elevada concentración de terminaciones nerviosas, está conectado con los músculos pélvicos y posee unos pliegues de tejido elástico que se suelen dilatar para dar cabida a distintos modelos de sondas de exploración. En su parte más externa es donde salen las almorranas. El ano también responde a los nombres de ojo ciego, ojete, agujero del culo, beso negro, labios de chocolate, agujero de donut, y salida de emergencia.

Recto. Consiste en un tubo que transporta la comida desde el intestino grueso hasta el ano, o sea, fuera del cuerpo. Tiene entre diez y quince centímetros de longitud y dos dobleces o curvas en forma de ese para marear las heces. La primera curva, la más próxima a la salida, está formada por el músculo puborrectal, que se contrae cuando da un apretón para evitar que te ensucies los calzones, mientras que la segunda curva, menos pronunciada, viene unos cuantos centímetros más adelante. El canal rectal está únicamente diseñado como zona de paso, y el colon, justo detrás del recto, a unos veinte o veinticinco centímetros del ano, es donde se almacenan las heces. El recto también es conocido como trastero, entrada trasera, puerta trasera o patio de atrás.

La clase ha terminado.

libros

Addington, Deborah, *A Hand in the Bush: The Fine Art of Vaginal Fisting*. Greenery Press, 1998

Anderson, Dan, *Sex Tips for Gay Guys*. St. Martin's Press, 2001

Anderson, Dan; Berman, Maggie, *Sex Tips for Straight Women from a Gay Man*. HarperCollins, 1997

Angier, Natalie, *Woman: An Intimate Geography*. Anchor Press, 2000

Barbach, Lonnie; Levine, Linda, *Intimidad sexual*. Martínez Roca, 1990

Bean, Joseph W, *Flogging*. Grass Stain, 2000

Bechtel, Stefan; Roy Stains, Laurence, *Sex: A Man's Guide*. Rodale Press, 1996

Boston Women's Health Collective, *Our Bodies, Ourselves*. Simon and Schuster, 1998

Califia, Patrick, *Sensuous Magic: A Guide to S/M for Adventurous Couples*. Cleis Press, 2001

Cattrall, Kim; Levinson, Mark, *Satisfaction: The Art of the Female Orgasm*. Warner Books, 2002

Chalker, Rebecca, *The Clitoral Truth*. Seven Stories Press, 2002

Comfort, Alex, *The New Joy of Sex*. Pocket Books, 1991

Dodson, Betty, *Sexo para uno*. Temas de Hoy, 1989

Easton, Dossie; Liszt, Catherine A., *The Bottoming Book*. Greenery Press, 1995

Eichel, Edward; Nobile, Philip, *The Perfect Fit: How to Achieve Mutual Fulfillment and Monogamous Passion Through the New Intercourse*. Signet, 1993.

Federation of Feminist Women's Health Center, *A New View of a Woman's Body*. Feminist Health Press, 1991

Fisher, Helen E., *The Sex Contract: The Evolution of Human Behavior*. William Morrow & Co., 1982

Goddard, Jamie; Brungard, Kurt, *Lesbian Sex Secrets for Men: What Every Man Wants to Know About Making Love to a Woman and Never Asks*. Plume, 2000

Herrman, Bert, *Trust, the Hand Book: A Guide to the Sensual and Spiritual Art of Handballing*. Alamo Square Press, 1991

Hite, Shere, *El informe Hite*. Plaza & Janés, 1996

Joannides, Paul, *Guide to Getting It On!*. Goofy Foot Press, 2000

Kline-Graber, R.N.; Graber, Georgia; Graber, Benjamim, *Woman's Orgasm: A Guide to Sexual Satisfaction*. Warner Books, 1975

Massey, Doreen (ed.), *Lovers' Guide Encyclopedia: The Definitive Guide to Sex and You*. Thunder's Mouth Press, 1996

Masters, William H., et al., *Human Sexuality*. Addison-Wesley Publishing Co., 1995

Midori, *The Seductive Art of Japanese Bondage*. Greenery Press, 2001

Morin, Jack, *Anal Pleasure & Health*. Down There Press, 1998

Paget, Lou, *How to Be a Great Lover: Girlfriend-to-Girlfriend Time-Tested Techniques That Will Blow His Mind*. Broadway Books, 1999

Peterkin, Allan D., *The Bald-Headed Hermit & the Artichoke: An Erotic Thesaurus*. Arsenal Pulp Press, 1999

Rogers, Ben, et al., *Going Down: The Instinct Guide to Oral Sex*. Alyson Publications, 2002

Rowan, M.D., Edward L., *The Joy of Self-Pleasuring*. Prometheus Books, 2000

Sloane, Ethel, *Biology of Women*. Delmar, 1993

Small, Meredith, *What's Love Got to Do with It? The Evolution of Human Mating*. Anchor Books, 1995

Sonntag, Linda, *The Bedside Kama Sutra*. Fair Winds Press, 2001

Spark, M.D., Richard F., *Sexual Health for Men: The Complete Guide*. Perseus Publishing, 2000

Taormino, Tristan, *Pucker Up*. Regan Books, 2001

Winks, Cathy, *The Good Vibrations Guide: The G-Spot*. Down There Press, 1998.

Winks, Cathy; Semans, Anne, *The New Good Vibrations Guide to Sex*. Cleis Press, 1997

Wiseman, Jay, *Erotic Bondage Handbook*. Greenery Press, 2000

Wuh, Hank C. K.; Fox, MeiMei, *Sexual Fitness*. Putnam, 2001

páginas web

Planificación familiar y salud reproductiva

Argentina
Asociación Argentina
de Planeación Familiar
www.aapf.ar

Bolivia
CIES/Salud Sexual
y Reproductiva
www.cies-saludweb.org

Chile
Asociación Chilena de Protección
de la Familia
www.aprofa.cl

Colombia
Profamilia
www.profamilia.org.co

Costa Rica
Asociación Demográfica
Costarricense
www.adc.or.cr

Ecuador
Asociación Pro-Bienestar de la Familia
Ecuatoriana
www.aprofe.org.ec

España
Federación Española
de Planificación Familiar
www.fpfe.org
Sociedad Española de Contracepción
www.sec.es

México
Fundación Mexicana
para la Planeación Familiar
www.mexfam.org.mx

Panamá
Asociación Panameña para el Planeamiento
de la Familia
www.aplafa.org.pa

Paraguay
Centro Paraguayo de Estudios
de Población
www.cepep.org.py

Perú
Instituto Peruano de Paternidad
Responsable
www.inppares.org.pe

Uruguay
Ministerio de Salud Pública y Bienestar -
Salud Reproductiva
www.mspbs.gov.py/hiermenux.html

Venezuela
Asociación Civil de Planificación
Familiar
www.plafam.org

Información sobre el cáncer

Argentina
Liga Argentina de Lucha
contra el Cáncer
www.lalcec.org.ar

Bolivia
Fundación Boliviana de Lucha
contra el Cáncer
fubolcancer@unete.com

Chile
Corporación Nacional del Cáncer
www.chilnet.cl/conac

Colombia
Instituto Nacional de Cancerología
www.incancerologia.gov.co

España
Asociación Española Contra el Cáncer
www.aecc.es

México
Instituto Nacional de Cancerología
www.incan.edu.mx

Panamá
Asociación Nacional contra el Cáncer
www.panamatravel.com/ancec.htm

Perú
Instituto de Enfermedades Neoplásticas
www.inen.sld.pe

Uruguay
Sociedad Honoraria de Lucha
contra el Cáncer
www.urucan.org.uy

Venezuela
Sociedad Anticancerosa
de Venezuela
www.sociedadanticancerosa.org

Información sobre el sida

Argentina
Fundación Red
www.redsida.org.ar

Chile
    VIH/sida
    www.vihsida.cl
Colombia
    Corporación de Lucha contra el Sida
    www.clsida.org.co
España
    Fundación Anti Sida España
    www.fase.es
México
    Centro Nacional para la Prevención
    y el Control del VIH/Sida
    www.salud.gob.mx/conasida
Perú
    Red SIDA Perú
    www.redsidaperu.org
Venezuela
    Acción Ciudadana contra el Sida
    www.internet.ve/accsi

Sociedades nacionales de cirugía plástica

Argentina
    Sociedad Argentina de Cirugía Plástica, Estética
    y Reparadora
    www.sacper.org.ar
Bolivia
    Sociedad Boliviana de Cirugía Plástica
    www.bago.com.bo/sbcp
Chile
    Sociedad Chilena de Cirugía Plástica,
    Reparadora y Estética
    www.cirplastica.cl
Colombia
    Sociedad Colombiana de Cirugía
    Plástica-Estética, Maxilofacial
    y de la Mano
    www.cirugiaplastica.org.co
Ecuador
    Sociedad Ecuatoriana de Cirugía Plástica,
    Reparadora y Estética
    www.medicosecuador.com/secpre
España
    Sociedad Española de Cirugía Plástica,
    Reparadora y Estética
    www.secpre.org
México
    Asociación Mexicana de Cirugía Plástica,
    Estética y Reconstructiva
    www.cirugiaplastica.org.mx

Perú
    Sociedad Peruana de Cirugía Plástica
    soplape@hotmail.com
Uruguay
    Sociedad de Cirugía Reparadora, Plástica
    y Estética de Uruguay
    www.scpu.org
Venezuela
    Sociedad Venezolana de Cirugía
    Plástica y Reconstructiva
    www.sociedadcirugiaplasticavenezolana.org

Sex shops online
Argentina
    www.trampitas.com
Bolivia
    www.vibraciones.tk
Chile
    www.relaxchile.cl/sexshop/sexshop.htm
Colombia
    www.bogotasensual.com
España
    www.condonland.com
    www.condomglobe.com
    www.amantis.com
    www.sex42avenue.com
México
    www.sexshop.com.mx
Internacional
    www.annsummers.co.uk
    www.babeland.com

Y mucho más en…
AllSexGuide.com
AltSex.org
amfAR.org
ASHASTD.org
Babeland.com
CDC.gov
Condomania.com
EC.Princeton.edu
FDA.gov
FWHC.org
GoAskAlice.columbia.edu
GoodVibes.com
KFF.org
LeatherViews.com

MayoHealth.org
MedLib.com
Nabco.org
Nerve.com
NIH.gov
OrchidsLair.com
PlannedParenthood.org
PuckerUp.com
RateMyCock.com
Salon.com
SeekWellness.com

SexHealth.org
SexualHealth.com
Sexuality.About.com
Sexuality.org
SexualRecords.com
StormyLeather.com
The-Clitoris.com
The-Penis.com
Tes.org
Viceland.com
WebMD.com